U0616389

高等职业院校汽车类技能型人才培养"十三五"规划

汽车使用性能与检测

主 编 李兴卫

副主编 李子路 孙 洁 刘 升

主 审 王 新

西南交通大学出版社

·成 都·

图书在版编目（CIP）数据

汽车使用性能与检测／李兴卫主编. —成都：西南交通大学出版社，2016.10
高等职业院校汽车类技能型人才培养"十三五"规划教材
ISBN 978-7-5643-5089-5

Ⅰ.①汽… Ⅱ.①李… Ⅲ.①汽车－性能检测－高等职业教育－教材 Ⅳ.①U472.9

中国版本图书馆 CIP 数据核字（2016）第 252715 号

高等职业院校汽车类技能型人才培养"十三五"规划教材

汽车使用性能与检测

主编　李兴卫

责 任 编 辑	罗在伟
封 面 设 计	何东琳设计工作室
出 版 发 行	西南交通大学出版社 （四川省成都市二环路北一段 111 号 西南交通大学创新大厦 21 楼）
发 行 部 电 话	028-87600564　028-87600533
邮 政 编 码	610031
网 址	http://www.xnjdcbs.com
印 刷	四川森林印务有限责任公司
成 品 尺 寸	185 mm × 260 mm
印 张	17.5
字 数	434 千
版 次	2016 年 10 月第 1 版
印 次	2016 年 10 月第 1 次
书 号	ISBN 978-7-5643-5089-5
定 价	40.00 元

课件咨询电话：028-87600533
图书如有印装质量问题　本社负责退换
版权所有　盗版必究　举报电话：028-87600562

前　言

随着现代汽车生产技术的不断提高，汽车使用性能的不断改善，相关检测技术的快速发展，目前人们对汽车性能检测和维修技术的要求也越来越高，汽车性能检测能力已成为现代汽车技术状况的重要评价手段。"汽车性能检测技术"是汽车各类专业必修的一门核心专业课程，系统介绍汽车在不解体情况下如何利用专业检测仪器、设备准确检测汽车技术状况，为汽车故障诊断和维修提供可靠依据。本书根据教育部对高职高专教学的有关规定，凭借我校多年从事汽车教学与检测技术专业知识的积淀，在调研许多高职院校的专业教师教学经验，学习了汽车 4S 店维修人员和检测技术人员实践经验，参考了大量相关资料的基础上编写而成。

本书主要内容包括汽车性能检测概述、汽车动力性能检测、汽车制动性能检测、汽车转向操纵性能检测、汽车悬架特性和车轮动平衡检测、汽车燃油经济性检测、汽车尾气与噪声检测、汽车前照灯和车速表检测，以汽车不解体性能检测为主线，系统介绍了汽车性能评价指标、检测设备结构原理、检测方法，以及检测标准规范等，有较强的理论性和实践性，注重内容的实用性和针对性，力求把传授专业知识和培养专业技术应用能力有机结合起来。根据车辆人才培养方案的要求，按照高职学生的学习特点和认知规律来设计此教材，以"必需、够用"为原则组织相关的理论内容。项目任务驱动为教学特点，学习目标分为知识目标和能力目标，项目任务结束时配备一定量的自我评估练习题，包括判断题、选择题、填空题和问答题，加深学生对相应知识点的理解。汽车性能检测实训，有助于学生掌握必要的技术规范和检测方法。本书较强地反映了汽车新知识、新技术、新标准等内容，具有较强的实用性和宽广性。本书选用的检测仪器与设备具有代表性，力求做到内容与行业技术使用上同步更新。书末附有新编的国家标准，帮助学生了解国家标准及汽车检测规范和技术条件。

本书由重庆机电职业技术学院车辆工程系主持编写，其中项目 1 与项目 4 由李兴卫编写，项目 2、6 由刘升编写，项目 3、7 由孙洁编写，项目 5、8 由李子路编写。李兴卫负责全书的统稿工作，王新负责全书内容的审核，张翠负责本书出版联络工作。

本书在编写过程中，广泛征求了相关院校和汽车行业兄弟单位专业维修技术人员的意见，并且得到了西南交通大学出版社和许多同行的大力支持，在此表示诚挚的感谢。本书参考了许多国内公开出版的相关著作和文献资料以及检测设备使用说明书等，在此向所有参考著作和文献的作者及相关资料的作者表示诚挚的谢意。

由于编者水平有限，书中不足之处在所难免，敬请读者及有关专家批评指正。

编　者

2016 年 6 月

目　录

项目 1　汽车性能检测概述

任务 1.1　汽车性能内容认知

【任务描述】

　　汽车性能主要包括汽车的动力性、燃油经济性、制动性、操纵稳定性、安全性、舒适性、通过性以及环保性。

【任务提示】

　　了解常用汽车检测仪器和设备，熟知汽车性能检测方法、技术状况的分级和评价。

【知识目标】

（1）熟悉汽车主要使用性能及汽车技术状况变化的原因。

（2）掌握汽车检测的概念、检测参数及其标准。

（3）了解汽车检测站的类型、检测项目及检测工位布局。

【能力目标】

（1）学会正确应用汽车使用性能指标进行汽车性能评价。

（2）学会正确选择检测参数进行汽车技术状况的检测分析。

（3）能根据检测结果进行汽车技术状况的分级与评定。

1.1.1　汽车使用性能与技术状况

1.1.1.1　汽车使用性能

　　随着汽车设计、制造技术的提高和大量新技术的使用，越来越多的高性能汽车推向市场，使人们能够以更高效率从事专业运输，也使更多家庭享受汽车带来的便利，汽车已成为人们工作、生活中不可缺少的一种交通工具。汽车的使用性能是指汽车在一定的使用条件下，能够以最高效率工作的能力。汽车的使用性能主要包括汽车的动力性、燃油经济性、制动性、操纵稳定性、安全性、舒适性、通过性及环保性等。合理利用或改善汽车的使用性能，可以充分发挥汽车的功能，提高汽车的运用效率。

1. 汽车动力性

汽车的动力性是指汽车在良好路面上直线行驶时，由汽车受到的纵向外力决定的所能达到的平均行驶速度。动力性能好，汽车就会具有较高的行驶速度、较好的加速能力和爬坡能力。动力性是汽车各种性能中最基本、最重要的性能。随着汽车性能的提高和我国公路状况的改善，汽车行驶的平均技术速度逐步提高，但是汽车随着使用时间的延长，其动力性会逐渐下降，不能达到新车性能行驶的要求。

2. 汽车燃油经济性

汽车的燃油经济性是指在一定的工况下，汽车行驶百公里的燃油消耗量或一定燃油量能使汽车行驶的里程来衡量。在我国及欧洲，汽车燃油经济性指标的单位为 L/100 km；而在美国，则用 MPG 或 mi/gall 表示，即每加仑燃油能行驶的英里数。燃油经济性与很多因素有关，如行驶速度，当汽车在接近于低速的中等车速行驶时燃油消耗量最低，高速时随车速增加而迅速增加。另外，汽车的油耗量也用 L/（100 t·km）或 L/（kP·km）作为评价指标。

目前，汽车在出厂时，厂家在汽车产品说明书中都标明了汽车的油耗，汽车厂家标示的油耗几乎都是等速情况下测定的百公里燃油消耗量，是理论油耗，汽车在实际行驶过程中很难达到这种理想状态。按照国家发改委发布的汽车行业推荐性标准《汽车燃油消耗量标识》，要求汽车在出厂时加贴统一的油耗标识，汽车厂家在标识上分别向消费者说明一款车在市区、市郊的行驶油耗和综合油耗，以及这款车的最低油耗和最高油耗，而理论油耗与实际油耗之间的差距，汽车厂家同样需在标识上作出说明。该标准的实施将会对汽车油耗的技术状态有较为真实的反映，不再是厂家在说明书中标出的理论油耗，它为消费者提供比较客观的、系统的信息，让消费者在辨别产品性能时有更客观的标准，对车辆的燃油经济性有比较全面的了解。

3. 汽车制动性

汽车制动性能是指汽车行驶时，能在短距离内迅速停车，并维持行驶方向稳定性和下长坡时能维持一定的安全车速以及在坡道上长时间保持停驻的能力。汽车具有良好的制动性是安全行驶的保证，也是汽车动力性得以很好发挥的前提。

4. 汽车操控稳定性

汽车的操控稳定性是指驾驶者在不感到紧张、疲劳的情况下，汽车能按照驾驶者通过转向系统给定的方向行驶；而当遇到外界干扰时，汽车所能抵抗干扰而保持稳定行驶的能力。汽车操控稳定性通常用汽车的稳定转向性、行驶平顺性、路况通过性来综合评价。

5. 汽车安全性

汽车安全性是衡量汽车品质优劣的重要指标。目前，汽车安全性能主要分为主动安全性和被动安全性。

所谓主动安全性,可理解为防患于未然,提高主动安全性的重点是使车轮悬架、制动和转向等性能达到最好的程度,尽量提高汽车行驶的稳定性和舒适性,减少行车时所产生的偏差。主动安全性主要体现在汽车的制动系统中,制动系统在传统制动系统上,再配备制动防抱死系统(ABS)、电子制动力分配系统(EBD)、牵引力控制系统(TCS)、电子稳定装置(ESP)等先进的电子控制系统,便可以根据汽车的重量和路况变化来控制制动过程,使各轮的制动力和前后轮的制动力分配接近理想化,从而大幅度地提高制动性能,特别是增强紧急制动时的稳定性和安全性,防止甩尾现象的发生。

被动安全性必须要考虑两方面的问题:一个是汽车外部安全性,另一个就是汽车内部安全性。在外部安全性方面,应减少凸出物体,物体外形采用圆弧形,增大点接触面等方式,尽量在发生事故时减少对外部人员的伤害。内部安全性是指一切旨在减少在事故中作用于车内乘员的冲击力,事故发生后能提供足够的生存空间而专门设计的防范措施,如安全带、安全气囊等辅助安全设备。

6. 汽车舒适性

汽车舒适性是指汽车为驾乘者提供方便的操作条件和舒适的驾乘环境。随着科技的进步和人们生活水平的提高,汽车的功用正在日益扩大,人们对汽车舒适性的要求也越来越高。汽车在行驶过程中,由于自身和路面不平等因素存在,会使汽车产生振动,这种振动达到一定程度时,将使驾乘者感到不舒适、疲劳或使运载货物损坏,因而有必要采取措施改善汽车的舒适性。

为了使驾乘人员保持舒适的状态,必须在车内进行空气调节,使车厢内的空气温度、湿度、流速和清洁度等各项指标保持在一定范围内。一般冬季温度为 16 ~ 20 ℃,湿度为 55% ~ 70%;夏季温度为 19 ~ 23 ℃,湿度为 60% ~ 75%,驾乘人员会感到舒适。车内空气应有一定的更换强度,空气流动应均匀,以保持车厢内有足够的新鲜空气,对于每位乘客所需的空气更换量,冬季为 20 ~ 30 m^3/h,夏季应比冬季高 2 ~ 3 倍。应定期清除车内的灰尘、烟雾和异味,增加舒适性。

为了确保长时间行驶不感到疲劳,要求汽车具有良好的乘坐舒适性。车内空间应保证驾乘人员有较大的空间,能根据需要变换姿势,操纵机构方便、省力,座椅可调节。车内装饰要符合美学要求,表面进行软化处理,具有宽阔的视野,有足够的夜间照明,仪表和信号灯识认性好。同时,还要有良好的密封性及隔热、隔振能力,有较低的噪声和合适的音响。

7. 汽车通过性

汽车通过性是指汽车以足够高的平均车速通过各种坏路和无路地带(如松软土壤、沙漠、雪地、冰面、沼泽等)及各种障碍(如陡坡、侧坡、壕沟、台阶等)的能力。各种汽车的通过能力是不一样的。轿车和客车由于经常在市内行驶,通过能力就差;而越野汽车、军用车辆、自卸汽车和载货汽车,就必须有较强的通过能力。

汽车通过性的几何参数,如图 1-1 所示,主要包括最小离地间隙、接近角、离去角、纵向通过角、横向通过半径等。另外,汽车的最小转弯半径、最大通道宽度等,也是汽车通过性的重要参数。

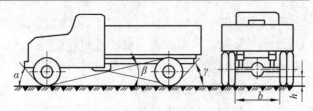

图 1-1　汽车通过性的几何参数

h—最小离地间隙；b—两侧轮胎内缘距离；α—接近角；γ—离去角；β—纵向通过角

8. 汽车环保性

汽车环保性是指汽车运行对周围和环境产生不利影响的程度，如汽车排放污染、噪声污染和电磁辐射污染。汽车的发展和普及，给人类活动提供极大便利的同时，会排出大量污染人类生存环境的有害气体，产生扰乱人们平静生活和工作的噪声，以及电气设备对通信设施的电波干扰和电磁辐射危害等。

汽车排放污染主要有三个来源：一是发动机经尾气排放管排出的燃烧废气，汽油车的主要污染物成分是 CO、HC 和 NO_x，而柴油车除了这三种有害物外，还排放大量的颗粒物；二是曲轴箱排放物，由发动机在压缩及燃烧过程中未燃的碳氢化合物从燃烧室进入曲轴箱而排向大气，主要是碳氢化合物；三是燃料蒸发排放物，主要由发动机供油系统的燃料蒸发所产生。

汽车噪声主要包括：发动机的机械噪声、燃烧噪声、进排气噪声和风扇噪声，底盘的机械噪声，传动噪声和轮胎噪声，车厢振动噪声，货物撞击噪声，喇叭噪声和转向、倒车时的蜂鸣声等。由于噪声与汽车的技术状况和运行条件有关，因此，在用汽车可通过合理使用来控制和降低噪声。

1.1.1.2　汽车技术状况

汽车技术状况是指定检测出的表征某一时刻汽车外观和性能参数值的总和，它随汽车行驶里程或使用时间而变化。

汽车在使用过程中，内部零件之间、零件与工作介质之间、汽车与外部环境之间均存在着相互作用，其结果是在机械负荷、热负荷和化学腐蚀作用下，引起零件磨损、发热、腐蚀等一系列物理和化学的变化，使零件尺寸、零件相互装配位置、配合间隙、表面质量等发生变化。如发动机气缸活塞组零件配合尺寸及间隙、曲轴与轴承配合尺寸及间隙、制动鼓（或制动盘）与制动蹄片配合尺寸及间隙等，在汽车使用中都会发生变化，随着行驶里程的增加，汽车的技术状况将逐渐变坏，使汽车的动力性、燃油经济性、行驶安全性、使用可靠性明显下降。

汽车技术状况变差的主要外观症状有：汽车动力性下降；汽车燃油和润滑油消耗量显著增加；汽车制动性能变差；汽车操纵稳定性能降低；汽车排放污染物和噪声超过限值；汽车行驶中出现异响和异常振动；汽车可靠性变差，运行中因故障停驶时间增加。

1. 汽车技术状况变化的原因

汽车技术状况的变化是汽车诸多内在原因综合作用的结果。主要原因有：零件之间相互摩擦而产生的磨损，零件与有害物质接触而产生的腐蚀，零件在交变载荷作用下产生疲劳，零件在外载、温度和残余内应力作用下发生变形，橡胶及塑料等非金属零件和电器元件因长时间使用而老化，由于偶然事件造成零件损伤等。这些原因使零件原有尺寸和几何形状及表面质量发生改变，破坏了零件原来的配合特性和正确位置关系，从而引起汽车（或总成）技术状况变坏。

（1）零件磨损

影响汽车技术状况变化的零件磨损形式主要有磨料磨损、黏着磨损和腐蚀磨损等 3 种形式。

磨料磨损是指在摩擦表面间，由于硬质固体颗粒使相对运动的零件表面产生的磨损。这些硬质固体颗粒称为磨料，磨料来自空气中的尘埃、汽车燃油及润滑油中的杂质及黏着磨损脱落的金属颗粒。磨料磨损的现象是在两个工作表面上存在有许多直线槽，它们可以是很轻的擦痕或是很深的沟槽。磨料磨损的机理是属于磨料颗粒的机械作用，它在很大程度上与磨料的相对硬度、形状、大小、固定程度以及载荷作用下磨料与被磨表面的力学性能有关。为了减少零件的磨料磨损，一般从两方面采取措施：一是防止或减少空气、汽车燃油和润滑油中的磨料进入摩擦表面；二是保证零件的表面质量，提高其耐磨性。气缸表面、曲轴轴颈常发生磨料磨损。

黏着磨损是指摩擦副相对运动时，由于摩擦表面间接触点的黏着作用，使一个零件表面的金属转移到另一个零件表面所引起的磨损。金属表面经过机械加工后，不可避免地留下了宏观及微观的不平度，当金属受有一定外载荷作用而相互摩擦运动时，实际的表面接触面受到宏观粗糙度的限制，实际的接触面积很小，单位面积的平均压力很大，使各接触点处的氧化膜被破坏，造成纯金属的直接接触，并产生一定的弹性及塑性变形，接触部位两表面间的分子吸引力增强。同时，摩擦所产生的局部高温，也将导致接触点处发生组织变化、软化甚至熔化，引起接触点的黏附和熔合。在运动过程中，黏着点将被从其薄弱部位撕开，使强度较小的零件表面被撕去部分金属，并黏附到强度较大的零件表面上，出现黏着—剪断—再黏着—再剪断的循环过程，从而造成热黏着磨损。发动机气缸"拉缸"和曲轴"烧瓦"是典型的黏着磨损。

腐蚀磨损是指在摩擦过程中，摩擦表面在酸、碱等腐蚀物质作用下产生材料损失的现象。腐蚀磨损是腐蚀和摩擦共同作用的结果；腐蚀物质对零件表面的腐蚀可使表面形成薄而脆的氧化层，而在摩擦力作用下，氧化层脱落，腐蚀作用进一步向零件深部发展，再形成氧化层。如此氧化层不断生成，不断脱落，从而造成了零件表面的磨损，如气门、气门座的磨损。

（2）零件疲劳

零件疲劳损坏是指零件在交变应力作用下，零件承受的循环应力超过了材料的疲劳极限而造成的损坏。汽车零件在长期承受较大交变载荷作用时，易产生疲劳损坏。在交变载荷作用下，零件表面易产生疲劳裂纹，当裂纹不断积累、加深、扩展至一定程度，则零件在循环应力作用下产生疲劳损坏。汽车钢板弹簧断裂是一种典型的疲劳损坏，主减速器齿轮齿面的疲劳点蚀也属于零件疲劳损坏。

（3）零件腐蚀

零件腐蚀损坏是指零件表面与腐蚀性物质接触受到腐蚀而产生的损坏。汽车容易产生腐蚀损坏的主要部件有燃料供给系统和冷却系统管道、车身、车架等。汽车使用环境中的潮湿空气、尘埃，对车身及裸露的金属零件具有一定的腐蚀作用。车身表面的鸟粪、昆虫尸体等污物有很强的酸性，对漆膜和车身具有很强的腐蚀性，能使漆膜失去光泽。

（4）零件变形

零件变形损坏是指零件在载荷作用下，因零件的内应力超过零件材料的弹性极限而产生的变形失效。零件在制造和加工过程中产生的残余内应力和零件受热不匀而产生的热应力足够大时，也会导致零件变形或加剧变形过程，使零件产生变形损坏。

（5）零件老化

零件老化损坏是指零件材料在物理、化学和温度变化的影响下，逐渐变质或性能下降的故障形式。汽车上的橡胶零部件（如轮胎、油封、膜片等）和电器元件（如晶体管、电容器等），长期受环境和温度变化的影响，会逐渐老化而失去原有性能。

2. 影响汽车技术状况变化的使用因素

汽车技术状况的变化不仅取决于汽车的结构设计与制造工艺的合理性和零件材料选择，还与各种使用因素有关。影响汽车技术状况变化的使用因素有运行条件、燃油和润滑油的品质、汽车运用的合理性等。

（1）汽车运行条件

① 气候条件

在低温条件下，润滑油黏度增大，其流动性变差，启动时到达润滑表面时间变长，使润滑表面处于干摩擦或半干摩擦状态，导致机件磨损加剧。另外，燃油雾化性差，并以液滴的形式进入气缸，吸附在缸壁上，冲刷缸壁上的油膜，导致气缸磨损加剧。

非金属元件在低温时易出现硬化、开裂、弹性下降或降低零件的结构强度等。

气温过高时，发动机散热性能变差，造成发动机过热，使润滑油黏度降低，机油压力减小，并加速机油氧化变质过程，导致机件磨损严重。高温产生爆燃和早燃，加速发动机磨损。气温高还会使发动机供油系产生气阻，使车辆启动困难，工作可靠性下降。气温过高还易使轮胎出现爆裂。

② 道路状况

汽车在良好道路上行驶时，行驶阻力小，承受的冲击和动载荷小，汽车的速度、性能得以发挥，燃油经济性好，零件磨损速率小，汽车的使用寿命就长。

汽车在坏路面上行驶，行驶阻力大，低挡使用时间长，发动机转速和负荷增大，加剧气缸活塞组零件的磨损；凹凸不平的路面对车辆的冲击振动将严重影响车辆行驶的平顺性和乘坐的舒适性，底盘各总成，如车轮、悬架、车桥等受到冲击载荷，使零部件损伤甚至遭到破坏；汽车在不良道路上行驶，由于离合器、变速器、制动器等操作次数增加和使用时间增长，会加剧这些总成零部件的磨损。因此，汽车经常在坏路面上运行，其使用寿命大大缩短。

③ 交通环境

在交通状况良好的道路上行驶时，汽车经常采用高挡，在经济工况下运行，操纵次数减少，因而汽车运行平稳，所承受的冲击载荷大大减轻；而在不良交通状况下运行时，如在市区运行，常因车多路窄、交通流量大、交叉路口多而不能以最佳工况运行。据统计，在同样路面条件下，货车在市内的行驶速度较郊区降低50%左右，换挡次数增加2~2.5倍，制动消耗的能量增加 7 ~ 7.5 倍。显然，汽车在交通状况不良的道路上行驶时，汽车技术状况的恶化进程加剧。

（2）燃油和润滑油的品质

① 汽油品质

汽油的辛烷值、馏分温度、蒸发性和含硫量是与汽车技术状况的变化有直接联系的指标。若汽油辛烷值低，则抗爆性差，易产生爆燃，使发动机承受的机械负荷和热负荷增大，同时破坏缸壁上的润滑油膜，使气缸磨损加剧，严重时还会引起气门烧蚀、连杆变形、火花塞绝缘部分损坏等故障。馏分温度的高低表示汽油中所含重质馏分的多少。馏分温度越高，说明汽油中不易挥发、雾化和燃烧的重质馏分越多。重质馏分易以液滴状态进入气缸，冲刷缸壁润滑油膜，窜入曲轴箱稀释机油，加速机油变质，使发动机磨损加剧。汽油中的含硫量超标时，会对零件产生腐蚀作用，加快发动机的磨损。

② 柴油品质

车用柴油中，十六烷值的高低对发动机工作的平稳性影响很大。若柴油的十六烷值过低，其燃烧性差，柴油机工作粗暴，所承受的载荷增大。柴油中重质馏分过多。会使燃烧不完全而形成碳粒，排放烟度增大，气缸磨损增加，还易堵塞喷油器喷孔。柴油的黏度应适宜，黏度大，则柴油的低温流动性和雾化性差，燃烧不完全，积炭和黑烟排放多；黏度小，则柴油对于喷油泵柱塞偶件的润滑作用下降，磨损加剧。柴油中硫的含量从 0.1% 增加到 0.5% 时，柴油机气缸和活塞环的磨损量将增加 20% ~ 25%。

③ 润滑油（脂）品质

润滑油（脂）品质对汽车技术状况变化的影响显著，品质良好的润滑油（脂）可以保证汽车运动部件的可靠润滑，减少运动部件的摩擦阻力，延缓运动部件的磨损。

应根据汽车的工作条件和环境温度合理选用发动机机油的黏度等级和使用性能等级。若发动机机油黏度大，则机油流动性差，低温时润滑条件差，磨损加剧；黏度小，则机油流动性好，但油性差，润滑油吸附金属表面的能力差，易使工作表面出现边界摩擦或半干摩擦状态，也会使发动机的磨损增加。若发动机机油的清净分散性差，易生成积炭和油泥，积炭易使汽油机产生早燃或爆燃，油泥易促进发动机机油变质，堵塞润滑系统。若发动机机油的氧化安定性不良，则易形成胶质沉淀物，使机油润滑性能下降；同时会因胶质物在油管、油道和机油滤清器中的沉积而影响润滑系统的正常工作，从而加剧零件的磨损。

如果车辆齿轮油选择不当，品质不良，如黏度不合适、黏温性不良、油性和极压抗磨性不好，以及低温流动性、抗泡沫性、抗腐蚀性差，则汽车变速器、主减速器等齿轮传动部件的磨损会加剧，使用寿命会降低。

正确选用润滑脂，对轮毂轴承、传动轴万向节、各拉杆球节、水泵轴承、发电机轴承等部位的润滑至关重要。若润滑脂稠度不适宜、高温和低温性能不良、抗水性不好、胶体安定性不适当，以及防锈性、防腐性差，则会使润滑部位零件磨损加剧，使用寿命降低。

（3）汽车的合理运用

① 驾驶技术

具有良好驾驶技术的驾驶人员，在驾驶操作过程中都注意采用预热升温、平稳行驶、及时换挡、合理滑行、温度控制等一系列正确合理的操作方法，并注意根据道路情况合理选择行驶路线和车速，保证车辆经常处于最佳工作状态，从而延缓车辆技术状况变差的速度，延长汽车使用寿命。同时，驾驶人员还应有一定的技术素质，能根据汽车使用说明书中所规定的各项使用要求合理使用车辆。

② 装载质量

汽车装载量应按额定装载量进行控制。在超载状态下，汽车各总成承受的负荷增加，发动机工作不稳定，低速挡使用时间比例增大，冷却系统和润滑系统的工作温度升高，从而导致发动机和其他总成的磨损增大，超载还会损坏汽车底盘系统，减少汽车的使用寿命。

③ 行驶速度

汽车行驶速度过高，发动机经常处于高转速运转，活塞在气缸内平均移动速度增高，气缸磨损相应增大。高速行驶时，汽车底盘特别是行驶机构受到的冲击载荷增加，易使前后桥发生变形；同时，高速行驶时，制动使用更为频繁，汽车制动器磨损加剧。汽车行驶速度过低时，低挡使用时间比例增大，汽车行驶相同里程发动机平均运转次数增多，同时由于润滑条件变差，其磨损强度较大。

1.1.2　汽车性能检测及检测站

1.1.2.1　汽车性能检测

汽车性能检测是指确定汽车技术状况或工作能力所进行的检查和测量。汽车检测侧重于汽车使用、维修过程中的定期检测，是一种主动检查行为，如机动车的年度检验、汽车技术状况等级的评定、汽车维修前的检测和竣工质量检验等。

1. 汽车检测参数及其标准

（1）检测参数

检测参数，是表征汽车、总成及机构技术状况的量。有些结构参数可以表征汽车技术状况，但在不解体情况下，直接测量往往受到限制，如气缸间隙、曲轴和凸轮轴轴颈的磨损量等，都无法在不解体情况下直接测量。因此，在检测汽车技术状况时，需要采用一种与结构参数有关而又能表征汽车技术状况的间接指标，该间接指标称为检测参数。

① 汽车检测参数分类

汽车检测参数包括：工作过程参数、伴随过程参数和几何尺寸参数。

a. 工作过程参数，是汽车、总成或机构工作过程中输出的一些可供测量的物理量或化学量。例如，发动机功率、驱动车轮输出功率或驱动力、汽车燃料消耗量、制动距离或制动力、滑行距离等，往往能表征检测对象总的技术状况。工作过程参数是深入诊断的基础。汽车不工作时，无法测量该参数。

b. 伴随过程参数，是伴随工作过程输出的一些可测量参数，如振动、噪声、异响、温度等。这些参数可提供检测对象的局部信息，常用于复杂系统的深入诊断。汽车不工作时，无法测量该参数。

c. 几何尺寸参数，可提供总成或机构中配合零件之间或独立零件的技术状况，如配合间隙、自由行程、圆度、圆柱度、端面圆跳动、径向圆跳动等。这些参数虽能提供的信息量有限，但能表征检测对象的具体状态。

② 汽车检测参数选择原则

在汽车的使用过程中，检测参数的变化规律与汽车技术状况的变化规律之间有一定的关系，为了保证检测结果的可信性和准确性，在选择检测参数时应遵循以下原则。

a. 灵敏性，亦称灵敏度，是指检测对象的技术状况在从正常状态到进入故障状态之前的整个使用期内，检测参数相对于技术状况参数的变化率。选用灵敏性高的检测参数诊断汽车的技术状况，可使诊断的可靠性提高。

b. 单值性，是指汽车技术状况参数从开始值变化到终了值的范围内，一个检测参数只对应一个技术状况参数。

c. 稳定性，是指在相同的测试条件下，多次测得同一检测参数的测量值，具有良好的一致性（重复性）。检测参数的稳定性越好，其测量值的离散度越小。稳定性不好的检测参数，其灵敏性也低，可靠性差。

d. 信息性，是指检测参数对汽车技术状况具有的表征性。表征性好的检测参数，能揭示汽车技术状况的特征和现象，反映汽车技术状况的全部情况。检测参数的信息性越好，包含汽车技术状况的信息量越多，得出的检测参数结论越可靠。

e. 经济性，是指获得检测参数的测量值所需要的检测作业费用的多少，包括人力、工时、场地、仪器、设备和能源消耗等项费用。经济性高的检测参数，所需要的检测作业费用低。

汽车检测参数需要在一定的检测条件下、采用规定的检测方法进行测量，在检测条件中，一般有温度条件、速度条件和负荷条件等。如制动距离检测需要在一定的制动初速度和载荷下进行，并且采用路试方法检测；点燃式发动机汽车排气污染物检测，首先要使汽车发动机温度达到正常工作温度，采用怠速法和双怠速法进行等。没有规范的检测条件和检测方法，检测结果就无可比性，也就无法评价汽车技术状况。

（2）检测标准

为了定量地评价汽车及其总成或机构的技术状况，确定维修的范围和内容，必须建立检测参数标准，提供一个比较尺度，检测结果与标准值对照后，即可确定汽车技术状况，决定汽车是继续运行还是需要进行维修。检测标准是对汽车检测诊断方法、技术要求和限值的统一规定。

① 检测标准的分类

a. 国家标准，是国家制定的标准，冠以中华人民共和国国家标准（GB）字样。国家标准一般由某行业部委提出，由国家质量监督检验检疫总局发布，全国各级单位和个人都必须贯彻执行，具有强制性和权威性。如《营运车辆综合性能要求及检验方法》（GB18565—2012）、《机动车运行安全技术条件》（GB7258—2012）、《汽车维护、检测、诊断技术规范》（GB/T18344—2001）、《点燃式发动机汽车排气污染物排放限值及测量方法》（GB18285—2005）（双怠速法及简易工况法）等。

b. 行业标准，也称为部委标准，是部级制定并发布的标准，在行业系统内贯彻执行，一般冠以中华人民共和国某行业标准，在一定范围内具有强制性和权威性，有关单位和个人必须贯彻执行。如中华人民共和国交通行业标准《营运车辆技术等级划分和评定要求》（JT/T198—2004）等（JT表示交通部行业标准，T表示推荐性标准）。

c. 地方标准，是省级、市级、县级制定并发布的标准，在地方范围内贯彻执行，在一定范围内具有强制性和权威性，所属范围内的单位和个人必须贯彻执行。如北京市地方标准《装用点燃式发动机汽车排气污染物限值及检测方法》（DB11/318—2005）（遥测法）等。

d. 企业标准，包括汽车制造厂推荐的标准、汽车运输企业和汽车维修企业内部制定的标准、检测仪器设备制造厂推荐的参考性标准。

汽车制造厂推荐的标准是汽车制造厂在汽车使用说明书和维修手册中公布的汽车使用性能参数、结构参数、调整数据和使用极限等，可以把它们作为检测参数标准来使用。

汽车运输企业和维修企业的标准是本企业内部制定的标准，只在企业内部贯彻执行。根据企业具体情况，制定一些上级标准中尚未规定的内容。企业标准中有些参数的限值比上级标准还要严格，以保证汽车维修质量和树立良好的企业形象。

检测仪器设备制造厂推荐的参考性标准是检测仪器设备制造厂，针对本仪器或设备所检测的诊断参数，在尚没有国家标准和行业标准的情况下制定的检测参数的限值，通过产品使用说明书提供给使用者。

② 检测参数标准的组成

检测参数标准一般由初始值、许用值和极限值组成。

a. 初始值。相当于无故障新车和大修车诊断参数值的大小，往往是最佳值，可作为新车和大修车的检测参数标准。当检测参数测量值处于初始值范围内时，表明检测对象技术状况良好。

b. 许用值。检测参数若在此范围内，表明检测对象技术状况虽发生变化，但尚属正常，无需修理，按要求维护即可继续运行，超过此值，应及时进行修理。

c. 极限值。检测参数测量值超过此值后，表明汽车技术状况严重恶化，必须进行修理。此时，汽车动力性、经济性和环保性大大降低，行驶安全得不到保证，相关机件磨损严重，甚至可能发生机械事故。

（3）检测周期

检测周期是汽车诊断的间隔期，以行驶里程或使用时间表示。检测周期的确定，应满足技术和经济两方面的条件，获得最佳检测周期。

最佳检测周期，是能保证车辆完好率最高而消耗费用最少的检测周期。

① 制定最佳检测周期应考虑的因素

a. 汽车技术状况，包括汽车新旧程度、行驶里程、技术状况等级、使用性能、结构特点、故障规律、配件质量等。

新车、大修后的车辆、行驶里程较少的车辆、技术等级为一级的车，其最佳检测周期就长；旧车、使用条件恶劣的车辆，其最佳检测周期则短。

b. 汽车使用条件，包括气候条件、道路条件、装载条件、驾驶技术、拖带挂车、燃润料质量等。

c. 经济性，包括检测诊断、维护修理、停驶损耗的费用。

② 制定最佳检测周期的方法

大量统计资料表明，实现单位里程费用最小和技术完好率最高，两者是可以求得一致的。

根据交通部《汽车运输业车辆技术管理规定》，汽车实行"定期检测、强制维护、视情修理"的制度。

车辆二级维护前应进行检测诊断和技术评定，依据检测结果，确定附加作业或修理项目，结合二级维护一并进行。

车辆修理要根据检测诊断和技术鉴定结果，视情按不同作业范围和深度进行，既要防止拖延修理造成车况恶化，又要防止提前修理造成浪费。

二级维护周期（间隔里程）是我国目前的最佳检测周期。根据《汽车维护、检测、诊断技术规范》（GB/T18344—2001），二级维护周期应以行驶里程为基本依据，依据车辆使用说明书的有关规定，同时依据汽车使用条件的不同，由省级交通行政主管部门规定。一般为10 000 ~ 15 000 km。

2. 我国对在用汽车检测的规定与依据（见表 1-1）

表 1-1 在用汽车定期检测规定时间表

序号	检测类别	车辆类型	检测周期	检测依据
1	新车注册登记检验	所有车辆（包括乘用车、商用车、三轮汽车、低速货车）	申请注册登记时	《机动车运行安全技术条件》（GB7258—2012）；
2	安全技术检验	在用车辆（包括乘用车、商用车、三轮汽车、低速货车）	1 年（按汽车尾号分月进行）	《机动车安全技术检验项目和方法》（GB21861—2014）
3	技术等级评定	营运车辆（包括从事道路运输的大中型客车、货车、出租汽车、危险品运输车等）	1 年（按汽车尾号分月进行）	《营运车辆综合性能要求和检验方法》（GB18565—2001）；《营运车辆技术等级划分和评定要求》（JT/T198—2004）；
4	二级维护竣工质量检验	营运车辆（包括从事道路运输的大中型客车、货车、出租汽车、危险品运输车等）	6 个月（按二级维护作业时间进行）	《汽车维护、检测、诊断技术规范》（GB/T18344—2001）

1.1.2.2 检测站

汽车检测站是受国家有关主管部门（公安或交通部门）的委托，按国家有关法律、法规和标准规定，借助现代先进的检测仪器和设备，综合运用现代检测技术，对汽车实施不解体检测的机构。汽车检测站能在室内检测出车辆的各种参数并诊断出可能存在的故障，为全面、准确评价汽车的使用性能和技术状况提供可靠的依据。汽车检测站不仅是车辆主管机关或行业对汽车技术状况进行检测和监督的机构，而且已成为汽车制造企业、汽车运输企业和汽车维修企业中不可缺少的重要组成部分。

1. 汽车检测站的类型

我国的汽车检测站按照服务功能可分为安全环保检测站、综合性能检测站和维修检测站。

（1）安全环保检测站

安全环保检测站是经各地质量技术监督部门资格审核认定，受公安交通管理部门委托，依据《机动车运行安全技术条件》（GB7258—2012）和《机动车安全技术检验项目和方法》（GB21861—2008），对机动车实施安全技术检验的专门机构。其主要任务是：按照国家规定的车检法规，定期检测车辆与安全和环保有关的项目，以保证汽车安全行驶，并将污染降低到允许限度。

安全环保检测站一般由一条至数条安全环保检测线组成。有两条以上安全环保检测线时，一般一条为既可用于商用车检测又可用于乘用车检测的汽车检测线，另一条为专门用于乘用车和小型客车检测的汽车检测线。

（2）综合性能检测站

汽车综合性能检测站是经各省交通运输管理机关审核认定，受各地道路运输管理部门委托，依据《营运车辆综合性能要求和检验方法》（GB18565—2012）、《营运车辆技术等级划分和评定要求》（JT/T198—2004）和《汽车维护、检测、诊断技术规范》（GB/T18344—2001），对营运车辆进行技术等级评定、二级维护竣工质量检验的专门机构。

根据《汽车综合性能检测站能力的通用要求》（GB/T17993—2005）的定义，汽车综合性能检测站是按照规定的程序、方法，通过一系列技术操作行为，对在用汽车综合性能进行检测（验）评价工作并提供检测数据、报告的社会化服务机构。

因此，汽车综合性能检测站既能承担车辆安全环保方面的检测，又能承担汽车使用、维修中的技术性能检测，还能承接科研或教学、司法鉴定、进口汽车等方面的性能试验和参数测试。

综合性能检测站一般由一条或数条安全环保检测线和综合检测线组成。

（3）维修检测站

维修检测站是各专业大型汽车运输企业、汽车维修企业自行建立的检测站，主要从车辆使用和维修角度，担负车辆维修前后的技术状况检测，检测车辆的主要使用性能，并进行故障分析与诊断。维修检测站一般由一条至数条综合检测线组成。

2. 各类检测站应用范围

（1）车辆年检

所有机动车（包括乘用车、商用车），经公安交通管理机关注册登记投入使用后，每年必须进行一次年度检验，车辆年检由安全环保检测站承担。对延长使用期的车辆，要根据实际延长使用时间增加年检次数。

（2）车辆技术等级评定

对从事道路运输经营的车辆（包括大中型客车、出租汽车、货车、危险品运输车等），每年必须进行一次技术等级评定，车辆等级评定由综合性能检测站承担，并出具检测报告单。交通运输管理部门根据检测结果确定车辆技术等级，并在"汽车道路运输证"上签章。

（3）二级维护竣工质量检验

对从事道路运输的车辆，经汽车 4S 店或汽车综合修理厂进行二级维护竣工后，送汽车综合性能检测站进行二级维护竣工质量检验，检验合格由交通运输管理部门在"车辆二级维护记录卡"上签章。

（4）临时检验

新车注册登记时的初次检验，运输超高超宽货物，维修更换发动机总成或缸体、车架总成，车辆改装等临时性检验，由安全检测站承担。

车辆交通事故损坏鉴定，维修质量鉴定，车辆司法鉴定，由汽车综合性能检测站承担。

车辆维修前的技术状况检测，故障检测诊断，车辆竣工质量检验等，由各大型运输企业、汽车维修企业所属维修检测站负责。

3. 检测项目与检测仪器设备

按照《机动车运行安全技术条件》（GB7258—2012）和《机动车安全技术检验项目和方法》（GB21861—2014）的要求，安全环保性能检测的检测项目与检测仪器设备，如表 1-2 所示。

表 1-2　安全环保性能检测项目与检测仪器设备

检测方式		检 测 项 目	检测仪器设备
车辆唯一性认定		① 号牌号码；② 车辆类型；③ 品牌/型号；④ 颜色；⑤ 发动机号码；⑥ 车辆识别代号（或整车出厂编号）及打刻特征；⑦ 主要特征及技术参数	
联网查询		查询送检机动车是否发生过交通事故及涉及尚未处理完毕的道路交通安全违法行为	
线外检测	车辆外观检查	① 车身外观；② 照明和电气信号装置；③ 发动机舱；④ 驾驶室（区）；⑤ 发动机运转状况；⑥ 客车外部；⑦ 底盘件；⑧ 车轮；⑩ 其他	轮胎气压表、轮胎花纹深度计、透光率计、钢卷尺（20 m 和 5 m 各一个）、钢直尺（50 cm）、铅锤、转向盘转向力-转向角检测仪、照明器具
	底盘动态检测	① 转向系统：转向盘最大自由转动量；转向沉重、自动回正能力；保持直线行驶能力检查；② 传动系统：离合器、变速器、传动轴、驱动桥检查；③ 制动系统：点刹跑偏、低气压报警装置、弹簧储能制动器检查	
线内检测	车速	车速表指示误差	滚筒式车速表检验台
	排放	① 点燃式发动机汽车双怠速法排气污染物：CO、HC 的体积分数，过量空气系数λ；② 压燃式发动机汽车自由加速法排气烟度：排气光吸收系数（对 2001 年 10 月 1 日起生产的汽车）或滤纸式烟度值（对 2001 年 9 月 30 日及该日期以前生产的汽车）；③ 低速货车自由加速法排气烟度：滤纸式烟度值	汽车排气分析仪、底盘测功机、滤纸式烟度计、不透光烟度计、发动机转速表、秒表
	制动（含轮重）	① 轮重；② 左、右轮最大制动力；③ 制动力增长全过程中的左右轮制动力最大差值；④ 制动协调时间；⑤ 车轮阻滞力；⑥ 驻车制动力	滚筒反力式制动检验台或平板式制动检验台、秒表踏板力计、轮（轴）重仪

续表 1-2

检测方式	检测项目		检测仪器设备
线内检测	侧滑	转向轮横向侧滑量	汽车侧滑检验台
	前照灯	① 前照灯远光光束发光强度；② 前照灯远光光束照射位置（光束中心左右偏移量及上下偏移量）；③ 前照灯近光光束照射位置（明暗截止线转角折点位置）	前照灯检测仪、车辆摆正装置
	车辆底盘	① 转向系统；② 传动系统；③ 行驶系统；④ 制动系统；⑤ 电器线路；⑥ 底盘其他部件	专用手锤、汽车悬架转向系统间隙检查仪
	功率	底盘输出功率	汽车底盘测功机
路试检测	行车制动	制动距离和制动稳定性，或充分发出的平均减速度、制动协调时间和制动稳定性	便携式制动性能测试仪、第五轮仪、非接触式速度仪、踏板力计
	驻车制动	驻车制动性能	
	车速	车速表指示误差	第五轮仪等

注：① 主要特征及技术参数是指机动车已认证（登记）的结果、构造或者特征，以及国家机动车产品主管部门公告的数据；
② 对全时四驱车辆等无法上线检测车速表指示误差的车辆不进行；
③ 实行环保检验合格标志的地方，排放（排气污染物测量）不再列入安全技术检验；
④ 轴荷超过检验设备允许承载能力的车辆、多轴无法上线的车辆不进行线内制动检验，应路试。

4. 汽车综合性能检测

汽车综合性能是指在用汽车动力性、安全性、燃料经济性、使用可靠性、排气污染物和噪声以及整车装备完整性与状态、防雨密封性等多种技术性能的组合。汽车综合性能检测是汽车运输业车辆技术管理的主要内容之一，是检查、鉴定汽车技术状况和维修质量的主要手段，是强制维护、视情修理的重要保证。

汽车综合性能检测主要通过汽车综合性能检测站来完成，按照《营运车辆综合性能要求和检验方法》（GB18565—2012）和《汽车综合性能检测站能力的通用要求》（GB/T17993—2005）的规定，汽车综合性能检测的项目和仪器设备，如表 1-3 所示。

表 1-3　汽车综合性能检测项目和检测仪器设备

检测类型	检测项目	检测方式	检测仪器设备
外观检视	唯一性认定	人工使用量具实施测量与检验	钢卷尺（铅锤）、轮胎压力表、轮胎花纹深度尺、钢直尺
	车身外观		
	照明和电气信号装置		
	发动机机舱		
	驾驶室（区）		
	车轮轮胎		
	客车/危险品货车		
	运行检查		

检测类型	检测项目		检测方式	检测仪器设备
外观检视	轮胎气压/kPa		人工使用量具实施测量与检验	钢卷尺（铅锤）、轮胎压力表、轮胎花纹深度尺、钢直尺
	汽车（挂车）外廓尺寸/mm			
	车身外缘左右对称部位高度差			
	轮胎花纹深度（最小）/mm			
	左右轴距差			
	货箱栏板高度			
动力性、燃料经济性	校正驱动轮输出功率	额定扭矩工况	台架程序测试或人工采集测试现场环境要素	汽车底盘测功机、大气压力表、温度计、湿度计
		额定功率工况		
	等速百公里燃料消耗量		台架程控测试或道路试验	汽车底盘测功机、油耗计、非接触式速度计或五轮仪
	发动机技术状况	相对气缸压力	人工辅以仪器测试	发动机综合性能检测仪
		点火电压（汽油机）		
		最低稳定转速		
		最高转速（柴油机）		
		起动电压		
		起动电流		
		充电电压	人工辅以仪器测试	发动机综合性能检测仪
		充电电流		
		蓄电池电压		
		润滑油污染指数	人工检验	润滑油质分析仪
		润滑油水分含量		
		机油压力		机油压力表
		停机装置（柴油机）		
		发动机异响		
转向操纵性	转向自动回正能力		道路试验	
	转向盘最大自由转动量		人工辅以仪器测试	转向盘转向力-角仪
	转向盘操纵力			
	转向轮最大转角			转向轮转角仪
	转向轮侧滑量			侧滑检验台
	车轮定位： ① 转向轮前束值/张角 ② 转向轮外倾角 ③ 转向轮主销内倾角 ④ 转向轮主销后倾角 ⑤ 后轮外倾角 ⑥ 后轮前束值/前张角 ⑦ 推进角 ⑧ 车轮轮距 ⑨ 转向20°的张角		人工辅助作业	前轮定位仪或四轮定位仪

检测类型	检测项目	检测方式	检测仪器设备
悬架特性	吸收率	台架程控测试	悬架装置检测台
	左右轮吸收率差		
	悬架特性曲线		
	悬架效率		
	左右轮悬架效率差		
制动性能	轴（轮）重	台架程控测试	轴（轮）重仪
	左右轮最大制动力		滚筒反力式制动检验台或平板式制动检验台、制动踏板力计
	制动力和		
	制动力差		
	左右轮过程差最大差值点		
	左右轮制动阻滞力		
	驻车制动性能		
	整车制动性能		
	踏板力或气压		
	制动协调时间		
	制动力特性曲线	自动跟踪扫描	
	驻车制动	道路试验	标准坡道
	制动距离		非接触式速度计或五轮仪
	制动减速度		制动性能测试仪或非接触式速度计
	制动跑偏量		标准试车道路
	ABS 防抱制动性能	台架程控测试或道路测试	ABS 防抱制动检验台
前照灯	基准中心高度	程控测试	前照灯检测仪
	远光发光强度		
	远光光束上下偏移量		
	远光光束左右偏移量		
	近光光束上下偏移量		
	近光光束左右偏移量		
噪声与其他	车辆定置噪声	场地检测或道路试验	声级计
	客车车内噪声		
	驾驶员耳旁噪声		
	喇叭声级	仪器程控测试	
	车速表示值误差	台架程控测试	汽车车速表检验台或底盘测功机
	客车防雨密封性	人工辅以装置测试	喷淋装置

检测类型	检测项目		检测方式	检测仪器设备
排气污染物	点燃式发动机汽车双急速法排气污染物	CO、HC 的体积分数过量空气系数	仪器程控测试	排气分析仪
	点燃式发动机汽车加速模拟工况法排气污染物	C0、HC、NO 的体积分数	仪器、设备程控测试	汽车底盘测功机、排气分析仪
	压燃式发动机汽车自由加速法排气烟度	光吸收系数	仪器程控测试	不透光烟度计
		烟度值		滤纸式烟度计
底盘技术状况	传动系统性能	直接挡输出轴间隙	人工辅以地沟和专用设备检验	传动系统游动角检测仪
		传动轴间隙		
		主减速器间隙		
		传动轴跳动量		
	滑行性能	滑行距离	台架程控测试或路试	汽车底盘测功机
		滑行时间		
		滑行阻力	道路试验	拉力计
	使用可靠性	车轮动平衡	人工辅助作业	车轮动平衡机
		前悬架装置、间隙	人工辅以地沟和专用设备检验	
		横直拉杆及球销装置间隙、紧固		
		转向节臂、摇臂间隙、紧固		
		轮毂轴承间隙		
		转向系统传动装置间隙、紧固		
		制动/离合器踏板自由间隙	人工检验	钢直尺
		制动软管老化、磨损		扭力扳手、专用手锤
		底盘异响		
		后钢板弹簧裂纹、窜位、弹簧夹、增减片		
		前钢板弹簧裂纹、窜位、弹簧夹、增减片		
		制动系统可见螺栓、管、线紧固		
		传动系统紧固		

5. 汽车检测站计算机控制系统

汽车综合性能检测站计算机控制系统是将计算机应用技术与电子控制技术：网络通信技术相结合，对车辆的安全性、动力性、燃料经济性、尾气排放、整车装备等参数进行测量、计算、判断，并将结果输存储、传送的智能化系统。

《汽车综合性能检测站能力的通用要求》（GB/T17993—2005）和《汽车检测站计算机控制系统技术规范》（JT/T478—2002），对检测站计算机控制系统的功能提出了明确要求。

（1）计算机控制检测系统功能及要求

① 车辆信息登录、规定项目与参数的受控自动检测、检测数据的自动传输与存档、检测报告与统计报表的自动生成、指定信息的查询。

② 控制系统配置的计算机等硬件和操作系统等软件应符合相关标准的要求。

③ 控制系统应建立适用检测车型数据库和适用检测标准项目、参数限值数据库，并符合相关委托检测行业管理的要求。

④ 控制系统不应改变联网检测仪器设备的测试原理、分辨力、测量结果数据有效位数和检测结果数据，检测参数的采集、计算、判定应符合有关标准。

⑤ 应具有人工检验项目和未能联网的检测仪器设备检测结果的人工录入功能（IC 卡或其他方式）。

⑥ 应设置检测标准、系统参数等数据修改的访问权限及操作日志。

⑦ 检测调度功能：

a. 控制系统应能使检测站内各检车通道对按照任何车辆次序和检测次序到达的已登车辆进行调度并完成应检项目的检测。

b. 具有把受检车辆调度到检车通道任意检车单元、任意项目检测的能力。

c. 具有调度受检车辆接受检车单元内任意项目、任意次数检测的能力。

d. 检车单元上一个受控设备出现故障时，控制系统应能使该受控设备承担的检测项目在本次检测中取消，剩余项目仍能作为一个整体继续执行自动检测。

（2）计算机控制系统的组成及作用

计算机控制系统由硬件部分和软件部分组成。硬件部分包括计算机及外设、外部接口、传感器、前端处理单元。软件部分包括系统软件、应用软件、数据库。

汽车检测站控制系统的常见控制方式有集中式和集散式两种，其中集散式控制方式的应用较为常见。

汽车检测站计算机控制系统由下列各子系统实现所要求的各项功能。

① 登录注册系统

登录注册系统是汽车检测站计算机控制系统检测流程的起点，它将车辆基本信息和检测项目录入计算机控制系统，为主控系统控制和报告打印提供信息。登录注册系统界面一般包括查询条件区、车辆基本信息区、检测项目选择区等。

② 调度系统

调度系统根据车辆实际到达检测车间的顺序，在登录到计算机控制系统的车辆中，选择相应车辆并发往主控系统，开始检测。调度系统界面一般包括待检车辆列表，用来显示登录注册系统已经录入的车辆车号、车型及待检项目、检测序列号等信息。

③ 主控系统

主控系统是检测站计算机控制系统的核心模块，它是根据被检车辆需要检测的项目控制检测设备运转，采集检测设备返回的检测数据，对检测数据按照国家相应标准进行判定；控制检测线各工位电子显示屏显示检测结果和判定结果，按照检测流程给引车员相应的操作提示；将检测数据和判定结果存入本地数据库。

主控系统界面：在检车辆状态区，用来显示在检车辆当前正在检测的项目及已检过项目的判定情况；待检车辆信息区，用来显示已由调度发来但未进行检测的车辆信息；检测数据显示区，用来显示各工位当前正在检测车辆的检测数据；检测设备状态区，用来显示当前各检测设备的运行状态。

主控系统通常包括外观检测，底盘检测，尾气检测，速度检测，制动检测，灯光检测，声级检测，侧滑检测，悬架检测，底盘测功检测，油耗检测等功能模块。

④ 打印系统

打印系统能够按照规定的报告式样，根据检测结果，在检测报告的相应位置打印出车辆的基本信息和各检测项目的检测数据，并给出判定结果。

⑤ 监控系统

监控系统将前端摄像机采集的视频信号，通过传输线路集中到监视器或录像机，供实时监控或存档查询。

⑥ 客户管理系统

客户管理系统是对客户资源的管理，通常包括客户信息录入、业务收费、财务审核、领导查询等功能模块。

⑦ 系统维护系统

系统维护系统一般包括检测设备的软件标定、检测判定标准的维护、数据库的定期备份、硬件维护、软件维护等功能。

⑧ 查询统计系统

查询统计系统可按任意时间段，对被检车辆、车辆单位、检测合格率、引车员工作量、检测收入等信息进行查询、统计，并能按照一定的查询条件自动生成统计报表。

1.1.3 学习小结

（1）汽车主要使用性能包括：汽车动力性，燃油经济性，制动性，操纵稳定性，安全性，舒适性，通过性和环保性等。

（2）汽车动力性是表征汽车加速、爬坡及能达到最高车速的能力，常用最高车速、加速性能、爬坡能力等作为评价指标。

（3）汽车燃油经济性是指汽车以最少的燃料消耗完成单位运输工作量的能力，常用每百公里燃料消耗量（L/100 km）作为评价指标。

（4）汽车制动性能是指汽车行驶时，能在短距离内迅速停车，并维持行驶方向稳定性和下长坡时能维持一定安全车速，以及在坡道上长时间保持停驻的能力。制动性能的评价指标主要有制动效能、制动效能的恒定性和制动时的方向稳定性。

（5）汽车操纵稳定是指驾驶人员不感到过分紧张、疲劳的条件下，汽车能遵循驾驶人员通过转向系统及转向车轮给定的方向行驶，且当遭遇外界干扰时，汽车能抵抗干扰而保持稳定行驶的能力。

（6）汽车安全性是衡量汽车品质优劣的重要指标。汽车安全性能主要分为主动安全性（避免事故的性能）和被动安全性（事故发生后对驾乘者的保护作用）。

（7）汽车舒适性是指汽车为驾乘者提供方便的操作条件和舒适的驾乘环境。舒适性包括行驶平顺性、室内噪声、空气条件和居住性等。汽车行驶平顺性是指汽车在一定的速度范围内行驶时，能保证驾乘人员不会因车身振动而引起不舒服和疲劳的感觉，以及保持所运货物完整无损的性能。

（8）汽车的通过性是指汽车以足够高的平均车速通过各种坏路和无路地带（如松软路面、凹凸不平路面等）及各种障碍（如陡坡、侧坡、壕沟、台阶、灌木丛、水障等）的能力。

（9）汽车技术状况是指定检测出的表征某一时刻汽车外观和性能参数值的总和，它随着汽车行驶里程或使用时间而变化。汽车技术状况变差的主要外观症状有：汽车动力性下降，汽车燃油和润滑油消耗量显著增加，汽车制动性能变差，汽车操纵稳定性能降低，汽车排放污染物和噪声超过限值，汽车行驶中出现异响和异常振动，汽车可靠性变差及运行中因故障停驶时间增加。

（10）汽车技术状况的变化的主要原因有：零件之间相互摩擦而产生的磨损，零件与有害物质接触而产生的腐蚀，零件在交变载荷作用下产生疲劳，零件在外载、温度和残余内应力作用下发生变形，橡胶及塑料等非金属零件和电器元件因长时间使用而老化，由于偶然事件造成零件损伤等。

（11）汽车技术状况的变化不仅取决于汽车的结构设计与制造工艺的合理性和零件材料选择，还与各种使用因素有关。影响汽车技术状况变化的使用因素有：运行条件、燃油和润滑油的品质、汽车运用的合理性等。

（12）汽车检测是指确定汽车技术状况或工作能力所进行的检查和测量。汽车诊断是指汽车发生故障后，在不解体（或仅拆卸个别小件）条件下，为确定汽车技术状况或查明故障部位、故障原因进行的分析和判断。汽车检测诊断主要有安全环保检测、综合性能检测、故障诊断与维修检测等。

（13）汽车检测参数是表征汽车总成及机构技术状况的物理量。汽车检测参数包括：工作过程参数、伴随过程参数和几何尺寸参数。

（14）汽车检测标准是对汽车检测诊断方法、技术要求和限值的统一规定。检测标准包括：国家标准、行业标准、地方标准和企业标准。

（15）汽车检测参数标准一般由初始值、许用值和极限值组成。初始值相当于无故障新车和大修车诊断参数值的大小，往往是最佳值，可作为新车和大修车的检测参数标准；检测参数若在许用值范围内，表明检测对象技术状况虽发生变化，但尚属正常，无需修理；检测参数测量值超过极限值后，表明汽车技术状况严重恶化，必须进行修理。

（16）检测周期是汽车诊断的间隔期，以行驶里程或使用时间表示。检测周期的确定，应满足技术和经济两方面的条件，获得最佳检测周期。

（17）汽车检测站按照服务功能可分为安全环保检测站、综合性能检测站和维修检测站。安全环保检测站的主要任务是按照国家规定的车检法规，定期检测车辆与安全及环保有关的项目，以保证汽车安全行驶，并将污染降低到允许限度。汽车综合性能检测站是按照规定的程序、方法，通过一系列技术操作行为，对在用汽车综合性能进行检测（验）评价工作并提供检测数据、报告的社会化服务机构。

（18）汽车综合性能检测站计算机控制系统是将计算机应用技术与电子控制技术、网络通信技术相结合，对车辆的安全性、动力性、燃料经济性、尾气排放、整车装备等参数进行测量、计算、判断，并将结果输出、存储、传送的智能化系统。汽车检测站计算机控制系统包括：登录注册系统、调度系统、主控系统、打印系统、监控系统、客户管理系统、系统维护系统、查询统计系统。

1.1.4　自我评估

1. 判断题

（1）汽车技术状况是指定检测出的表征某一时刻汽车外观和性能参数值的总和。（　　）

（2）评定营运车辆技术等级的依据是《营运车辆技术等级划分和评定要求》（JT/T198—2004）。（　　）

（3）汽车内安全防护措施是在汽车转向盘内及车门内装有自动充气弹出的安全气囊。（　　）

（4）诊断参数是供诊断用的，表征汽车总成及机构技术状况的物理量。（　　）

（5）汽车使用过程中，诊断参数的变化规律与汽车技术状况变化规律之间有一定关系。（　　）

（6）汽车检测站是综合运用现代检测技术，对汽车实施不解体检测、诊断的机构。（　　）

（7）车辆二级维护前不需要进行检测诊断和技术评定。（　　）

（8）检测站使用的计量检测设备应按质量技术监督部门的有关规定，组织周期检定，保证检测结果准确可靠。（　　）

（9）汽车最佳诊断周期是保证车辆完好率最高而消耗费用最少的诊断周期。（　　）

（10）现代仪器设备诊断法比人工经验诊断法准确性差。（　　）

（11）诊断参数的获得考虑经济性的因素就不必考虑获得参数的测量条件和测量方法。（　　）

2. 选择题

（1）汽车动力性的评价指标有最高车速、加速性能和（　　）。
　　A. 加速时间　　　　　　B. 最大爬坡度　　　　　　C. 燃料消耗

（2）汽车制动性的量标主要饱括制动效能，制动效能恒定性和（　　）。
　　A. 转向轮测滑　　　　　B. 制动时方向稳定性　　　C. 横向倾覆

（3）汽车检测诊断参数中，（　　）属于工作过程参数。
　　A. 振动　　　　　　　　B. 自由行程　　　　　　　C. 制动减速度

（4）汽车制造厂在汽车使用说明书中公布的汽车使用性能参数、结构参数、调整数据和使用极限等是（　　　）。

  A. 国家标准   B. 企业标准   C. 行业标准

（5）可提供总成及机构中配合零件之间或独立零件的技术状况的参数属于（　　　）。

  A. 伴随过程参数   B. 几何尺寸参数   C. 工作过程参数

（6）当诊断参数测量值处于（　　　）范围内时，表明诊断对象技术状况良好，无需维修便可继续运行。

  A. 初始值   B. 许用值   C. 极限值

（7）在不解体（或仅拆卸个别小件）条件下，确定汽车技术状况或查明故障部位、故障原因，进行的检测、分析和判断是（　　　）。

  A. 汽车检测   B. 汽车诊断   C. 汽车维护

（8）（　　　）是确定汽车技术状况或工作能力进行的检查和测量。

  A. 汽车检测   B. 汽车诊断   C. 汽车维护

（9）发动机功率和汽车的驱动力等属于汽车诊断参数中的（　　　）。

  A. 工作过程参数   B. 伴随过程参数   C. 几何尺寸参数

（10）按照国家规定的车检法规，定期检测车辆中与安全和环保有关的项目，以保证汽车安全行驶，并将污染降低到允许限度的检测站属于（　　　）。

  A. 安全检测站   B. 维修检测站   C. 综合检测站

3. 名词解释

（1）汽车技术状况   （2）汽车检测

（3）汽车诊断   （4）汽车综合性能

（5）汽车综合性能监测站

4. 问答题

（1）汽车主动安全性和被动安全性方面主要采取哪些措施？

（2）什么是汽车检测？什么是汽车诊断？

（3）汽车综合性能检测主要检测项目和仪器设备有哪些？

项目2 汽车动力性能检测

汽车是一种高效率的运输工具,运输效率的高低在很大程度上取决于汽车的动力性。汽车动力性是指汽车在良好路面上直线行驶时由汽车受到的纵向外力决定的,所能达到的平均行驶速度。汽车行驶的平均技术速度越高,汽车的运输效率也越高,但随着使用时间的延长,其动力性会逐步下降,从而达不到高速行驶的要求,降低汽车的运输效率以及公路应有的通行能力。因此,早在1983年国家颁布的《汽车大修竣工出厂技术条件》(GB3798—1983)第2.6项中对汽车大修后的加速性能规定了最低要求。交通运输部在1990年发布的13号令《汽车运输业车辆技术管理规定》中,特别要求对汽车动力性进行定期检测。此后国家标准《营运车辆综合性能要求和检验方法》(GB18565—2012)、交通行业标准《营运车辆技术等级划分和评定要求》(JT/T198—2004),都将动力性作为主要性能进行评定,充分说明汽车动力性检测的重要性。

任务2.1 发动机气密性检测

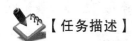 **任务情景**

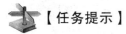 【任务描述】

某进厂报修车辆经初步了解判断车辆动力性能出现问题,前期检查排除其他因素,认为是发动机气密性存在问题,需要对气密性进行检测,找出故障原因并排除。

【任务提示】

在熟悉发动机构造原理的基础上,利用气缸压力表和真空表检测设备对气缸压力和真空度参数进行检测,对比诊断参数标准确定故障原因,并排除故障。

 任务目标

【知识目标】

(1)熟悉发动机气密性检测项目。
(2)掌握发动机气密性的检测方法。
(3)了解气缸压力表和真空表等常用仪器设备的基本结构与工作原理。

【能力目标】

（1）学会正确使用气缸压力表和真空表等检测仪器设备。
（2）学会应用气缸压力表和真空表设备进行发动机气密性项目检测。
（3）能根据发动机气密性检测结果分析造成发动机动力下降的原因，并诊断和排除故障。

必备知识

2.1.1 基本知识

在不解体的条件下，检测发动机气密性的常用方法有：气缸压缩压力检测，曲轴箱窜气量检测，气缸漏气量或气缸漏气率检测，进气歧管真空度检测等。在实际检测时，只要进行其中的一项或两项，就能确定气缸密封性的好坏，在这里就气缸密封性和进气歧管真空度两方面进行检测。

2.1.1.1 气缸压缩压力检测

气缸密封性与气缸体、气缸盖、气缸垫、活塞、活塞环和进排气门等零件的技术状况有关。在发动机使用过程中，由于这些零件磨损、烧蚀、结焦或积炭，导致气缸密封性下降，使发动机功率下降，燃油消耗率增加，使用寿命大大缩短。气缸密封性是表征发动机技术状况的重要参数。

由于用气缸压力表检测气缸压缩压力（以下简称气缸压力）具有价格低廉、仪表轻巧、实用性强和检测方便等优点，因而在汽车维修企业中应用十分广泛。常用气缸压力表如图2-1所示。

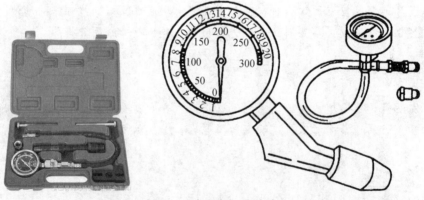

图 2-1 常用气缸压力表

检测活塞到达压缩终了上止点时气缸压缩压力（以下简称为"气缸压力"）的大小，可以表明气缸的密封性。气缸压力表是一种气体专用压力表。它一般由压力表头、导管、单向阀和接头等组成。压力表头多为鲍登管式，其驱动元件是一根扁平的弯曲成圆圈状的管子，一端为固定端，另一端为活动端。活动端通过杠杆、齿轮机构与指针相连。当气体压力进入弯管时，弯管伸直。于是，通过杠杆、齿轮机构带动指针运动，在表盘上指示出压力的大小。气缸压力表还装有能通大气的单向阀。当单向阀处于关闭位置时，可保持压力表指针位置以便于读数。当单向阀处于打开位置时，可使压力表指针回零。

气缸压缩压力标准值一般由汽车制造厂提供。按照《营运车辆综合性能要求和检验方法》（GB18565—2001）的规定，在用汽车发动机各气缸压力应不小于原设计值的85%，每缸压力与各缸平均压力的差：汽油机应不大于8%，柴油机应不大于10%。

几种常见车型发动机气缸压缩压力的标准值如表 2-1 所示。

表 2-1　几种常见车型发动机气缸压缩压力的标准值

发动机型号	压缩比	气缸压缩压力值/kPa	各缸压力差/kPa
奥迪 100 1.8L	8.5	新车：800 ~ 1 000 极限：650	≤300
本田 CRV	10.5	900 ~ 1 200	≤300
桑塔纳 AJR1.8L	9.3	1 000 ~ 1 350	300
长安福克斯	10.8	1 000 ~ 1 200	300
解放 CA6102	7.4	930	
东风 EQ6100	6.75	833	
五十铃 4JB1	18.2	3 100	

2.1.1.2　进气歧管真空度的检测

发动机进气歧管真空度的大小随气缸活塞组零件的磨损而变化，并与气门组零件的技术状况、进气管的密封性以及点火系统和供油系统的调整有关。因此，检测进气歧管真空度，可以用来诊断发动机是否存在故障。

进气歧管真空度可用真空表或发动机诊断仪检测，无须拆卸任何机件，快速简便，应用极广。真空表由表头和软管组成。真空表表头和气缸压力表表头一样。真空表的量程为 0 ~ 101.325 kPa。软管一头固定在表头上，另一头可便捷地连接在进气歧管的接头上，如图 2-2 所示。

图 2-2　真空表

诊断标准：根据《商用汽车发动机大修竣工出厂技术条件第 1 部分：汽油发动机》（GB3799.1—2005）的规定，在正常工作温度和标准状态下，发动机在怠速运转时，进气歧管真空度符合原设计规定，其波动范围：6 缸汽油发动机一般不超过 3 kPa，4 缸汽油发动机一般不超过 5 kPa。

2.1.2 基本技能

2.1.2.1 用气缸压力表检测气缸压力

1. 检测方法步骤

（1）发动机运转至正常工作温度，水冷发动机冷却液温度为 75～95 ℃，风冷发动机机油温度为 80～90 ℃，然后停机。

（2）拆下空气滤清器，用压缩空气吹净火花塞或喷油器（柴油机）周围的灰尘和脏物，然后卸下全部火花塞或喷油器（柴油机）。

（3）拔掉油泵保险，使其不供油。

（4）拔掉曲轴位置传感器接头，使发动机不点火。

（5）把节气门和阻风门置于全开位置，把气缸压力表的锥形橡胶接头压紧在被测气缸的火花塞孔内，或把螺纹管接头拧在火花塞孔上。

（6）用起动机带动曲轴旋转 3～5 s（不少于 4 个压缩行程），待压力表指针稳定后读取读数，然后按下单向阀使指针回零。

（7）每个气缸测量次数不少于两次，测量结果取平均值。按上述方法依次检测各个气缸。

就车检测柴油机气缸压力时，应使用螺纹接头的气缸压力表。如果该机要求在较高转速下测量，此种情况除受检气缸外，其余气缸均应工作。其他检测条件和检测方法同于汽油机。部分检测内容如图 2-3～图 2-7 所示。

图 2-3　发动机室

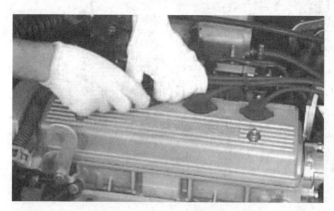

图 2-4　拆卸点火高压线

图 2-5　拆卸火花塞

图 2-6　继电器及保险

图 2-7　气缸压力测量

2. 结果分析

检测结果若低于原设计规定，可向该缸火花塞或喷油器孔内注入适量机油，然后用气缸压力表重测气缸压力，并进行分析。

（1）第二次测出的压力比第一次高，接近标准压力，表明气缸、活塞环、活塞磨损过大，或活塞环对口、卡死、断裂及缸壁拉伤等原因造成气缸密封不严。

（2）第二次测出压力与第一次略同，即仍比标准压力低，表明进、排气门或气缸垫不密封。

（3）两次检测结果均表明某相邻两缸压力都相当低，说明两缸相邻处的气缸垫烧损窜气。

进一步准确判断故障部位，采用如下简易方法（以汽油机为例）：

① 卸下空气滤清器，打开散热器盖和加机油口盖，用一根接压缩空气的胶管通过锥形橡皮头插在火花塞孔内。

② 摇转发动机曲轴，使被测气缸活塞处于压缩终了上止点位置，然后将变速器挂低挡，拉紧手制动器操纵杆，打开压缩空气（600 kPa 以上）开关，注意倾听漏气声。

③ 如在进气口处听到漏气声，说明进气门不密封。

④ 如在排气消声器处听到漏气声，说明排气门不密封。

⑤ 如在散热器加水口处看到有气泡或听到漏气声，说明气缸衬垫不密封使得气缸与水套相通。

⑥ 如在相邻气缸火花塞口处听到漏气声，说明气缸垫在该两缸之间处烧损窜气。

⑦ 如在加机油口处听到漏气声，说明气缸活塞配合副不密封。

2.1.2.2　用真空表检测进气歧管真空度

1. 检测方法步骤

（1）用三通接头将软管连接到发动机进气管真空接口，即安装在节气门的后方。

（2）正确调整供油系统和点火系统。

（3）发动机应预热到正常工作温度，冷却水温度达到 75～90 ℃。

（4）保持发动机在息速下稳定运转（息速转速按汽车使用说明书要求）。

（5）检查真空表和进气歧管连接软管及各接头部位，均不得有泄漏。

（6）读取真空表上的读数。对照检测标准判断真空表读数反映的发动机技术状况是否正常（真空表指针过高、过低、不规则摆动均对应各种不同的故障）。

（7）在怠速、加速、减速等 3 种工况下读取真空表上的读数。观察真空表指针摆动，若指针在 5.7 ~ 84 kPa 摆动，表明发动机气缸组技术状况良好，如图 2-8、图 2-9 所示。

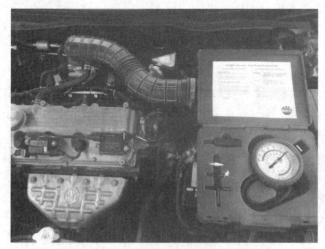

图 2-8　发动机与真空表

图 2-9　进气歧管真空度检测

2. 结果分析

考虑到进气管真空度随海拔增加而降低，海拔每升高 1 km，真空度将减少 10 kPa 左右。因此，在测定真空度时，应根据所在海拔高度修正真空度标准值。

真空度单位用"kPa"表示。真空度表的量程为 0 ~ 101.325 kPa，旧式表头的量程为 0 ~ 760 mmHg（1 mmHg≈0.133 kPa）。

（1）发动机的点火系统、配气机构、密封性能等各部分良好且发动机温度正常时，在相当于海平面高度的条件下，发动机怠速运转时，真空度在 57.33 ~ 71.66 kPa（430 ~ 530 mmHg），且较稳定，表示气缸密封性正常。

（2）发动机在怠速工况下，迅速开启、关闭节气门时，真空度应在 6.66 ~ 84.66 kPa（50 ~ 635 mmHg）随之摆动，且变化较灵敏，则进一步说明气缸组技术状况良好。

（3）在怠速时，若指针低于正常值，主要是活塞环、进气管或化油器衬垫漏气造成的，也可能与点火过迟或配气过迟有关。在此情况下，节气门若突然开启，指针会回落到 0；若节气门突然关闭，指针也回跳不到 84.66 kPa。

（4）在怠速时，指针时时跌落在 13.33 kPa（100 mmHg）左右，说明某进气门口处有结胶。

（5）在怠速时，指针有规律在下跌某一数值，为某气门烧毁。

（6）在怠速时，指针跌落在 6.66 kPa 左右，表明气门与气门座不密合。

（7）在怠速时，指针很快地在 46.66 ~ 60 kPa（350 ~ 450 mmHg）摆动，升速时指针反而稳定，表示进气门杆与其导管磨损松旷。

（8）在怠速时，指针在 33.33 ~ 74.66 kPa（250 ~ 560 mmHg）缓慢摆动，且随发动机转速升高摆动加剧，为气门弹簧弹力不足或气缸衬垫泄漏。

（9）在怠速时，指针停留在 26.66 ~ 50.66 kPa（200 ~ 380 mmHg），为气门机构失调，气门开启过迟。

（10）在怠速时，指针跌落在 46.66 ~ 57.33 kPa（350 ~ 430 mmHg），为点火时刻过迟。

（11）在怠速时，指针在 46.66 ~ 53.33 kPa（350 ~ 400 mmHg）缓慢摆动，是火花塞间隙太小或断电器触点接触不良。

（12）在怠速时，指针在 17.33 kPa（130 mmHg）以下，是进气管或化油器衬垫漏气。

（13）在怠速时，指针在 17.33 ~ 64 kPa（130 ~ 480 mmHg）大幅度摆动，说明气缸衬垫漏气。

（14）表针最初指示较高，怠速时逐渐跌落到 0，为排气消声器或排气系统堵塞。

（15）在怠速时，指针在 46 ~ 57.33 kPa（33 ~ 43 mmHg）缓慢摆动，为化油器调整不良。

按真空表指针示值及摆动情况，结合其他故障症状及诊断方法，判断发动机故障并予排除。故障排除后，进行重新检测，验证发动机工况。

进气管真空度的检测是一项综合性很强的检测。检测时无需拆下火花塞等机件，是最重要、最实用和最快速的测试方法之一。但是进气管真空度的检测也有不足之处，它往往不能指出故障的确切部位。比如，真空表能指示出气门有故障，然而不能指示哪一个有故障，此情况只能再借助于测气缸压力或测气缸漏气量（率）的方法才能确诊。

2.1.3　拓展知识

2.1.3.1　用气缸压力测试仪检测气缸压力

1. 用压力传感器式气缸压力测试仪检测

拆下被测气缸的火花塞，旋上仪器配置的压力传感器，用起动机转动曲轴 3 ~ 5 s 由传感器取出气缸的压力信号，经放大后送入 A/D 转换器进行模数转换，再送入显示装置即可获得气缸压力。

2. 用起动电流或起动电压降式气缸压力测试仪检测

起动机带动曲轴所需转矩是起动机电流的函数，并与气缸压力成正比。发动机起动时的阻力矩，主要是由曲柄连杆机构产生的摩擦力矩和各缸压缩行程受压空气的反力矩两部分组成的。因此，起动电流的变化与气缸压力的变化间存在着对应关系，通过测量起动时某缸的起动电流，即可确定该缸的气缸压力。通过测量起动电源（蓄电池）的电压降，也可获得气缸压力。

2.1.3.2　用诊断仪检测进气歧管真空度

将诊断仪（解码器）的连接插头连接到车上的 16 孔数据流接头，进入发动机系统读取数据流，可直接观测进气歧管的真空度。

2.1.4　学习小结

本任务重点是熟练掌握用气缸压力表检测气缸密封性方法和步骤，并能正确分析检测结果；熟练掌握用真空表检测进气歧管真空度方法和步骤，并能正确分析检测结果。

检测缸压注意事项：

（1）不能在凉车时测缸压。

（2）电喷车在测试中必须拆下然油泵保险或其他继电器、保险再测量。

（3）测试过程中，必须将节气门、阻风门全部打开。

（4）需经过 2～3 次测试然后取其平均值。

（5）测试中起动机运转时间不能过长或过短。

2.1.5 任务分析

（1）检测各气缸的压缩压力，并填入表 2-1。

表 2-1 各缸气缸的压缩压力

检测的缸	标准的气缸压缩压力（kPa）	检测的气缸压缩压力（kPa）	分析、判断
第一缸			
第二缸			
第三缸			
第四缸			

试验设备：_____ 试验日期：_____ 试验人员：_____ 分析人：_____

（2）检测试验用车的真空度，把检验结果填入表 2-2 中。

表 2-2 发动机真空度检测

发动机状态	真空度（kPa）	结果分析

试验设备：_____ 试验日期：_____ 试验人员：_____ 分析人：_____

2.1.6 自我评估

1. 判断题

（1）气缸密封性与气缸、气缸盖、气缸衬垫、活塞、活塞环和进排气门等包围工作介质的零件有关。 （ ）

（2）用气缸压力表检测气缸压缩压力时，测得结果仅与气缸密封性有关，与发动机曲轴转速无关，与拆卸火花塞数量也无关。 （ ）

（3）发动机在怠速稳定工况下运转，进气歧管真空度的指针应稳定在 30～40 kPa。 （ ）

2. 选择题

（1）大修竣工的汽油发动机气缸压力与各缸平均压力的差不超过（　　　）。

　　　A. 6%　　　　　　　　　B. 8%　　　　　　　　　C. 10%

（2）进气歧管真空度用（　　）检测，无须拆任何机件，而且快速简便，应用极广。

　　　A. 气缸压力表　　　　　B. 真空表　　　　　　　C. 万用表

（3）用气缸压力表检测气缸压缩压力时，两次检测结果均表明某相邻两缸压力都相当低，说明是（　　）造成窜气。

　　　A. 两缸相邻处的气缸衬垫烧损

　　　B. 某缸进气门关闭不严

　　　C. 某缸气缸磨损过大

3. 填空题

（1）检测汽油机进气歧管真空度，可以表征和_____的密封性。

（2）评价发动机气缸密封性的指标有_____。

4. 问答题

（1）如何判断气缸活塞组密封不良？

（2）简述发动机气缸压缩压力的检测方法与步骤。

（3）简述发动机进气管真空度的检测方法和步骤。

（4）解释发动机进气管真空度。

（5）一般在什么转速状态下测量发动机的进气管真空度？为什么？

（6）桑塔纳四缸发动机，用气缸压力表检测压力，结果分别为 850 kPa、870 kPa、690 kPa、860 kPa，试对其进行分析，并指出可能的故障原因。

（7）导致发动机真空度小于标准值的原因有哪些？

（8）导致发动机真空度大于标准值的原因有哪些？

任务 2.2　点火系统性能检测

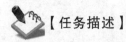
任务情景

【任务描述】

某进厂报修车辆经初步了解判断发动机动力性能出现问题，前期检查排除其他因素，认为是发动机点火系统存在问题，需要对点火系统进行检测，找出故障原因并排除。

【任务提示】

在熟悉点火系统组成原理的基础上，利用汽车专用点火系统检测设备对点火波形和点火正时进行检测，对比诊断参数标准确定故障原因，并排除故障。

任务目标

【知识目标】

（1）熟悉点火波形和点火正时检测项目。

（2）掌握点火波形和点火正时的检测方法。

（3）了解汽车专用示波器和点火正时灯仪器设备的基本结构与工作原理。

【能力目标】

（1）学会正确使用汽车专用示波器和点火正时灯检测仪器设备。

（2）学会应用汽车专用示波器和点火正时灯设备进行点火波形和点火正时的检测。

（3）能根据点火波形和点火正时检测结果分析造成汽车动力下降的原因，进行诊断并排除故障。

必备知识

2.2.1 基本知识

2.2.1.1 点火波形的检测与分析

无论是传统触点式点火系统，还是无触点电子点火系统或计算机控制点火系统，都是由点火线圈通过互感作用把低压电转变为高压电，经火花塞跳火点燃混合气做功。点火系统低压、高压的变化过程是有规律的，因此，把实际测得的点火波形与正常工作情况下的点火波形进行比较分析，可判断点火系统的技术状况。

示波器可以将点火系统电压随曲轴转角或凸轮轴转角的变化关系用波形直观表示出来，便于观察和分析。点火波形可以用专用示波器观测，也可以用发动机综合检测仪观测。

示波器由显像管、传感器和电子电路等部分构成，其工作原理如图 2-10 所示。在示波器的显像管中，电子枪把电子束射向荧光屏，产生一个亮点，显像管中设有水平偏转板和垂直偏转板，水平偏转板垂直设置，使电子束在水平方向上产生弯曲，亮点从左至右横扫过荧光屏，形成一条亮线；垂直偏转板水平设置，从发动机点火电路通过示波器接收电荷，且此电荷的量与点火系电压的瞬时变化成比例，随着电子束从左至右的扫描，变化着的电荷使其在垂直方向产生弯曲，因此光亮点在荧光屏上扫出一条曲线。

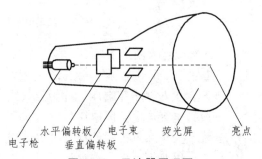

电子枪　　水平偏转板　电子束　　荧光屏　　　亮点
　　　　　垂直偏转板

图 2-10 示波器原理图

当点火示波器连接在运转的汽油机点火系统电路上时，示波器屏幕上将显示出点火系统中电压随时间变化的曲线，即点火波形。示波器屏幕显示的波形，在垂直方向上表示电压，在水平方向上表示时间，基线的上方为正电压，下方为负电压。

1. 标准点火波形

（1）单缸初级点火波形

标准单缸初级点火波形，如图 2-11 所示。当点火低压控制电路断开，初级电压的迅速增长（为 100～200 V），从而导致次级电压急剧上升，击穿火花塞间隙。火花塞两极放电时，出现高频振荡波，火花放电完毕后，由于点火线圈中残余能量的释放，又出现低频振荡，其波幅迅速衰减，直至初级电压趋向于蓄电池电压。当点火低压控制电路闭合后，初级电压几乎为零，显示如一条直线，一直延续到点火低压，控制电路下一次断开。

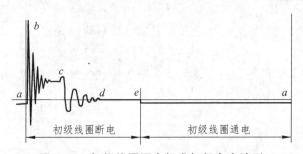

图 2-11　初级线圈通电标准初级点火波形

（2）单缸次级点火波形

标准单缸次级点火波形，如图 2-12 所示。

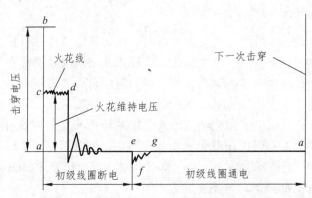

图 2-12　初级线圈通电标准次级点火波形

标准次级点火波形上各点、段的含义：

a 点：点火低压控制电路断开，点火线圈初级突然断电，次级电压急剧上升。

ab 段：火花塞击穿电压，称为点火线。电子点火系可达 18～30 kV。

bc 段：电容放电阶段电压。

cd 段：火花塞电极间的混合气被击穿后，维持火花放电所需的电压，称为火花线。

de 段：火花消失后，点火线圈中剩余磁场能量维持的衰减振荡（第一次振荡）。

e 点：点火低压控制电路导通，点火线圈初级电路突然闭合，初级电流增加，引起次级电压突然增大。在 a 点，初级电流是急剧减少的，而在 e 点，初级电流是逐渐增加的，因此，两点干预次级电压的方向相反，大小也不相同。

efa 段：点火低压控制电路导通后，因初级电流突然增加，在次级绕组中引起闭合振荡（第二次振荡），随着初级电流变化率减小，次级电压即成为一条水平线。

（3）双缸点火波形

双缸点火系统中两缸共用一个点火线圈，将会发生一个缸在循环中点火两次，一次在压缩行程末期，如图 2-13（a）所示，是有效点火，该工况下因气缸内充入新鲜可燃混合气，电离程度低，因此击穿电压和火花电压较高；另一次是在排气行程末期，如图 2-13（b）所示，是无效点火，该工况下因气缸内为燃烧废气，电离程度高，因而击穿电压及火花电压较低，检测时应加以区分。

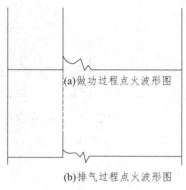

图 2-13　双缸点火波形

2. 波形分析

（1）波形上的故障反映区

如果用示波器测得的实际次级点火波形与标准波形比较存在差异，说明点火系统有故障。传统点火系统点火波形（以次级波形为例）有 4 个故障反映区，如图 2-14 所示。

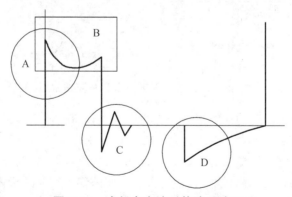

图 2-14　次级点火波形故障反映区

A 区域，为点火区。初级电路切断时，点火线圈初级绕组内电流迅速降低，所产生的磁场迅速衰减，在次级绕组中产生高压（15～20 kV），火花塞间隙被击穿，击穿电压一般为 4～8 kV。火花塞电极被击穿放电后，次级点火电压随之下降。该区域异常说明电容器或断电器触点不良。

B 区域，为燃烧区。火花塞电极间隙被击穿后，电极间形成电弧使混合气点燃，火花放电过程一般持续 0.6 ~ 1.5 ms，在次级点火波形上形成火花线。该区域异常说明分电器或火花塞不良。

C 区域，为振荡区。火花塞放电终了，点火线圈中的能量不能维持火花放电，残余能量以阻尼振荡的形式消耗殆尽。此时，点火波形上出现具有可视脉冲的低频振荡。该区域异常说明点火线圈或电容器工作不正常。

D 区域，为闭合区。初级电路再次闭合，次级电路感应出 1.5 ~ 2 kV 与蓄电池电压相反的感应电压。在点火波形上出现迅速下降的垂直线，然后上升过渡为水平线。该区域异常通常是分电器工作不正常。

（2）次级电压故障波形分析

以四缸发动机次级点火平列波为例，观察各缸点火波形的差异，从而分析及诊断存在故障的部位及原因，如图 2-15 所示。

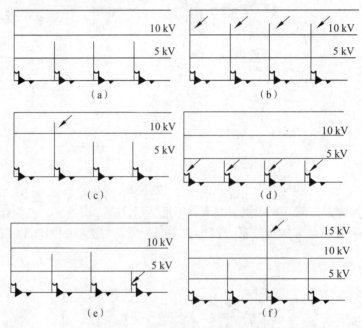

图 2-15　多缸平列波常见故障波形

① 点火系统正常工作时的次级平列波，其击穿电压符合原厂规定，约为 8 kV，且各缸击穿电压相差小于 2 kV，基本一致，如图 2-15（a）所示。

② 各缸击穿电压均高于标准值，说明其高压电路电阻过大，多为点火线圈的高压线插孔、分电器高压线插孔及分火头等有积炭，各缸火花塞间隙偏大，高压线内阻值过高（断路、接插不牢固）等，如图 2-15（b）所示。

③ 2 缸击穿电压偏高，说明该缸高压电路电阻过大，可能是该缸火花塞间隙偏大，该缸分压线接触不良，以及分火头与该缸分压线插座间隙过大等，如图 2-15（c）所示。

④ 各缸击穿电压过低，说明点火系统存在故障，可能是点火线圈故障，或低压电路故障，也可能是火花塞脏污，火花塞电极间隙太小等，如图 2-15（d）所示。

⑤ 4 缸击穿电压过低，说明该缸高压电路存在短路故障，可能是该缸火花间隙太小，火

花塞脏污，以及该缸高压线绝缘损坏或火花塞瓷芯破裂有漏电现象等，如图 2-15（e）所示。

⑥ 3 缸击穿电压过高，为 3 缸高压线脱落而开路所致。有时为诊断点火系统性能，特意从火花塞上拔掉某缸高压线进行单缸开路高压测量，此时，该缸击穿电压达到 20 ~ 30 kV。否则，说明高压线、分电器盖绝缘不良或点火线圈、电容器的性能不佳，如图 2-15（f）所示。

2.2.1.2　点火正时的检测

发动机的点火正时是非常重要的，它直接影响到汽车的动力性、燃料经济性和排气净化。检测点火正时的方法有人工法、正时灯法和缸压法等。

正时灯法检测点火正时，如图 2-16 所示。该仪器由闪光灯、传感器、整形装置、延时触发装置和显示装置构成，利用闪光时刻与一缸点火同步的原理，测出发动机的点火提前角。

图 2-16　点火正时灯

当正时灯对准发动机第 1 缸压缩终了上止点标记，并按实际跳火时间进行闪光时，若飞轮或曲轴传动带盘上的标记还未到达固定指针，即第 1 缸活塞还未到达压缩终了上止点。此时，可调整正时灯电位器，使闪光时机推迟至转动部分上的标记正好对准固定指针之时，那么推迟闪光的时间就是点火提前的时间，将其显示到表头上，便可读出要测的点火提前角。

测量时，将正时灯的电源线接到蓄电池的正负极柱上，再将传感器夹在第 1 缸高压线上，并事先擦拭飞轮或曲轴带轮上第 1 缸压缩终了上止点标记，最好用粉笔或油漆将标记涂白。发动机怠速下稳定运转，打开正时灯并对准飞轮壳或机体前端面上的固定指针。调节正时灯电位器，使飞轮或曲轴传动带盘上的标记逐渐与固定指针对齐，此时表头的读数即为发动机怠速运转时的点火提前角。测出的点火提前角应与规定值进行对照。测完后，注意将正时灯及时关闭。

2.2.2　基本技能

2.2.2.1　点火波形检测方法及步骤

1. 次级点火

通过对点火次级波形的分析可以有效地检查车辆行驶性能及找出排放问题产生的原因，

一般情况下，该波形主要是用来检查火花塞高压线是否有短路或者开路现象，火花塞是否由于积炭而引起点火不良。点火的次级波形还受到不同发动机、燃油供给系统、进气系统和点火条件的影响，所以还能根据点火次级波形有效地检测出发动机机械部件和燃油供给系统部件以及点火系统部件的故障。

在检测的时候，一般根据点火系统的不同分成传统点火、直接点火和双头点火3类。传统点火指的是分电器点火，一般老款的国产车都采用这种方式；直接点火指的是一个气缸对应一个点火线圈的点火方式，在一些高档轿车上经常被使用；双头点火指的是一个点火线圈对两个气缸同时点火，这种点火方式目前比较常见，如帕萨特1.8T、奥迪的V6发动机等。

（1）连接设备

由于被测试发动机的点火方式和点火系统的连接方式不尽相同，所以连接的方法也不一样，在测试次级点火波形前，请先确认被测试发动机点火方式。下面就常见的三种点火方式说明测试连接方法。

连接KT600和电源延长线，根据被测试车型的电瓶位置选择电瓶供电或者点烟器供电，如果选择点烟器接头，请先确认点烟器是否有12 V电瓶电压。发动机点火波形检测设备KT600如图2-17所示。

图 2-17　发动机点火波形检测设备 KT600

传统点火：选出感性感应夹和一个容性感应夹，将感性感应夹一端接 KT600 的 CH5/（CH3）端口，用信号夹夹住发动机一缸的高压线，信号夹上有"此面朝向火花塞"字样为正，注意不要夹反；容性感应夹一端接 CH1 端口，然后用其中的一个夹子夹住高压总线。

直接点火：选出感性感应夹和一个容性感应夹，将感性感应夹一端接 KT600 的 CH5/（CH3）端口，用信号夹夹住发动机一缸的高压线，信号夹上有"此面朝向火花塞"字样为正，注意不要夹反；容性感应夹一端接 CH1 端口，然后将容性夹分别夹到各气缸高压线上。

　　双头点火：选出感性感应夹和两个容性感应夹，将感性感应夹一端接 KT600 的 CH5/（CH3）端口，用信号夹夹住发动机一缸的高压线，信号夹上有"此面朝向火花塞"字样为正，注意不要夹反；查看点火线圈的极性，假设一侧是正，那么另一侧肯定为负，相同侧的极性相同，共用同一个容性夹，连接方法如图 2-18 所示。

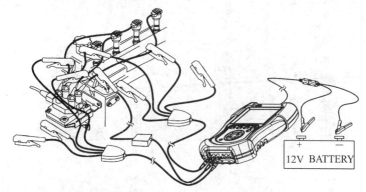

图 2-18　KT600 与发电机高压缸线连接

　　（2）测试条件

　　起动发动机，在不同负荷状态下进行测试点火系统波形图，根据三维波、平列波、纵列波、单缸波的波形图分析点火系统的故障。

　　（3）方法步骤

　　① 按照图 2-18 连接好设备，打开 KT600 电源开关，部分实物连接如图 2-19 和图 2-20 所示。

　　② 在主菜单下按上下方向键选择示波分析仪，按[Enter]键确认，如图 2-21 所示。

　　③ 在示波分析仪菜单下选择点火系统，按[Enter]键进入点火系统选择菜单，如图 2-22 所示。

　　④ 选择次级点火，按[Enter]键确认，如图 2-23 所示。

　　⑤ 选择次级点火参数设定，按[Enter]键，然后屏幕显示如图 2-24 和图 2-25 所示。

图 2-19　点火波形信号线连接

图 2-20　电源线连接

图 2-21　示波分析仪选择界面

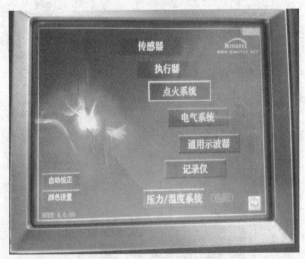

图 2-22　点火系统选择界面

图 2-23　次级点火选择界面

图 2-24　测试选择界面

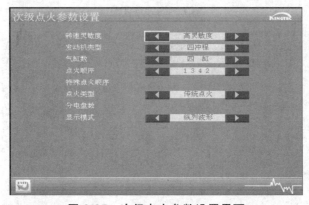

图 2-25　次级点火参数设置界面

⑥ 根据被测试发动机可以更改参数，按上、下方向键选择需要更改的项目，按左、右方向键可以更改参数，更改完毕，按[Exit]键返回上级菜单。

⑦ 按向下方向键选择次级点火测试，按[Enter]键确认，按照测试条件，屏幕显示波形。

⑧ 必要时可以通过选择周期、幅值、电平等参数，然后按上、下方向键改变波形；也可

以选择停止，冻结波形后，选择存储，保存波形供以后检修参考，如图 2-26 ~ 图 2-29 所示。

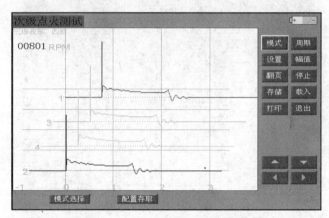

图 2-26　次级点火三维波形图

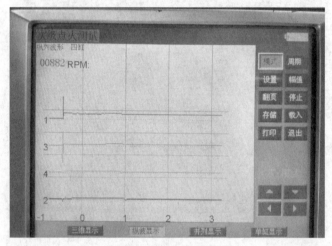

图 2-27　纵波显示界面

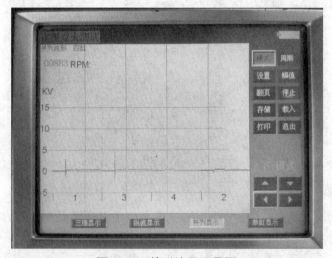

图 2-28　并列波显示界面

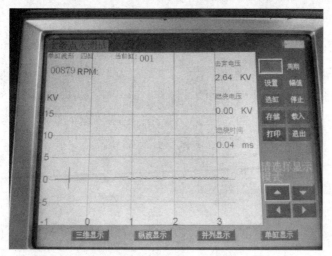

图 2-29　单缸波形显示界面（当前缸为 1 缸）

（4）波形分析

点火次级波形分为闭合、点火、中间 3 个部分。

闭合部分：此段时间是三级管导通或者白金触点结合时间，应保持波形下降沿一致，表示各缸闭合角相同以及点火正时正确。

点火部分：由一条点火线和一条火花线（燃烧线）组成。点火显示一条垂直线，代表的是击穿电压；火花线则是一条近似水平的线，代表维持电流通过火花塞间隙所需的电压。

中间部分：显示点火线圈中通过初级和次级的振荡来耗散剩余的能量，一般最少有 2 个振荡波。传统次级点火的特征波形如图 2-30 所示。

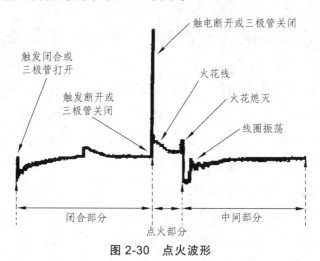

图 2-30　点火波形

2. 初级点火

初级点火闭合角的显示给传统点火的诊断带来方便，随着电子点火控制系统的出现，使得调整闭合角的工作不再需要。因为点火闭合角改由 ECU 来控制，但由于点火初级和次级线圈的互感作用，在次级发生跳火会反馈给初级电路，因此初级点火一样显得非常重要。

（1）连接设备

连接 KT600 和电源延长线，根据被测试车型的电瓶位置选择电瓶供电或者点烟器供电，如果选择点烟器接头，请先确认点烟器是否有 12 V 电瓶电压。

在包装箱中找出感性感应夹和一个测试探针，感性感应夹一端接 KT600 的 CH5/（CH3）端口，用信号夹夹住发动机一缸的高压线，信号夹上有"此面朝向火花塞"字样为正，注意不要夹反；测试探头一端接 CH1 端口，测试探针头部衰减开关拨到"×10"位置接点火线圈的"IG-"信号线，如图 2-31 所示。

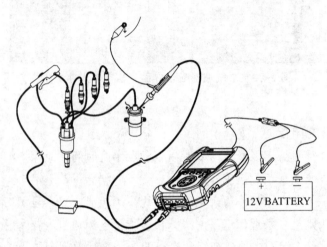

图 2-31　KT600 与高压缸线连接

（2）测试条件

点火起动发动机，待发动机运行到热车状态时，在不同负荷下测试点火系统的性能。

（3）测试步骤

① 按照图 2-31 连接好设备，打开 KT600 电源开关。

② 在 KT600 仪器主菜单下按上、下方向键选择"2. 示波器"，按[Enter]键确认。

③ 在仪器示波器菜单下选择点火系统，按[Enter]键进入点火系统选择菜单。

④ 选择初级点火，按[Enter]键确认。

⑤ 选择发动机参数设定，按[Enter]键确认。

⑥ 根据被测试发动机可以更改参数，按上下方向键选择需要更改的项目，按左右方向键可以更改参数，更改完毕，按[Exit]键返回上级菜单。

⑦ 按向下方向键选择初级点火多缸模式测试，如果是直接点火，请选择初级点火单缸模式，按[Enter]键确认，按照测试条件，屏幕显示波形。

⑧ 必要时可以通过选择周期、幅值、电平等参数，然后按上下方向键改变波形，也可以选择停止，冻结波形后，选择存储，保存波形供以后修车参考，如图 2-32 ~ 图 2-35 所示。

图 2-32　初级点火界面

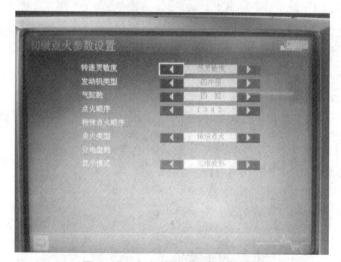

图 2-33　初级点火参数设置界面

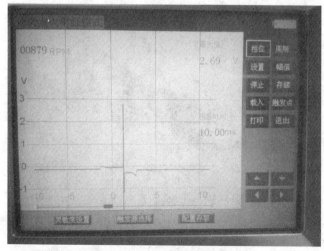

图 2-34　初级点火单缸模式界面

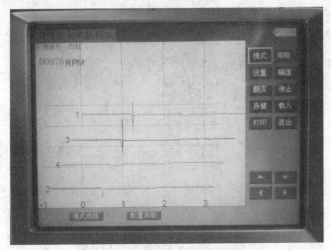

图 2-35　初级点火多缸模式界面

（4）波形分析

观察各缸点火击穿峰值电压高度是否相对一致，当发动机负荷和转速变化时闭合角的变化情况。

2.2.2.2　用点火正时灯检测点火正时

1. 仪器准备

（1）将闪光正时检测仪的两个电源夹，夹到蓄电池的正、负电极上，红色夹接正极、黑色夹接负极。点火正时灯如图 2-26 所示。

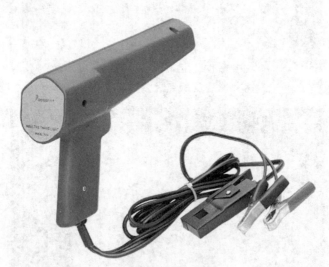

图 2-36　点火正时灯

（2）将正时仪的外卡式传感器卡在 1 缸高压线上。

（3）将正时仪的电位器旋到初始位置，打开正时灯开关，正时灯应闪光，指示装置应指示零位。

2. 发动机准备

（1）擦拭飞轮或曲轴传动带盘上 1 缸上止点标记。

（2）发动机运转至正常工作温度。

3. 检测方法

（1）发动机怠速下稳定运转，打开正时灯并对准飞轮壳或发动机机体前端面上的固定标记，如图 2-37 所示。

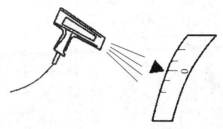

（2）调整正时灯电位器，使飞轮或曲轴传动带盘上的标记逐渐与固定标记对齐，此时表头的读数即为发动机怠速运转时的点火提前角。

（3）用同样的方法分别测出不同工况时的点火提前角。

图 2-37　点火正时灯检测

发动机在怠速运转时，由于离心式和真空式调节器未起作用或作用很小，此时测得的提前角实为初始提前角。在拆下真空管（要堵塞通化油器的管道）的情况下，发动机在某转速下测得的提前角减去初始提前角，即可得到该转速下的离心提前角；反之，在连接真空管的情况下，在同样转速下测得的提前角减去离心提前角和初始提前角，则又可得到真空提前角。测出的点火提前角应与规定值进行对照。如需检测并调整汽车实际运行中的点火提前角，应在底盘测功试验台上进行。

（4）检测完毕，关闭正时灯，取下外卡式传感器和两个电源夹。

2.2.3　拓展知识

发动机的点火正时是非常重要的，它直接影响到汽车的动力性、燃料经济性和尾气排放污染程度。点火正时的检测有人工法、正时灯法和缸压法等方法。

1. 人工法检测点火正时

起动发动机并达到热车状态，进行无负荷加速试验。当突然打开节气门时，发动机应加速良好。如果加速不良，且有较严重的金属敲击声（爆震敲声缸），则为点火过早；如果加速不良且发闷，甚至排气管有"突、突"声，则为点火过迟。

准确地检查点火正时应进行路试。路试时，应选择平坦、坚硬的直线道路或专用跑道，走热后以最高挡最低稳定车速行驶，然后突然将加速踏板踩到底，使汽车处于急加速状态。此时，若能听到发动机有轻微的爆震声，且瞬间消失，则为点火正时正确。若爆震声强烈，且较长时间不消失，则为点火时间过早；若听不到爆震声，且加速困难，甚至排气管有"突、突"声，则为点火时间过迟。

2. 电控发动机点火提前角的检测

电控汽油发动机点火提前角的检测应按出厂规定的校准点火正时的步骤进行。电控汽油发动机是由电子控制器 ECU 控制点火系统，其点火提前角包括初始点火提前角、基本点火提前角和修正点火提前角 3 部分。检测时，一般应先把发动机罩下的点火正时检验接线柱搭铁，使计算机控制点火提前不起作用。首先检测基本提前角（即发动机自动控制点火提前装置不起作用时的点火提前角），检测完后再把搭铁线拆除。使用正时灯检测电控汽油发动机点火提前角的方法与传统发动机相同。电控汽油发动机也可运用诊断仪直接显示其点火提前角。

3. 用缸压法检测点火正时

采用缸压传感器找出某一缸压缩压力的最大点作为活塞上止点，同时用点火传感器找出同一缸的点火时刻，两者之间的凸轮轴转角即为点火提前角，如图 2-38 所示。

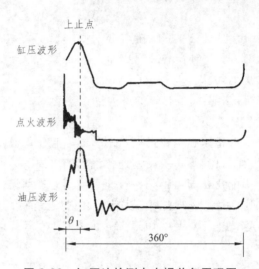

图 2-38　缸压法检测点火提前角原理图

检测方法及步骤如下：

（1）预热发动机至正常工作温度。

（2）拆下任意一缸的火花塞，装上缸压传感器。

（3）在拆下的火花塞上仍接上高压线，在高压线与火花塞之间接点火传感器或在高压线上卡上外卡式点火传感器，然后将火花塞放置在机体上使之搭铁良好。

（4）起动发动机怠速运转。通过按键或输入操作码，即可从指示装置得到怠速转速下的点火提前角及对应的转速。

（5）测得的点火提前角如不符合规定，应在点火正时仪监测情况下重新调整，直到符合要求为止。

（6）用同样的方法，改变发动机转速，即可测得发动机在任意转速时的点火提前角及其对应的转速。

2.2.4　学习小结

（1）点火系统检测包括点火波形的检测与分析、点火正时的检测。

（2）熟练掌握用点火正时灯检测点火正时的方法和步骤，并能正确分析检测结果。

（3）重点是熟练掌握用汽车专用示波器检测点火波形方法和步骤，并能正确分析检测结果。

2.2.5 任务分析

（1）绘出汽油机点火次级电压标准波形，并做简要说明（要求会进行典型故障波形分析）。

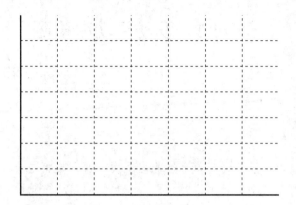

（2）将测试实训用车的一缸次级点火波形记录下来，并分析其波形是否有异常？有异常是什么原因引起的？

2.2.6 自我评估

1. 选择题

（1）正时灯是一种频率闪光灯，每闪光一次表示第一缸的火花塞发火（ ）。

    A. 一次　　　　　　　　B. 二次　　　　　　　　C. 三次

（2）电控汽油喷射发动机的点火提前角一般是（ ）。

    A. 可调的　　　　　　　B. 不可调的　　　　　　C. 固定不变的

（3）单缸开路高压值测量时，需将某缸高压线从火花塞上取下而不短路，该缸高压值应达到（ ）kV。

    A. 10～15　　　　　　　B. 15～20　　　　　　　C. 20～30

（4）用示波器检测汽油机高压波形时，发现某一个气缸的点火高压过高，说明故障可能存在于（ ）。

    A. 点火器　　　　　　　B. 点火线圈　　　　　　C. 火花塞

2. 填空题

（1）发动机的点火正时是非常重要的，它直接影响到汽车的_____、_____和_____。

（2）点火波形图主要由_____几部分组成。

3. 问答题

（1）如何检测发动机点火波形？

（2）如何检测点火正时？

（3）简述频闪法检测汽油机点火正时、柴油机供油正时的工作原理和方法。

（4）怎样用点火正时仪检测发动机点火系统的点火提前角。

（5）简述缸压法检测汽油机点火正时的工作原理和方法。

任务 2.3　发动机功率检测

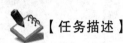

【任务描述】

某进厂报修车辆经初步了解判断动力性能出现问题，前期检查排除其他因素，认为是发动机功率的问题，需要对发动机功率进行检测，找出故障原因并排除。

【任务提示】

在熟悉发动机构造原理的基础上，利用无负荷测功仪对发动机功率和各缸功率均衡性进行检测，对比诊断参数标准确定故障原因，并排除故障。

【知识目标】

（1）熟悉发动机动力性评价指标和发动机功率检测项目。

（2）掌握发动机功率的检测方法。

（3）了解无负荷测功仪的基本结构与工作原理。

【能力目标】

（1）学会正确使用无负荷测功仪。

（2）学会应用无负荷测功仪设备进行发动机功率和各缸功率均衡性检测。

（3）能根据发动机功率和各缸功率均衡性检测结果分析造成发动机动力下降的原因，进行诊断并排除故障。

2.3.1　基本知识

2.3.1.1　发动机最大输出功率

发动机最大输出功率是指发动机在全负荷状态下，仅带维持运转所必需的附件时所输出的功率，又称总功率。此时被测试发动机一般不带空气滤清器、冷却风扇等附件。新出厂发动机的最大输出功率一般是指发动机的额定功率，额定功率是制造厂根据发动机具体用途，发动机在全负荷状态和规定的额定转速下所规定的总功率。

2.3.1.2　发动机功率

发动机的有效功率是评价发动机动力性的主要指标。发动机的有效功率是指发动机动力输出轴上输出的功率，是发动机的一项综合性指标，通过检测，可掌握发动机的技术状况，确定发动机是否需要大修或鉴定发动机的维修质量。发动机有效功率的检测有稳态测功和动态测功两种方法。

稳态测功是指发动机在节气门开度、转速一定和其他参数都保持不变的稳定状态下，在测功器上测定发动机功率的一种方法。通过测量发动机的输出转矩和转速计算出发动机的有效功率，公式为

$$P_e = \frac{M_e \cdot n}{9\,550}$$

式中　P_e——发动机功率，kW；

　　　n——发动机转速，r/min；

　　　M_e——发动机输出扭矩，N·m。

常见的测功器有水力测功器、电力测功器和电涡流测功器。由于稳态测功时，需要对发动机施加外部负荷，所以也称为有负荷测功或有外载测功。

动态测功是指发动机在低速运转时，突然全开节气门或置油门齿杆位置为最大，使发动机加速运转，用加速性能的好坏直接反映最大功率。动态测功不需给发动机施加外部负荷，发动机只需克服自身运动部件的惯性力矩，因此又称为无负荷测功或无外载测功。

为了检测发动机的动力性，要求在不解体的条件下，通过间接的方法，判断发动机的动力性能。无负荷测功就是常用的一种方法，它不需要大型固定设备，仪器轻便，测试迅速简单，适用于现场测量，但这种方法测量精度低，重复性差。

1. 发动机无负荷测功的原理

根据检测方法的不同，无负荷测功分为瞬时功率检测和平均功率检测。瞬时功率检测是指发动机在加速运转时某一转速所对应功率；平均功率是指发动机在加速运转时，某一转速范围内的平均功率。

（1）瞬时功率检测原理

把发动机的所有运动部件等效地看作一个绕曲轴轴线旋转的回转体。没有外界负荷的发动机，在怠速情况下突然踩下加速踏板时，发动机发出的动力除克服各种机械阻力矩外，其有效转矩全部用来加速发动机运动部件。其加速时的惯性阻力矩为该工况下的唯一负载。

根据刚体定轴转动微分方程，发动机的有效转矩和角加速度间的关系为

$$T_{tq} = J\frac{d\omega}{dt} = J\frac{\pi}{30} \times \frac{dn}{dt}$$

式中　T_{tq}——发动机转矩，N·m；

　　　J——发动机运动部件对曲轴轴线的当量转动惯量，kg·m²；

　　　n——发动机转速，r/min；

　　　$\dfrac{d\omega}{dt}$——曲轴的角加速度，rad/s²；

　　　$\dfrac{dn}{dt}$——曲轴的转速变化率，r/s²；

$$P_e = \frac{\pi J}{9\ 550 \times 30} n \frac{dn}{dt} \text{ (kW)}$$

令

$$C = \frac{\pi J}{9\ 550 \times 30}$$

则

$$P_e = C \cdot n \frac{dn}{dt} \text{ (kW)}$$

由于在动态测试时，发动机的进气、燃烧状况与稳态时不同，其有效功率相对小于稳态测功时，因此，引入修正系数 k。则

$$P_e = k \cdot C \cdot n \cdot \frac{dn}{dt}$$

令

$$C_1 = k \cdot C$$

则

$$P_e = C_1 \cdot n \cdot \frac{dn}{dt}$$

结论 1：发动机在加速过程中某一转速下的功率，与该转速及其转速变化率成正比。

因此，只要测出加速过程中的转速及其对应的转速变化率，则可求得该转速下的发动机功率。实际应用中，通常通过测取发动机额定转速下的功率，来评定发动机的动力性。

（2）平均功率检测原理

根据动能原理，发动机驱动曲轴转动所做的功等于曲轴旋转动能的增量，即

$$A = \frac{1}{2} J(\omega_2^2 - \omega_1^2) \cdot \frac{1}{1\ 000}$$

式中　A——发动机所作的功，kJ；

　　　ω_1、ω_2——曲轴起始角速度和终止角速度，rad/s。

　　　J——轴转动惯量，J/(rad/s)²。

设曲轴角速度加速过程测定区间 $\omega_1 \sim \omega_2$ 对应的发动机转速为 $n_1 \sim n_2$，加速经历的时间为 Δt，则发动机在 Δt 时间内的平均功率为：

$$P_{em} = \frac{A}{\Delta t} = \frac{1}{1\ 000} \cdot \frac{J(\omega_2^2 - \omega_1^2)}{2\Delta t}$$

将 $\omega = \dfrac{\pi}{30} n$ 代入，则

$$P_{em} = \frac{1}{1\,000} \cdot \frac{J}{2\Delta t} \cdot \left(\frac{\pi}{30}\right)^2 \cdot (n_2^2 - n_1^2)$$

令

$$C_2 = \frac{1}{2}J \cdot \left(\frac{\pi}{30}\right)^2 \cdot \frac{n_2^2 - n_1^2}{1\,000}$$

则

$$P_{em} = C_2 \cdot \frac{1}{\Delta t}$$

结论2：发动机在加速过程中的平均功率与加速时间成反比。

由于测得的是一定转速范围内的平均功率，测试值与实际值存在差异，因此，需通过稳态测功的方法进行修正。

2.3.2　基本技能

2.3.2.1　无负荷测功仪的使用方法

1. 测试前的准备

（1）调整发动机配气机构、供油系统和点火系统，使发动机技术状态完好。预热发动机至正常工作温度（80~90 ℃）；调整发动机怠速，使之在规定范围内运转。

（2）接通电源，预热仪器并调零，把传感器按要求连接在规定部位。

（3）按检测仪器的要求设置起始转速 n_1 和终止转速 n_2。

（4）将被测发动机的转动惯量置入仪器内。若被测发动机的转动惯量未知时，则应先测定其转动惯量。

（5）操作其他必要的键位，如机型（汽油机、柴油机）选择键、缸数选择键和测试键等。

2. 功率测试方法

发动机无负荷测功常用的测试方法有怠速加速法和起动加速法两种。

（1）怠速加速法

发动机在怠速下稳定运转，然后突然将加速踏板踩到底，发动机转速急速上升，当转速超过终止转速时，仪表显示出所测功率值。注意以下三点：

① 发动机达到规定转速后，应立即松开加速踏板，切忌发动机长时间高速运转。

② 为保证测试结果可靠，一般重复测量3次取其平均值。

③ 以上方法既适用于汽油机，又适用于柴油机。

（2）起动加速法

首先将加速踏板踩到底，然后起动发动机使其自由加速运转，当转速超过终止转速后，仪表显示出测试值。

特点：可避免因迅猛加速操作发动机引起的误差，排除化油器式汽油机加速泵附加供油作用的影响。

（3）使用注意事项

① 发动机当量转动惯量 J 值要准确。仪器生产厂家提供的 J 值多为发动机台架试验测得，试验时通常不带风扇和空气滤清器，与就车测试时不同。因此，必须使用有关部门提供的就车测试的发动机当量转动惯量 J 值。

② 发动机加速区间的转速 n_1、n_2 的选取要适当。通常起始转速 n_1 高于发动机怠速转速，终止转速 n_2 取额定转速。

③ 检测时，踩加速踏板的速度和力度要均匀，重复性要好。

④ 无负荷测功的结果仅是发动机动力性的一个方面，不能全面评价发动机的动力性。

⑤ 无负荷测功的精度不高，作为发动机维修后的质量判断较为有效。

2.3.2.2 各缸功率均衡性检测

各缸功率均衡性是判断发动机技术状况的另一个重要指标，是发动机检测诊断的一个重要内容。各缸功率均衡性可通过单缸功率检测和单缸断火后转速变化的检测来评价。

当测得发动机有效功率较小时，测试发动机的单缸功率，可以发现引起发动机动力性下降的具体原因和部位。

1. 单缸功率检测

首先测出各缸都工作时的发动机功率，然后在某气缸断火（高压短路或柴油机输油管断开）情况下，再测量发动机功率。两功率之差即为断火气缸的单缸功率。

采用将各缸轮流断火的方法，测试发动机各单缸功率，可以判断各缸技术状况是否良好。

各缸单缸功率相同，则说明发动机各缸功率均衡性好；若某缸断火后，测得的功率没有变化，则说明其单缸功率为零，该缸不工作；若发动机单缸功率偏低，则一般系该缸高压线、分线插座或火花塞技术状况不佳、气缸密封性不良所致。

2. 单缸断火后转速变化的检测

发动机在一定转速下运行时，若某缸突然断火，则发动机的指示功率减少，导致克服原转速的摩擦功率不够，从而使发动机重新平衡运转的转速降低。因此，可以利用在单缸断火情况下测得的发动机转速下降值，来评价各缸的工作状况。方法步骤如下：

（1）连接发动机与 KT600 数据线，选择车型与发动机型号。

（2）起动发动机，达到正常工作状态。

（3）固定节气门，使发动机转速稳定。

（4）测量全缸工作时发动机的转速。

（5）拔下第一缸的分缸线，使第一缸断火，测量第一缸不工作时发动机的转速。

（6）插上一缸的分缸线，使发动机转速恢复至最初全缸工作时发动机的转速。

以此方法依此测量其他缸断火时的发动机转速。部分测试如图 2-39 ~ 图 2-42 所示。

图 2-39 发动机与 KT600 数据线连接

图 2-40 车型选择界面

图 2-41 全缸工作时发动机转速测试

图 2-42 某缸不工作时发动机转速测试

通常在发动机各缸工作都正常的情况下，以某一平衡转速下单缸断火时发动机转速下降的平均值作为诊断标准，见表 2-3。各缸轮换断火时，转速下降幅度大而且基本相同，则说明各缸工作状况良好，各缸功率均衡性好；若各缸转速下降的幅度差别很大，则说明各缸功率均衡性差，有些缸工作不正常；若某缸转速下降的幅度较标准小，则说明其单缸功率小，该缸工作状况不良；若某缸转速下降值等于零，则说明其单缸功率为零，该缸不工作。

表 2-3 发动机单缸断火后转速下降平均值

气缸数	转速下降平均值/（r/min）	允许偏差/（r/min）
4 缸	80～100	±20
6 缸	60～80	±10
8 缸	40～60	±5

当某缸断火或断油后，发动机依旧以原来的转速运转或转速下降幅度不大，则说明该缸不工作或工作状况不良。

检测时，单缸断火后的转速下降值应符合诊断标准，且要求最高和最低下降值之差不大于转速下降平均值的 30%。

对于缸数多的发动机不适宜做该项目检测，因为气缸数越多，单缸断火后的转速下降值就越小，测量误差就越大，判断各缸工作性能的难度就越大。注意以下两点：

（1）断火试验时，发动机转速下降的程度与起始转速有关。

（2）对于汽油机，由于某缸断火后，进入该缸的汽油混合气不参与燃烧，汽油会洗刷气缸壁上的润滑油膜，使气缸磨损加剧；同时流入油底壳的汽油会稀释机油。因此，断火试验时间不宜过长或频繁进行。需要强调的是：

① 无负荷测功通常情况下测量的是发动机的额定功率。

② 仪器数据库中未涉及的发动机，无法实施无负荷测功（转动惯量等参数未知）。

3. 发动机功率不足的分析与诊断

如果发动机功率偏低，一般是燃油供给系统故障、气缸密封性下降或点火系统技术状况不良等原因造成的，应从下列几方面进行检查与诊断。

（1）检测汽车加速性能。可通过路试方法测试车辆的加速性能，并与同类车的加速性能进行对比，或者查阅原厂使用说明书看是否相符，也可通过底盘测功机对其加速性能进行检测。如果加速时间增长，说明发动机的动力性有问题。

（2）检查气缸压缩压力。通过测量气缸压缩压力，基本上能判定各缸的工作状况。如发现某缸相对气缸压力下降，则可能是气门间隙失调，气门不密封，或活塞环漏气，气缸垫损坏，造成气缸压缩压力不足，从而造成发动机动力性变差。

（3）检查各缸点火系统工作状况。如果气缸压力正常，应逐缸检查各缸点火状况，判断是否某缸工作不良，可从发动机运转的平稳性，敲缸声来加以判断，采用逐缸断火法可迅速查找出工作不良的气缸。进一步检查是否火花塞（或喷油器）不良引起发动机动力不足。

（4）以上检查如正常，则应继续检查发动机的点火正时和喷油正时。如点火时间过早，在加速时会有爆震声，而点火时间过迟，则发动机起动困难，发动机水温偏高。

（5）空气滤清器堵塞严重，会严重影响吸入的空气量，影响到充气系数或过量空气系数，不但会造成发动机动力不足，还会影响到燃料经济性和尾气污染物的排放。

2.3.3　拓展知识

发动机综合性能检测与发动机台架试验不同，后者是发动机与汽车拆离，以测功机吸收发动机的输出功率对功率、扭矩、油耗和排放等最终性能指标进行定量测定。而发动机综合性能检测装置是集传感技术、动态数据采集技术、信号处理于一体的高科技产品。该仪器主要在汽车维修企业和综合性能检测线就车对常规的汽柴油发动机以及电控汽油发动机的点火、供油、冷却、润滑、电控系统、传感器波形、动力性能、油耗、排放等系统进行动态检测和故障分析，为发动机技术状态判断和故障诊断提供科学依据。

2.3.3.1　发动机综合性能检测仪的结构与工作原理

虽然各厂家开发的发动机综合性能检测装置形式各异，一台配置齐全性能良好的检测仪，主要由信号提取系统、信息处理系统和采控显示系统组成。常用的发动机综合性能检测仪如图 2-43 所示。

图 2-43　常用发动机综合性能检测仪

1. 信号提取系统

信号提取系统的任务是检测汽车被测点的参数值，由于被测点的机械结构和参数性质不同，信号检测装置必须具有多种形式以适应不同的测试部位。多数汽车综合性能检测仪采用的信号检测系统是由一些不同形式的插接头和探头组成，如图 2-44 所示。

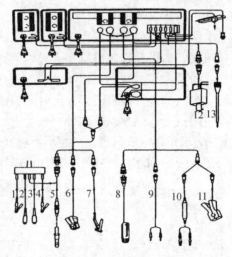

图 2-44　信号提取系统

按插接头和探头接触形式不同，可分为以下四类：

（1）第一类为直接接触类。如蓄电池夹 1、4，点火线圈接线夹 2、3，万用表正负极传感器测试接头探针 9，测定发电机充电电流的鳄鱼夹 10 等。

（2）第二类是非接触类。如电感式或电容式夹持器 6、7，分别钳于一缸点火线和点火线圈高压线上，以获得点火信号；电流互感钳 11，夹在蓄电池上感应出起动电流的大小。

（3）第三类为传感器类。对于非电量参数测量，必须先经过某一类型的传感器将非电量转变成电量，如电磁式 TDC 传感器提供上止点信号，频闪灯可寻找点火提前角，压力传感器可将进气管或喉管真空度转变成电量，温度探头中的热敏电阻，可将机油温度和冷却水温度等参数转换为电压值。

（4）第四类是 T 形接头。对于电控燃油喷射（EFI）发动机，因计算机计算喷油脉宽和自动控制过程的需要，各非电量已被植入各系统的传感器直接转换成电量，它们的提取可用不同的转接头来完成，如图 2-45 所示。

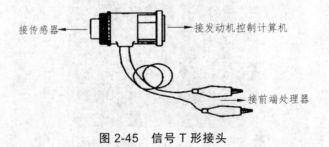

图 2-45　信号 T 形接头

2. 信号预处理系统

信号预处理系统也称前端处理器，是发动机综合性能检测仪的关键部分，它可将发动机所有传感器的输出信号经衰减、滤波、放大、整形后，输入到计算机多功能信号采集卡。并将所有脉冲信号和数字信号直接输入发动机综合性能检测仪的 CPU，信号通过信号预处理系统处理后转换成标准的数字信号后送入综检仪计算机。

3. 采控与显示系统

发动机综合性能检测仪大多用彩色 CRT 显示器，现代发动机综合性能检测仪都能显示操作菜单，实时显示当前动态参数和波形。

2.3.3.2　发动机综合性能检测仪的功能及特点

1. 检测仪的功能

（1）无外载测功（即加速测功）。

（2）汽油机点火系统检测，初级、次级点火波形的采集显示，断电器闭合角、点火提前角、重叠角的时间和波形检测。

（3）柴油机喷油过程各个参数的检测（压力波形、喷油雾化、脉宽、喷油提前角等）。

（4）进气歧管真空度波形检测与分析。

（5）各缸工作均匀性检测，各缸压缩压力判断。

（6）起动、充电参数的检测（电压、电流、转速）。

（7）电控燃油喷射系统各传感器参数的检测。转速、温度、进气管真空度、节气门位置、爆震信号、空气流量、喷油脉冲、氧传感器等。

（8）其他功能。数字示波器及万用表功能，废气分析仪、烟度计联机功能，信号回放与分析。

2. 发动机综合性能检测仪的特点

区别于解码器和一般发动机单项性能的检测仪，发动机综合性能检测仪具有如下特点：

（1）动态测试。它的传感系统和信号采集与记忆系统能迅速准确地获取发动机每个瞬间的实时动态参数值,这些动态参数是对发动机工作性能和技术状况进行有效判断的重要依据。

（2）通用性。测试过程不依据被检车辆的数据卡（即测试软件），只针对发动机基本结构和工作原理进行测试，因此检测结果具有良好的普遍性，检测方法也具有最广泛的通用性。

（3）主动性。不仅能适时采集发动机的动态参数，还能主动地发出指令干预发动机工作，以完成某些特定的试验程序，如断缸试验等。

2.3.4　学习小结

（1）重点是掌握使用无负荷测功仪设备进行发动机功率和各缸功率均衡性检测方法和步骤，能根据发动机功率和各缸功率均衡性检测结果分析造成发动机动力下降的原因。

（2）发动机综合性能检测仪由信号提取系统、信息处理系统及控显示系统 3 大部分组成，具有动态测试功能、通用性、主动性 3 个特点。

（3）发动机在一定转速下运行时，若某缸突然断火，则发动机的指示功率减少，导致克服原转速的摩擦功率不够，从而使发动机重新平衡运转的转速降低。

2.3.5 任务分析

（1）根据发动机逐缸不工作的转速变化试验，将检测数据填入表 2-4。

表 2-4 逐缸不工作发动机的转速变化

发动机转数（r/min）	停止工作的缸	发动机转速下降（r/min）	发动机转数下降（%）	改缸工作是否良好
	第一缸			
	第二缸			
	第三缸			
	第四缸			

试验设备：_____ 试验日期：_____ 试验人员：_____ 分析人：_____

2.3.6 自我评估

1. 判断题

（1）发动机无负荷测功是发动机在节气门开度和转速均为变动的状态下测定其功率的。
（　　）

（2）发动机在加速过程中，在某一转速下的有效功率与该转速下的瞬时加速度成正比。
（　　）

（3）工作正常的发动机在某一转速下稳定运转时，发动机的指示功率和摩擦功率是平衡的。
（　　）

2. 选择题

（1）发动机动力平衡检测，逐缸断火发动机的转速下降值其最高和最低下降值之差不大于平均下降值的（　　）。

　　A. 20%　　　　　　　　　B. 25%　　　　　　　　　C. 30%

（2）根据 GB7258 和 GB/T15746.2 相关规定，在用汽车发动机功率不得低于原标定功率的（　　）。

　　A. 90%　　　　　　　　　B. 80%　　　　　　　　　C. 75%

（3）发动机的平均有效功率与加速时间之间（　　）。

　　A. 成正比　　　　　　　　B. 成反比　　　　　　　　C. 无关

3. 问答题

（1）发动机功率检测的方法和特点有哪些？
（2）简述发动机无负荷测功的原理。

（3）简述发动机无负荷测功的一般方法。

（4）如何利用无负荷测功仪检测发动机的各缸功率均衡性？针对检测结果如何判断发动机的单缸工作状况？

任务 2.4　驱动轮输出功率检测

 任务情景

【任务描述】

某进厂报修车辆经初步了解判断汽车动力性能出现问题，需要对驱动轮输出功率进行检测，找出故障原因并排除。

【任务提示】

在熟悉发动机及传动系统构造原理的基础上，利用底盘测功机检测设备对驱动轮输出功率参数进行检测，对比诊断参数标准确定故障原因，并排除故障。

 任务目标

【知识目标】

（1）熟悉汽车动力性评价指标和驱动轮输出功率的检测项目。

（2）掌握驱动轮输出功率的检测方法。

（3）了解底盘测功机设备的基本结构与工作原理。

【能力目标】

（1）学会正确使用底盘测功机设备。

（2）学会应用底盘测功机设备进行驱动轮输出功率项目的检测。

（3）能根据驱动轮输出功率检测结果分析造成汽车动力性不足的原因，进行诊断并排除故障。

 必备知识

2.4.1　基本知识

2.4.1.1　驱动轮输出功率

驱动轮输出功率是指汽车在使用直接挡行驶时，驱动轮输出的最大驱动功率，是汽车发动机功率经过传动系消耗功率后到驱动轮的输出功率（相应的车速在发动机额定功率转速和额定扭矩转速附近）。驱动轮输出功率的大小，完全取决于发动机发出的功率和传动系的传动效率，也取决于它们的技术状况。驱动轮输出功率的减少，说明发动机或传动系统的技术状况已变差。发动机和传动系统技术状况的微小变化，都会通过驱动轮输出功率的增加或减少反映出来。

2.4.1.2 汽车底盘测功机

汽车底盘测功机是一种不解体检验汽车性能的检测设备，它通过室内台架，模拟汽车在道路上行驶的工况，检测汽车整车动力性，而且还可以测量油耗及多工况排放指标。

汽车底盘测功机具有的功能：① 汽车驱动轮输出功率（外特性和部分特性）、输出扭力（扭矩）的检测。② 车速表、里程表误差的检测。③ 汽车加速性能、滑行性能的检测。④ 汽车传动系统阻滞力的检测。⑤ 汽车油耗检测的加载及控制。⑥ 汽车排气污染物检测的加载及控制。

汽车底盘测功机一般包括：框架、滚筒装置、功率吸收装置、电磁离合器、测量装置、控制与指示装置和辅助装置等，其结构如图 2-46 所示。

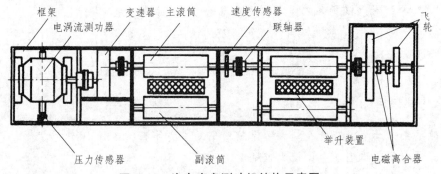

图 2-46　汽车底盘测功机结构示意图

1. 框架与滚筒装置

框架是底盘测功机的基础，坐落在地坑内。滚筒装置相当于连续移动的地面，当测功试验时被测车辆的驱动轮驱动滚筒旋转。滚筒装置分为单滚筒、双滚筒两种，如图 2-47 所示。

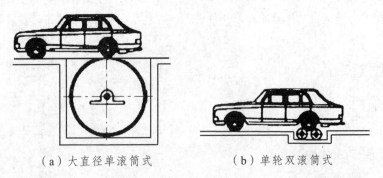

（a）大直径单滚筒式　　　（b）单轮双滚筒式

图 2-47　滚筒装置结构形式

（1）单滚筒底盘测功机。支撑汽车两边驱动轮的滚筒各为单个滚筒的底盘测功机，其滚筒直径大，一般在 1 500～2 500 mm，由于其制造和安装费用大，测试精度高，一般用于汽车制造厂和科研单位，较少用于汽车维修企业和汽车综合性能检测站。

（2）双滚筒底盘测功机。支撑汽车两边驱动轮的滚筒各为两个滚筒的测功机，其滚筒直径介于 200～530 mm，推荐值：承载 3 t 的底盘测功机为（218±2）mm，承载 10 t 的底盘测功机为（320±2）mm，承载 13 t 的底盘测功机为 370～530 mm。由于其设备成本低，使用方便，但测试精度低，一般用于汽车维修行业和汽车综合性能检测线。由于车轮与滚筒的接触状况和在路面上行驶不同，滚筒直径越小，比压就越大，滚动阻力也越大，对驱动轮输出功率的损耗也越大，所以应尽量选择使用大直径滚筒底盘测功机，以减少检测时的滚动阻力损耗。目前，底盘测功机滚筒表面状况常采用表面未经处理的光制滚筒和表面喷涂有耐磨硬质合金材料的喷涂滚筒。表面未经处理的光制滚筒表面光滑，黏着系数低，车轮在滚筒上运转平稳，滚动阻力波动小，但在测试驱动轮输出功率时滑移率较大，轮胎容易发热。喷涂滚筒接近于水泥路面的黏着系数，可减少轮胎的滑拖，减少滚动阻力的损失。双滚筒测功机还有主副滚筒之分，与测功器相连的滚筒为主滚筒，左右两个主滚筒之间装有联轴器，左右两个副滚筒处于自由状态。滚筒均经过平衡测试，通过滚动轴承安装在框架上以保证滚筒在高速旋转过程中不发生振动。

2. 功率吸收装置

底盘测功机的功率吸收装置，又称为测功器，是一个加载装置，用来模拟车辆在行驶过程中可能受到的各种阻力，使车辆如同在道路上行驶一样。常见的测功器有水力式、电力式和电涡流式三种，水力式测功器可控性较差、动态响应慢、精度低，电力式测功器成本高、价格昂贵，因此汽车综合性能检测线和汽车维修企业使用的底盘测功机多采用电涡流测功器。电涡流测功器是利用电磁感应形成电涡流从而产生制动力矩给车辆加载。根据电涡流测功器的冷却方式又可分为水冷式电涡流测功器和风冷式电涡流测功器。水冷式电涡流测功器结构复杂，安装不便，尤其在北方，冬季气温低，需对冷却水管路采取保暖措施，防止水管冻裂损坏，同时对冷却水也有严格要求，以防水管结垢、堵塞或锈蚀，目前推广应用并不普遍。风冷式电涡流测功器结构简单，价格便宜，安装和使用方便，但冷却效率低，功率吸收装置不易长时间运行，在高转速、大负荷下工作时间一般不宜超过 5 min。目前汽车综合性能检测线大部分采用风冷式电涡流测功器，其基本结构如图 2-48 所示。

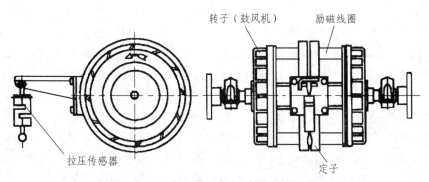

图 2-48　风冷式电涡流测功器的基本结构

电涡流测功器主要由转子和定子两大部分组成。转子和主滚筒相连，而定子是可以自由摆动的，在定子四周装有励磁线圈，转子在磁场中转动。当励磁线圈通以直流电时，磁力线在定子、涡流环、空气隙和转子之间构成回路，磁通的大小与励磁线圈的组数及所通过的电流大小有关。转子外圆制成凸凹不同的形状，由于通过齿顶和凹槽的磁通不一样，凸出部分比凹陷部分通过的磁通多，当转子旋转时，引起磁通的变化，从而在固定的涡流环中产生涡流。这种涡流产生的磁场又产生一个与转子旋转方向相同的转矩，由于作用与反作用的关系，转子便获得一个与自身转动方向相反的转矩。因转子与滚筒相连，就等于给滚筒施加了一个阻力，用这个阻力模拟汽车在道路上的行驶阻力。这个对转子起制动作用的力矩，使浮动的定子顺着旋转方向摆动，制动力矩的大小可以通过控制励磁电流来调节。

3. 测量装置

测量装置主要包括测力装置和测速装置。测力装置用于测量汽车驱动轮施加在底盘测功机上的驱动力，底盘测功机驱动力传感器一般有拉压传感器（应变片式）和位移传感器两种。这两种传感器的一端都连接于测功器外壳的测力臂上，另一端则连接在固定机架上。因测功器的外壳是浮动的，可以绕电涡流测功器转子的中心轴摆动，测功时，滚筒转动直接带动电涡流测功器转子转动，在转子上产生制动力矩，该制动力矩使电涡流测功器外壳绕中心轴摆动，外壳的摆动直接将制动力矩传到与其相连的测力传感器，传感器信号经计算机处理后，显示出汽车驱动轮与滚筒切线方向的瞬时驱动力值。

测速装置是为了底盘测功机在检测驱动轮输出功率、加速性能、滑行性能及油耗、排气污染物时，测量试验车速而设置的。通常采用电测试测速装置，由车速传感器、中间处理装置和指示装置等组成。常用的车速传感器主要有直射式光电车速信号传感器、磁电式车速传感器、霍尔车速信号传感器和测速发电机等，车速传感器安装在副滚筒一端，随滚筒一起转动，能将滚筒的转动转变为电信号，该信号经放大送入处理装置，换算为车速，并在指示装置显示出来。

4. 控制与指示装置

汽车底盘测功机通过控制系统实现恒车速控制和恒力控制。检测过程中，计算机不断从车速传感器采集车速脉冲信号，该信号由计算机处理后变成汽车的瞬时车速，瞬时车速要与原设定的车速比较，通过加载和减载（调节电涡流测功器励磁电流）的方式，使汽车在检测过程中的实际车速与设定车速的比值一直控制在允许范围内，从而实现车速控制。底盘测功机还需模拟车辆在道路行驶中的滚动阻力、空气阻力、加速阻力和坡道阻力，加速阻力可通过惯性飞轮模拟，其他阻力要靠电涡流测功器进行加载来实现，即先由计算机得到检测所需的加载量，再把加载量换算成电涡流测功器励磁电流的大小，然后进行调节和控制，实现恒力控制。

底盘测功机的控制装置和指示装置往往制成柜式一体结构，指示装置多用智能型数字显示仪表，也就是一个单片机系统，来自传感器的信号经放大、A/D转换或滤波整形后，输入单片机处理，再输出并显示测量结果。控制柜面板，如图2-49所示。控制柜上的按键、显示窗、旋钮、功能灯、报警灯、指示灯等，用来控制检测过程，显示测试结果。

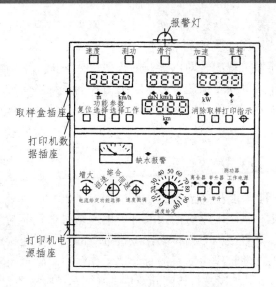

图 2-49　控制柜面板示意图

5. 辅助装置

（1）举升装置。为了方便车辆进出底盘测功机，在主、副滚筒之间设有举升装置。举升装置由举升器、托板组成。举升器主要有气动（气缸式、气囊式）、液压（液压油缸）、电动三种形式，目前气动举升器应用得较多。

（2）飞轮装置。为了更准确地进行汽车加速性能和滑行性能的检测，底盘测功机配备有飞轮装置，模拟汽车的旋转惯量。飞轮组由滚动轴承支承在底盘测功机框架上，通过离合器与主滚筒相连。飞轮的质量一般按照被测汽车的质量选取，飞轮的个数越多，则惯性模拟精度越高。

（3）反拖装置。反拖装置是采用反拖电动机带动底盘测功机的功率吸收装置车传动系的一种装置，由反拖（变频）电动机、滚筒、扭矩仪等组成。有了反拖装置，可测定在不同车速条件下，底盘测功机自身传动系统所消耗的功率；测定汽车车轮在滚筒上运转时，在不同车速下所消耗的功率；测定汽车在底盘测功机上运转时，汽车传动系统在不同车速下所消耗的功率。

（4）安全保障装置。为了保护检测设备和被检车辆及操作人员的安全，底盘测功机设有安全保障装置，主要包括左右挡轮、系留装置、车倔、发动机与车轮冷却风机。左右挡轮是防止汽车车轮旋转过程中，在侧向力作用下驶出滚筒。系留装置是指地面上的固定盘架与车辆之间用钢丝绳或铁链相连接，防止汽车高速运转时因滚筒卡住或其他原因车辆驶出滚筒。车倔的作用是为防止汽车检测过程中车体前后移动。

2.4.1.3　汽车底盘测功机的工作原理

汽车在道路上行驶过程中存在着运动惯性，要在底盘测功机上模拟汽车道路运行工况、行驶阻力（包括滚动阻力、加速阻力、空气阻力和坡道阻力），首先要解决模拟汽车整车的运动惯性和行驶阻力问题，这样才能用底盘测功机检测汽车运行状况的动态性能。

为此，在底盘测功机上利用惯性飞轮的转动惯量来模拟汽车旋转体的转动惯量及汽车直线运动质量的惯量，采用电磁离合器自动或手动切换飞轮的组合，在允许的误差范围内满足汽车的惯量模拟。至于汽车在运行过程中所受的空气阻力、非驱动轮的滚动阻力及爬坡阻力等，则采用功率吸收装置（加载装置）来模拟。

路面模拟是通过滚筒来实现的，即以滚筒的表面取代路面，滚筒的表面相对于汽车作旋转运动。在系留装置及车偎等安全措施保障下，通过控制系统可对加载装置及惯性模拟系统进行自动或手动控制。以实现对汽车驱动轮输出功率、加速性能、滑行性能、车速表和里程表校验等项目的检测。

2.4.1.4 驱动轮输出功率的限值

按《营运车辆综合性能要求和检验方法》（GB18565—2012）规定，汽车驱动轮输出功率检测是在发动机额定扭矩和额定功率时的工况下，即发动机全负荷与额定扭矩转速和额定功率转速相对应的直接挡（无直接挡时指传动比最接近1的挡）车速构成的工况下，采用校正驱动轮输出功率与相应的发动机输出功率的百分比，作为驱动轮输出功率的限值。

轿车的动力性按额定扭矩工况进行检测和评价，其他车辆应按动力性规定的两种合格条件中任选一种工况进行检测和评价。国产营运车辆的校正驱动轮输出功率的限值，如表2-5所示。

表 2-5　汽车驱动轮输出功率的限值

汽车类型	汽车型号		额定扭矩工况		额定功率工况	
			直接挡检测车速 $v_m/$（km/h）	校正驱动轮输出功率 $\eta/$额定扭矩功率的限值 η/Me	直接挡检测车速 $v_p/$（km/h）	校正驱动轮输出功率/额定扭矩功率的限值 η/Me
载货汽车	1010、1020 系列	汽油车	60	50	90	40
	1030、1040 系列	汽油车	60	50	90	40
		柴油车	55	50	90	45
	1050、1060 系列	汽油车	60	50	90	40
		柴油车	50	50	80	45
	1070、1080 系列	柴油车	50	50	80	45
	1090 系列	汽油车	40	50	80	45
		柴油车	55	50	80	45
	1100、1110 系列 1120、1130 系列	柴油车	50	45	80	40
半挂列车[①]	1140、1150、1160 系列	柴油车	50	50	80	40
	1170、1190 系列	柴油车	55	50	80	40
	10 t 半挂列车系列	汽油车	40	50	80	45
		柴油车	50	50	80	45
	15 t、20 t 半挂列车系列	柴油车	45	45	70	40
	25 t 半挂列车系列	柴油车	45	50	75	40

续表 2-5

汽车类型	汽车型号		额定扭矩工况		额定功率工况	
			直接挡检测车速 v_m/（km/h）	校正驱动轮输出功率 η/额定扭矩功率的限值 η/M_e	直接挡检测车速 v_p/（km/h）	校正驱动轮输出功率/额定扭矩功率的限值 η/M_e
客车	6600 系列	汽油车	60	45	85	35
		柴油车	45	50	75	40
	6700 系列	汽油车	50	40	80	35
		柴油车	55	45	75	35
	6800 系列	汽油车	40	40	85	35
		柴油车	45	45	75	35
	6900 系列	汽油车	40	40	80	40
		柴油车	60	45	85	45
	6100 系列	汽油车	40	50	85	35
		柴油车	40	40	85	35
	6110 系列	汽油车	60	45	85	35
		柴油车	55	50	80	35
	6120 系列	柴油车	60	40	90	35
轿车	长安福特福克斯		95/65[2]	40/35[2]		
	桑塔纳		95/65[3]	45/40[3]		

注：① 5010～5040 系列厢式货车和罐式货车驱动轮输出功率的允许值按同系列普通货车的允许值下调 2%；
　　其他系列厢式货车和罐式货车驱动轮输出功率的允许值按同系列普通货车的允许值下调 4%。
　　② 半挂列车是按车载质量分类。
　　③ 为汽车变速挡使用三挡时的参数值。

　　从表 2-5 中给出的额定扭矩工况和额定功率工况两种检测工况下驱动轮输出功率的限值标准看出，由于额定功率工况规定的直接挡检测速度比较高，在底盘测功机上采用高速进行检测，存在一定的危险性，尤其对前驱动轿车而言，直接挡车速要达到 95 km/h，在这样高的车速下测试，可能会对车辆造成损坏，所以，一般动力性检测都选用在额定扭矩工况下的驱动轮输出功率检测的方法，并用额定扭矩工况的限值对动力性进行判定。另外，底盘测功机实测的驱动轮输出功率并不是校正驱动轮输出功率，它是在实际环境下测得的功率，必须将其校正到标准环境状态下的校正驱动轮输出功率后，再与发动机相应的输出功率比较后的比值与限值进行判定。

　　允许值的限值是对一般营运车辆动力性的最基本也是最低的合格要求，如果动力性达不到允许值的要求，则说明该车动力性不合格，应对该车的发动机或传动系进行检查维护后，再重新检测，一定要检测合格后才能投入营运工作。根据《营运车辆技术等级划分和评定要求》（JT/T198—2004）的规定，凡从事危险品货物运输、高速公路客运、旅游客运和 800 km

以上超长线公路客运的车辆，其技术等级必须为一级，上述车辆的校正驱动轮输出功率与相应的发动机输出功率的比值的百分数，必须要大于等于表 2-5 中额定值的限值。

2.4.2 基本技能

2.4.2.1 驱动轮输出功率的检测方法

1. 检测前的准备工作

（1）车辆装备应符合制造厂技术条件的规定，车辆空载，外部保持清洁。

（2）车辆使用的燃料和润滑油牌号、规格应符合制造厂技术条件的规定，机油压力正常。

（3）轮胎规格和气压应符合制造厂的规定。胎冠花纹深度不得小于 1.6 mm，胎面和胎壁上不得有暴露出轮胎帘布层的破裂和割伤。轮胎花纹中不得夹有石子。

（4）测试前，车辆应进行预热行驶，使其运动部件润滑油、冷却液等达到制造厂技术条件规定的温度状态；车辆应无明显的油、水、气泄漏现象。

（5）测试前应检查、调整底盘测功机各运动部件及电气控制系统，使其处于完好状况。必要时，对底盘测功机进行检定和校准。

（6）测试前，利用车辆带动底盘测功机空运转 10 ~ 30 min，以使底盘测功机各运动部件的润滑和工作温度正常。

（7）设置左右挡轮、系留装置、车楔、发动机与车轮冷却风机等安全防护装置。

2. 检测方法与步骤

（1）根据被检车辆的车型、燃油，在底盘测功机上设定检测车速。

（2）根据显示屏显示的被检车辆的牌号，将车辆驱动轮置于底盘测功机滚筒上，非驱动轮前抵上车堰（或用系留装置拉住车辆），举升器下降。

（3）操作员系好安全带，并根据显示屏指令操作，检测过程中，车辆前方不得站人。

（4）操作员应逐级起步换挡、提速至直接挡，并以直接挡的最低车速稳速运转。

（5）显示屏指令"设定车速值"时操作人员将加速踏板踩到底，并保持不动，底盘测功机加载，直至车速稳定在设定的检测车速值 ± 0.5 km/h 范围内。

（6）测试车速在设定车速范围内稳定 15 s 后，计算机连续自动采集实际车速值、驱动轮输出功率及扭矩值，在测试全过程中，实际检测车速和设定车速的允许误差为 ± 0.5 km/h，扭矩波动幅度应小于 ±4%。

（7）读取检测数据，操作员挂空挡，松开加速踏板，车轮继续带动滚筒旋转约 1 min 以上，确保电涡流测功器散热。

（8）根据现场环境状态，计算机对实测驱动轮输出功率进行校正后，并将校正后的驱动轮输出功率与发动机额定扭矩功率或发动机额定功率的比值进行判定。

（9）举升器举起，车辆驶出底盘测功机。

2.4.2.2 驱动轮输出功率不足的分析与诊断

1. 汽车驱动轮输出功率不足的原因

主要有如下两方面：

（1）发动机技术状况不良，本身输出功率低。

（2）传动系统损失功率大，致使驱动轮输出功率不足。

发动机的功率可用前述无负载测功的方法来检查，传动系统的功率损失可能在离合器、变速器、分动器、驻车制动器、万向传动装置、主减速器、差速器和轮毂等处，其中最主要的是离合器和轮毂两处。除离合器以外，其他部分的技术状况可用下面两种方法来检查：

① 在制动试验台上检测车轮的阻滞力。

② 在底盘测功机上做滑行性能试验。

方法是根据被检汽车的空车质量选择适合的飞轮，操纵电磁离合器使飞轮与测功机滚筒结合，将车速提高到 30 km/h，稳定一段时间后，迅速踩下离合器踏板，变速器置空挡，测试滑行距离。如果滑行距离符合规定，说明底盘技术状况基本合格。

2. 驱动轮输出功率不足的故障诊断

由于被测车辆传动系统调整、维护不良，传动装置产生故障，均会使传动系统消耗功率增大，造成驱动轮输出功率下降。

（1）离合器打滑。底盘测功机加载后，车辆就模拟带负荷工作，当加速踏板踩到底，车辆速度提升较慢，并能闻到摩擦片烧焦的味道。

（2）制动器间隙偏小。车辆在检测时为了使制动性能合格，经常盲目调整制动器间隙，并造成间隙偏小。这种状态在底盘测功机上检测时将会消耗部分功率使驱动轮输出功率下降，制动鼓外壳发烫，严重时，会伴有烧制动带的味道，制动器间隙偏小从踏板自由行程也能反映出来。

（3）传动轴变形弯曲，中间轴承支架松旷，传动轴不平衡等。传动系统故障会使车辆在检测时抖动严重并伴有异响，由于传动轴的问题，车辆的抖动不但引起轮胎和滚筒滑移，而且车速不能恒定，这就难以保证检测的准确性。

（4）后轿装配不良或有故障，如轴承调整较紧，轴承孔不同心，齿轮间隙过大、过小等，除驱动轮会发烫外还有异响。这种车辆检测时，其阻力将消耗较大功率，会影响到整车动力性的下降。

（5）轮胎气压不符合标准，轮辋变形，轮胎花纹规格不符合要求，也会造成滑移损耗增加，影响到驱动轮输出功率的检测结果。

（6）传动系统、行驶系统润滑不良。现在部分营运车辆的维护质量很不规范，少数车辆日常润滑维护不到位。传动轴、悬架装置及变速器、主减速器不但要按规定加足润滑油，而且一定要按说明书规定加注合格的润滑油品。

（7）自动变速器打滑，如离合器或制动器摩擦片、制动带磨损过甚或烧焦，油泵磨损过度或主油路泄漏造成供油压力过低，单向离合器打滑，离合器或制动器活塞密封圈损坏导致漏油等。汽车起步时，踩下加速踏板，发动机转速很快升高，但车速升高缓慢；行驶中，踩加速踏板加速，发动机转速不能与车速同步提高；汽车在平坦道路上行驶基本正常，但上坡无力。这些情况车辆检测时都会反映出驱动轮输出功率不足。

2.4.3　拓展知识

汽车动力性是表征汽车在行驶中能达到的最高车速、最大加速能力和最大爬坡能力，是汽车的基本使用性能之一。汽车检测中一般常用汽车的最高车速、加速能力、最大爬坡度、发动机最大输出功率、驱动轮输出功率作为动力性评价指标。

1. 汽车的最高车速

最高车速是指汽车以厂定额定总质量状态在风速小于等于 3 m/s 的条件下，在干燥、清洁、平坦的混凝土或沥青路面上，能达到的最高稳定行驶速度。国内对不同车型的最高车速要求也不同：轿车为大于等于 120 km/h，轻型车为 100～120 km/h，载货汽车为 80～100 km/h，沙漠汽车、农用汽车为 50 km/h。

2. 汽车的加速能力

加速能力是指汽车在行驶中迅速增加行驶速度的能力，通常以汽车加速时间来评价。加速时间是指汽车以额定总质量状态，在风速不大于 3 m/s 的条件下，在干燥、清洁、平坦的混凝土或沥青路面上，由某一低速加速到高速所需的时间。常用原地起步加速时间和超车加速时间来表征汽车的加速能力。

（1）原地起步加速时间，亦称起步换挡加速时间，是指汽车由停车静止状态起步后，以最大加速度（包括选择适当的换挡时机）逐步换到最高挡位后，达到某一预定的车速所需的时间，如 0～100 km/h 起步加速时间是最能评定汽车性能的指标之一，一般以 0～100 km/h 加速时间是否超过 10 s 来衡量汽车加速性能的优劣；或用规定的低挡起步，以最大加速度逐步换到最高挡后，达到一定距离所需的时间，其规定的距离一般为 0～400 m、0～800 m、0～1 000 m，起步加速时间越短，动力性越好。某些轿车的原地起步加速时间曲线，如图 2-50 所示。

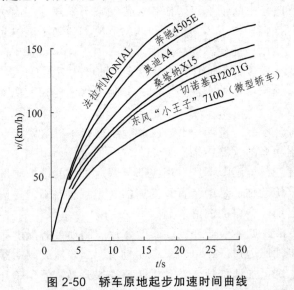

图 2-50　轿车原地起步加速时间曲线

（2）超车加速时间，亦称直接挡加速时间，是指用最高挡或次高挡，由某一预定车速开始，全力加速到某一高速所需的时间，超车加速时间越短，其高速挡加速性能越好。

3. 最大爬坡度

最大爬坡度是指汽车满载，在干燥、清洁、良好的混凝土或沥青路面的坡道上，在风速在 3 m/s 的条件下，以汽车变速器最低前进挡能够爬上的最大坡度。轿车经常在平坦路面上行驶，一般不强调爬坡能力，而且轿车最高车速高，发动机功率较大，可以保持良好的加速能力，爬坡能力自然较好。货车在各种道路上行驶，应具有足够的爬坡能力，一般最大爬坡度在30%（16.7°）左右（轻型车为24%，13.5°）。越野汽车对爬坡能力的要求更高，其最大爬坡度可达60%（31°）左右或更高。

2.4.4 学习小结

（1）重点是熟练掌握用底盘测功机设备进行驱动轮输出功率项目检测方法和步骤，并能根据驱动轮输出功率检测结果分析造成汽车动力性不足的原因。

（2）汽车底盘测功机主要由框架和滚筒装置、功率吸收装置、测量装置、控制与指示装置和辅助装置等组成。功率吸收装置—电涡流测功器是底盘测功机的关键部件，是一个加载装置，用来模拟车辆在行驶过程中可能受到的各种阻力，使车辆如同在道路上行驶一样。

（3）《营运车辆综合性能要求和检验方法》（GB18565—2012）规定，用底盘测功机检测发动机在额定扭矩（或额定功率）工况时的驱动轮输出功率作为整车动力性的评价指标，不但科学合理，而且快速简便。驱动轮输出功率的值，是发动机功率和传动系统传动效率的综合结果，而计算机的控制系统，对车速加载量有很好的调节控制，用底盘测功机检测，可避免道路试验中环境条件、操作控制中许多难以克服干扰和影响，能确保检测数据的真实和可信。

（4）驱动轮输出功率检测注意事项。

① 超过试验台允许轴重或轮重的车辆一律不准上试验台进行检测。

② 检测过程中，切勿拨弄举升器托板操纵手柄，车前方严禁站人，以确保检测安全。

③ 检测额定功率和最大扭矩相应转速工况下的输出功率时，一定要开启冷却风扇并密切注意各种异响和发动机的冷却水温。

④ 走合期间的新车和大修车不宜进行底盘测功。

⑤ 试验台不检测期间，不准在上面停放车辆。

2.4.5 任务分析

根据所记录的数据，将试验数据按照要求填入下表2-6，并按要求作出试验曲线，即输出功率-速度曲线图和驱动力-速度曲线图。

表2-6 汽车驱动轮输出功率和驱动力试验

序号	速度（km/h）	底盘输出功率（kW）	驱动力（N）
1			
2			
3			
4			
5			
6			
7			

试验设备：_____ 试验日期：_____ 试验人员：_____ 分析人：_____

2.4.6　自我评估

1. 判断题

（1）利用点火波形可以得到各缸断电器触点闭合角。闭合角越小，说明断电器触点间隙越大，反之间隙小。（　　）

（2）汽车底盘测功机是以滚筒表面代替路面，检测时通过加载装置给滚筒施加负荷，以模拟行驶阻力，使汽车在尽可能接近于实际行驶工况下进行各项性能测试。（　　）

（3）根据 GB/T18276 的规定，汽车动力性可用底盘测功机检测汽车驱动轮输出功率来评价。（　　）

（4）动态测功时需要对发动机施加外部负荷，也称为有负荷测功或有外载测功。（　　）

3. 填空题

（1）汽车动力性评价指标主要有汽车的_____、_____、_____、_____发动机最大输出功率及驱动轮输出功率等。

（2）发动机综合性能检测仪一般由_____、_____、_____三大部分组成。

（3）底盘测功机是模拟汽车在道路上行驶时受到的阻力，测量其_____和_____等性能的设备。

4. 问答题

（1）发动机综合性能检测仪的主要功能有哪些？

（2）汽车动力性下降的主要原因是什么？

（3）发动机无负荷测功的原理是什么？

项目 3 汽车制动性能检测

本项目只包含一个任务，即汽车制动性能检测任务。主要熟悉汽车制动性能的检测项目及标准；了解汽车制动性能检测设备的结构与工作原理；熟悉汽车制动性能的评价指标。

学生通过本任务的学习，能够正确使用性能指标评价汽车制动性能，能够对汽车技术状况进行检测分析，能够根据检测结果对汽车技术状况进行分级与评定。

任务 3.1 汽车制动性能检测

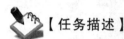 任务情景

【任务描述】

一辆汽车来年检进行制动性能检测，如何完成本项任务？步骤是什么？

【任务提示】

根据《机动车运行安全技术条件》（GB7258—2012）中规定，对汽车的制动性能提出了严格的要求，要求汽车必须设置行车制动、应急制动和驻车制动装置，并给出相关要求及指标。

 任务目标

【知识目标】

（1）掌握汽车制动性能的评价指标。
（2）熟悉汽车制动性能的检测项目、标准。
（3）了解汽车制动性能检测设备的结构与工作原理。

【能力目标】

能够通过四合一检测台测量制动性能并进行评价。

3.1.1 基本知识

3.1.1.1 汽车制动性能的评价指标

汽车制动性主要从制动效能、制动效能的恒定性和制动时汽车的方向稳定性三个方面来进行评价。制动效能是指汽车迅速降低行驶速度直至停车的能力，常用制动过程中的制动力、制动距离、制动减速度、制动时间来进行评价。制动效能的恒定性是指抵抗制动效能下降的能力；常用制动过程中的热衰退、水衰退来进行评价。制动时方向的稳定性是指汽车在制动过程中维持直线行驶或按预定道行驶的能力，常用制动跑偏、制动侧滑来进行评价。

1. 台试检测评价指标

台试主要检测制动力、制动力平衡、车轮阻滞力、制动协调时间等，图 3-1 所示为四合一综合测试试验台。

图 3-1 四合一综合测试试验台

制动力是指汽车在制动过程中人为地使汽车受到一个与其行驶方向相反的外力，汽车在这一外力作用下迅速地降低车速以至停车。

制动力平衡的检查通常是与制动力检查同时进行的，行车时，如果车辆出现明显的偏头或甩尾等现象，一般都是由制动不平衡所引起的。

车轮阻滞力是指行车和驻车制动装置处于完全释放状态，变速器处于空挡时，制动检验台驱动车轮所需的作用力。

制动协调时间是从驾驶员踩下制动踏板的瞬间作为起始计时点，为此，在制动测试过程中必须由驾驶员通过套装在汽车制动踏板上的脚踏开关向检验台指示，控制装置发出一个"开关"信号，开始时间计数，直至制动力与轴荷之比达到标准规定值 75% 的瞬间为止，这段时间历程即为制动协调时间。

2. 路试检测评价指标

路试主要检测制动距离、制动稳定性、充分发出的平均减速度、制动协调时间，如图 3-2所示。

图 3-2　路试制动路

（1）制动距离，是指在指定的道路条件下，机动车在规定的初速度下急刹车时，从脚接触制动踏板（或手触动制动手柄）时起至车辆停止驶过的距离。

（2）制动稳定性，是指在制动过程中维持直线行驶的能力。制动稳定性差的汽车，路试时会产生偏离规定通道宽度的现象，按照我国安全法规要求，路试时制动稳定性的检测指标是试车道的宽度。

（3）充分发出的平均减速度，是指汽车在规定的初速度下急刹车时，测得路试有关参数，计算平均减速度 MFDD 值。

平均减速度计算公式为

$$MFDD = \frac{v_b^2 - v_e^2}{25.93 \times (s_e - s_b)}$$

式中　$MFDD$——充分发出的平均减速度，m/s^2；

　　　v_0——试验车制动初速度，km/h；

　　　v_b——0.8 v_0，试验车速，km/h；

　　　v_e——0.1 v_0，试验车速，km/h；

　　　s_b——试验车速从 v_0 到 v_b 之间车辆行驶的距离，m；

　　　s_e—试验车速从 v_0 到 v_e 之间车辆行驶的距离，m。

（4）制动协调时间，是指在急踩制动时，从脚接触制动踏板（或手触动制动手柄）时起至车辆减速度（或制动力）达到标准规定的充分发出的平均减速度（或制动力）的 75%时所需的时间。

制动协调时间是制动器制动时间和滞后时间的主要部分，其长短反映了制动系统传动间隙消除的快慢和制动力增长的速度。制动时，制动协调时间越短，则制动距离越短，汽车制动性能越好。制动协调时间只反映制动过程的局部信息，因此，制动协调时间不能单独作为制动性能的检测指标，而只能作为制动性能的辅助检测指标。

3.1.1.2　汽车制动性能检测的标准

1. 台试项目及标准

（1）行车制动检测标准

① 制动力百分比要求：根据 GB7258—2012 对台试制动力的部分车辆要求如表 3-1 所示。

表 3-1　台试制动检测标准 GB7258—2012（摘录）

机动车类型	制动力总和与整车重量的百分比		轴制动力与轴荷①的百分比	
	空载	满载	前轴②	后轴②
三轮汽车	—		—	≥60③
乘用车、其他总质量不大于 3 500 kg 的汽车	≥60	≥50	≥60③	≥20③
铰接客车、铰接式无轨电车、汽车列车	≥55	≥45	—	—
其他汽车	≥60	≥50	≥60ᶜ	≥50④
普通摩托车			≥60	≥55
轻便摩托车	—		≥60	≥50

① 用平板制动检验台检验乘用车时应按左右轮制动力最大时刻所分别对应的左右轮动态轮荷之和计算。
② 机动车（单车）纵向中心线中心位置以前的轴为前轴，其他轴为后轴；挂车的所有车轴均按后轴计算；用平板制动试验台测试并装轴制动力时，并装轴可视为一轴。
③ 空载和满载状态下测试均应满足此要求。
④ 满载测试时后轴制动力百分比不做要求；空载用平板制动检验台检验时应大于等于 35%；总质量大于 3 500 kg 的客车，空载用反力滚筒式制动试验台测试时应大于等于 40%，用平板制动检验台检验时应大于等于 30%。

② 制动力平衡（两轮、边三轮摩托车和轻便摩托车除外）：在制动力增长全过程中同时测得的左右轮制动力差的最大值，与全过程中测得的该轴左右轮最大制动力中大者（当后轴及其他轴，制动力小于该轴轴荷的 60% 时为与该轴轴荷）之比，对新注册车和在用车应分别符合表 3-2 要求。

表 3-2　轴制动力平衡

制动力平衡标准	前轴	后轴（及其他轴）	
		轴制动力大于等于该轴轴荷 60% 时	制动力小于该轴轴荷 60% 时
新注册车	≤20%	≤24%	≤8%
在用车	≤24%	≤30%	≤10%

③ 汽车的制动协调时间：对液压制动的汽车应 ≤0.35 s，对气压制动的汽车应 ≤0.60 s；汽车列车和铰接客车、铰接式无轨电车的制动协调时间应 ≤0.80 s。

④ 车轮阻滞率要求：进行制动力检验时，汽车、汽车列车各车轮的阻滞力均应小于等于轮荷的 10%。

⑤ 合格判定要求：台试检验汽车、汽车列车行车制动性能时，检验结果同时满足①②③④的要求方为合格。

（2）驻车制动检测标准

当采用制动检验台检验汽车和正三轮摩托车驻车制动装置的制动力时，机动车空载，乘坐一名驾驶员，使用驻车制动装置，驻车制动力的总和应大于等于该车在测试状态下整车重量的20%，但总质量为整备质量1.2倍以下的机动车应≥15%。

（3）检验结果复核

当汽车经台架检测后对其制动性能有质疑时，可用规定的路试检测进行复检，并以满载路试的检测结果为准。

2. 路试项目及标准

（1）行车制动检测标准

制动距离和制动稳定性部分要求如表3-3所示。

表 3-3　制动距离和制动稳定性要求

机动车类型	制动初速度/（km/h）	满载检验制动距离要求/m	空载检验制动距离要求/m	试验通道宽度/m
三轮汽车	20	≤5.0		2.5
乘用车	50	≤20.0	≤19.0	2.5
总质量不大于 3 500 kg 的低速货车	30	≤9.0	≤8.0	2.5
其他总质量不大于 3 500 kg 的汽车	50	≤22.0	≤21.0	2.5
其他汽车、汽车列车	30	≤10.0	≤9.0	3.0

制动减速度和制动稳定性部分要求如表3-4所示。

表 3-4　制动减速度和制动稳定性要求

机动车类型	制动初速度/（km/h）	满载检验充分发出的平均减速度/（m/s²）	空载检验充分发出的平均减速度/（m/s²）	试验通道宽度/m
三轮汽车	20	≥3.8		2.5
乘用车	50	≥5.9	≥6.2	2.5
总质量不大于 3 500 kg 的低速货车	30	≥5.2	≥5.6	2.5
其他总质量不大于 3 500 kg 的汽车	50	≥5.4	≥5.8	2.5
其他汽车、其他列车	30	≥5.0	≥5.4	3.0

制动协调时间对液压制动的汽车应≤0.35 s，对气压制动的汽车应≤0.60 s，对汽车列车、铰接客车和铰接式无轨电车应≤0.80 s。

制动稳定性要求：汽车在规定的初速度下急踩制动踏板时，车辆任何部位（不计入车宽的部位除外）不允许超出表3-3规定的试验通道宽度的边缘线。

制动踏板力或制动气压要求：

a. 满载检验时：

气压制动系：气压表的指示气压 $p_指$ ≤ 额定工作气压 $p_额$；

液压制动系：踏板力，乘用车 ≤ 500 N；

其他机动车 ≤ 700 N。

b. 空载检验时：

气压制动系：气压表的指示气压 $p_指$ ≤ 600 kPa；

液压制动系：踏板力，乘用车 ≤ 400 N；

其他机动车 ≤ 450 N。

c. 摩托车（正三轮摩托车除外）检验时：

踏板力应 ≤ 350 N，手握应 ≤ 250 N。正三轮摩托车检验时，踏板力应 ≤ 500 N。三轮汽车和拖拉机运输机组检验时，踏板力应 ≤ 600 N。

（2）应急制动检测标准（见表3-5）

表 3-5　应急制动性能要求

机动车类型	制动速度/（km/h）	制动距离/m	充分发出的平均减速度/（m/s²）	允许操纵力不应大于/N	
				手操纵	脚操纵
乘用车	50	≤38.0	≥2.9	400	500
客车	30	≤18.0	≥2.5	600	700
其他汽车（三轮汽车除外）	30	≤20.0	≥2.2	600	700

（3）驻车制动检测标准

在空载状态下，驻车制动装置应能保证机动车在坡度为20%（对总质量为整备质量的1.2倍以下的机动车为15%）、轮胎与路面间的附着系数 ≥ 0.7 的坡道上正、反两个方向保持固定不动，时间应 ≥ 5 min。检验汽车列车时，应使牵引车和挂车的驻车制动装置均起作用。检验时操纵力按 GB7258—2012 中的 7.4.3 条规定。

在规定的测试状态下，机动车使用驻车制动装置能停在坡度值更大且附着系数符合要求的试验坡道上时，应视为达到了驻车制动性能检验规定的要求。在不具备试验坡道的情况下，在用车可参照相关标准使用符合规定的仪器测试驻车制动性能。

3.1.1.3　汽车制动性能检测设备的结构与工作原理

制动检验台根据不同分类方法有多种类型，按检验台测量原理不同，可分为反力式和惯性式两类；按检验台支承车轮形式不同，可分为滚筒式和平板式两类；按检验台检测参数不同，可分为测制动力式、测制动距离式和多功能综合式三类；按检验台测量装置至指示装置传递信号方式不同，可分为机械式、液压式和电气式三类；按检验台同时能测车轴数不同，又可分为单轴式、双轴式和多轴式三类。下面重点讲解几种常见的测试台。

1. 滚筒反力式制动试验台

（1）基本结构

反力式滚筒检测台应用较广泛，它由框架、驱动装置、滚筒装置、测量装置、举升装置和指示与控制装置等组成，如图 3-3 所示。

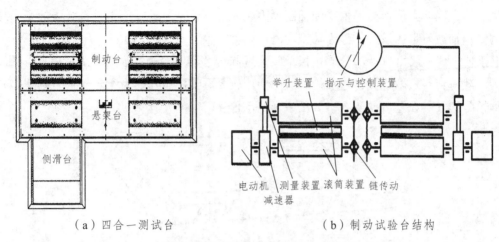

（a）四合一测试台　　　　　　　（b）制动试验台结构

图 3-3　滚筒反力式制动试验台结构

① 驱动装置，由电动机、减速器和传动链条等组成。电动机的转动通过减速器内的蜗轮蜗杆传动和一对圆柱齿轮传动后传递给主动滚筒，主动滚筒又通过链传动把动力传递给从动滚筒。减速器与主动滚筒共用一轴，减速器壳体处于浮动状态。车轮制动时，该壳体能绕轴摆动，把制动力矩传给测力杠杆。

② 滚筒装置，由四个滚筒组成，左右各一对独立设置，滚筒相当于一个活动路面，被测车轮置于两滚筒之间，用来支承被检车轮并在制动时承受和传递制动力。

③ 测量装置，主要由测力杠杆、测力传感器等组成。测力杠杆一端与传感器连接，另一端与减速器壳体连接，装在测力杠杆前端的测力传感器，有自整角电机式、电位计式、差动变压器式或电阻应变片式等多种类型，传感器能把测力杠杆的位移或力变成反映制动力大小的电信号，送入指示与控制装置。

④ 举升装置，一般由举升器、举升平板和控制开关等组成，举升器有气压式、液压式和电动式等形式。为了便于汽车出入试验台，通常设置在两滚筒之间。

⑤ 指示装置有电子式与微机式之分。电子式的指示装置多配以指针式仪表，这种仪表有一轴单针式和一轴双针式两种形式，单针式只指示一个车轮的制动力，左右车轮需分别设置，双针式可同时指示左右轮制动力。微机式指示装置多配以数字式显示器。控制装置有手动式和微机自动式两种。

（2）工作原理

将被检车左右车轮置于每对滚筒之间，用电动机通过减速器、链传动使主从动滚筒带动车轮旋转，然后用力踩下制动踏板，车轮给滚筒一个与其转动方向相反的摩擦作用力矩，该力矩大小与滚筒对车轮的制动力矩相等，并驱动浮动的减速器壳体偏转，迫使连接在减速器壳体上的测力杠杆产生位移，通过测力传感器转换成反映制动力大小的电信号，由计算机采集、处理后，指令电动机停转，并由指示装置指示或由打印机打印检测到的数值。

（3）轴重检测台的结构及原理

利用制动检验台检测汽车制动性能时，其制动性能参数标准是以轴制动力占轴荷的百分比为依据的，因此必须在测得轴荷和轴制动力后才能评价轴制动性能是否符合国标要求。用于检测车轴轴载质量的设备，称为轴重检测台，轴重检测台又称轴重仪。

电子轴重仪一般由机械部分（包括承载装置和传感器装置）和显示仪表所组成，图 3-4 所示为双载荷台板式轴重仪，它在检测线中使用较多，能测量左、右车轮轮荷，具有左右两个秤体，分别安装在左右框架内，共用一个显示仪表。

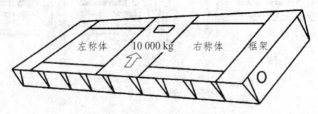

图 3-4　轴重检测台

2. 平板式制动检验台的结构及原理

（1）基本结构

如图 3-5 所示，平板式制动检验台由测试平板、测量显示系统和踏板力计组成，一般为两条，有 4 块相互独立的测试平板。测试平板由面板、底板、钢球和力传感器等组成，如图 3-6 所示。底板作为底座固定在混凝土地面上，面板通过压力传感器和钢球支承在底板上，其纵向则通过拉力传感器与底板相连。压力传感器用于测量作用于面板上的垂直力；拉力传感器则用于测量沿汽车行驶方向，轮胎作用于面板上的水平力，水平力和垂直力的大小变化分别对应于拉力传感器和压力传感器所输出的电信号的变化。拉力传感器和压力传感器输出的电信号由计算机采集、处理后，换算成制动力和轮荷的大小并分别在显示装置上显示出来。

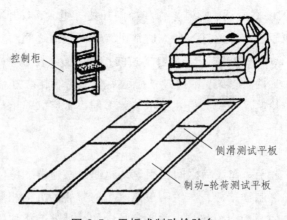

图 3-5　平板式制动检验台

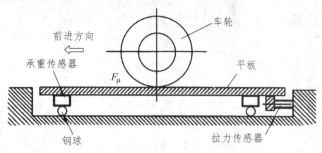

图 3-6　平板式制动试验台及工作原理

（2）工作原理

平板制动检验台是一种低速动态检测车辆制动性能的设备，其检测原理基于牛顿第二定律"物体运动的合外力等于物体的质量乘以加速度"，即制动力等于质量乘（负）加速度。检测时只要知道轴荷与减速度即可求出制动力。从理论上讲制动力与检测时车速无关，与制动后的减速度相关。

检测时汽车以 5～10 km/h（或按出厂说明允许更高）速度驶上平板，置变速器于空挡并紧急制动。汽车在惯性作用下，通过车轮在平板上附加与制动力大小相等方向相反的作用力，使平板沿纵向位移，经传感器测出各车轮的制动力、动态轮重并由数据采集系统处理计算出轮重、制动及悬架性能的各参数值，并显示检测结果。

平板式制动检验台是一种新型的制动检测设备，它利用汽车低速驶上平板后突然制动时的惯性力作用，来检测制动效果，属于一种动态惯性式制动检验台，除了能检测制动性能外，还可以测试轮重、前轮侧滑和汽车的悬架性能，故又是一种综合性检验台。

3. 四合一综合测试台

目前，许多汽车 4S 店、汽车维修厂、小型汽车检测站、汽车客运公司、教学科研单位等，配备四合一综合测试台（见图 3-7）对汽车安全性能指标进行检测，设置的主要检测项目有制动、轴重、侧滑、悬架。

图 3-7　四合一综合测试台

四合一综合测试台是滚筒反力式制动台、轴重测试台、侧滑台、悬架台 4 个测试台集中在一起的检测台。

3.1.2 基本技能

1. 实训准备

（1）着实训工作服。

（2）实训设备：车辆1台，四合一综合测试台1部。

2. 实训步骤

（1）测量前准备

① 将四合一测试台电源打开，检查设备是否正常。

② 检查滚筒表面有无泥、水、油污等，如有应清除干净。

③ 核实汽车各轴轴荷，不得超过制动检验台的允许载荷。

④ 检查汽车轮胎气压是否符合规定，清除轮胎表面的杂质。

⑤ 车内允许仅一名驾驶员。

（2）行车制动检测

① 打开测试程序，如图3-8所示，点击F7（数据库），弹出已储存信息界面。

图3-8 打开测试程序

② 点击F8（测试），进入车辆检测主界面，如图3-9所示。

图3-9 主界面

③　前轴制动检测。

a. 车辆正直居中行驶至称重台,同轴的两个车轮在称重台的中央位置,换挡杆置于空挡,踩住制动踏板,显示前轴称重结果界面,称重结束后,显示前轴称重检测结果界面,如图 3-10所示。

图 3-10　前轴轴重

b. 车辆沿纵向中心与滚筒轴线垂直方向驶入制动台,两前轮位于制动滚筒中间位置,进行制动性能测试。

c. 汽车停稳后换挡杆置于空挡位置,松刹车,如图 3-11 所示。

图 3-11　空挡、松刹车

d. 第三滚筒被车轮压下控制电动机起动,滚筒带动车轮转动,测出车轮阻滞力,如图 3-12所示。

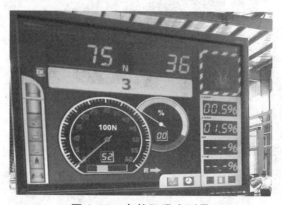

图 3-12　车轮阻滞力测量

e. 测完车轮阻滞力之后，当车轮转速达到规定车速时，开始倒计时，倒计时完之后迅速将制动踏板踩到底，如图 3-13 所示。

图 3-13　踩下制动踏板

f. 前轴测量结束后，显示前轴制动检测结束界面，如图 3-14 所示，前轮驶出制动台滚筒。

图 3-14　前轴左右制动力测量结果

④ 后轴制动检测参照前轴制动检测，测量结果如图 3-15 所示。

图 3-15　后轴制动力

（3）驻车制动检测

① 后轴制动结束后，驻车制动检测开始界面，后轮仍停在制动滚筒上。

② 再次起动电动机，滚筒带动车轮转动，当车轮转速达到规定车速时，迅速拉起驻车制动手柄，进行驻车制动。

③ 驻车制动检测结束，结果显示如图 3-16 所示，检测结束之后，车辆驶离制动台滚筒，将车停在指定位置。

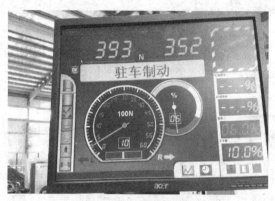

图 3-16　驻车制动测量

（4）查看检测结果

在计算机显示屏上查找数据管理看刚才测试的结果，并分析检测结果。显示屏图中某项数据显示红色，说明超出标准。

3.1.3　拓展知识

1. 刹车辅助系统的组成

刹车辅助系统主要由：防抱死刹车系统（ABS）、电子制动力分配系统（EBD）、刹车辅助系统、车身稳定控制系统（VDC）、牵引力控制系统（TCS）等组成。

2. 刹车辅助系统的主要作用

（1）用以在踩刹车的情况下，防止车轮锁死，使汽车在制动状态下仍能转向，保证汽车的制动方向稳定性，防止产生侧滑和跑偏。

（2）用于汽车制动时产生轴荷转移的不同，自动调节前、后轴的制动力分配比例，提高制动效能。

（3）判断驾驶者刹车动作，在紧急刹车时增加刹车力，缩短刹车距离。

（4）当汽车出现车轮打滑、侧倾或者轮胎丧失附着力的瞬间，在降低发动机转速的同时，有目的地针对个别车轮进行制动控制，并最终将车引入正常的行驶轨道，从而避免车辆因失控而造成的危险。

（5）通过控制驱动力的大小，来减小驱动轮轮胎的滑转率，防止磕碰，让车趋于稳定。

3. 刹车辅助系统主要采用的电子控制系统

（1）防抱死制动系统（ABS）

目前大多数轿车都装有 ABS，在遇到紧急制动时，经常需要立刻停车，但大力制动容易发生车轮抱死状况，如前轮抱死，会引起汽车失去转向能力，后轮抱死容易发生甩尾事故，等等。安装 ABS 就是为解决制动时车轮抱死的问题，从而提高制动时汽车的稳定性及较差路面条件下的汽车制动性能。

（2）电子制动力分配系统（EBD）

汽车制动时，能够根据汽车产生轴荷转移的不同，自动调节前、后轴的制动力分配比例，提高制动效能，并配合 ABS 提高制动稳定性。EBD 用高速计算机在汽车制动的瞬间，分别对各车轮轮胎附着的不同地面进行感应、计算，得出不同的摩擦力数值，使各轮轮胎的制动装置根据不同情况用不同方式和力量制动，并在行驶中不断调整，从而保证车辆的平稳和安全。

（3）牵引力控制系统（TCS）

TCS 又称循迹控制系统，当电子传感器探测到从动轮速度低于驱动轮时，就会发出信号，调节点火时间、减小节气门开度、减小油门、降挡或制动车轮，从而使车轮不再打滑。TCS 不但可以提高汽车行驶稳定性，而且能够提高加速性和爬坡能力。TCS 与 ABS 配合使用，将进一步增强汽车的安全性。

（4）电子稳定装置（ESP）

ESP 也是一种控制牵引力系统，不但控制驱动轮，而且可以控制从动轮。这一组系统通常具有支援 ABS 及 ASR（驱动防滑系统）的功能，它通过对各传感器传来的车辆行驶状态信息进行分析，然后向 ABS、ASR 发出纠偏指令，来帮助车轮维持动态平衡。

4. 刹车辅助系统的控制原理

传感器通过分辨驾驶员踩踏板的情况，识别并判断是否引入紧急刹车程序，由此该系统能立刻建立起最大的刹车压力，以达到可能的最理想的刹车效果。

5. 刹车辅助系统对车辆行驶的重要性

在紧急情况下有 90%的汽车驾驶员踩刹车时缺乏果断的处置能力，制动辅助系统正是针对这一情况而设计，它可以从驾驶员踩制动踏板的速度中探测到车辆行驶中遇到的情况，当驾驶员在紧急情况下迅速踩制动踏板，但踩踏力又不足时，此系统便会协助，并在不到 1 s 的时间内把制动力增至最大，缩短在紧急制动的情况下的刹车距离。

3.1.4 学习小结

（1）汽车制动性能是指汽车行驶时，能在短距离内停车且维持行驶方向稳定和在坡道上长时间保持停住的能力。制动性能的好坏直接关系到行车安全，性能良好和可靠的制动系统可保证行车安全，避免交通事故。同时，制动性能的好坏还影响到汽车动力性的发挥。

（2）根据国家标准 GB7258—2012《机动车运行安全技术条件》对汽车的制动性能提出的要求，汽车必须设置行车制动、应急制动和驻车制动装置，应能保证汽车行车制动、应急制动和驻车制动的其中一个或两个系统的操纵机构的任何部件失效时，仍具有应急制动的功能。

（3）汽车制动性能的评价指标主要由制动效能、制动效能的恒定性和制动时汽车的方向稳定性三个方面来评价。汽车制动性能的检测项目主要有台试和路试，其中制动又分成行车制动、驻车制动、紧急制动三个部分。

（4）制动检验台根据不同分类方法有多种类型，按检验台测量原理不同，可分为反力式和惯性式两类；按检验台支承车轮形式不同，可分为滚筒式和平板式两类；按检验台检测参数不同，可分为测制动式、测制动距离式和多功能综合式三类；按检验台测量装置至指示装置传递信号方式不同，可分为机械式、液压式和电气式三类；按检验台同时能测车轴数不同，又可分为单轴式、双轴式和多轴式三类。

3.1.5　任务分析

将被测车辆的测量结果填入表 3-6 中，并进行实验结果数据分析。

表 3-6　被测车辆的数据分析

项目		轮（轴）重/kg		最大制动力		制动率/%	不平衡率/%	阻滞率/%		单项判定	项目判定
		左	右	左	右			左	右		
制动	前轴										
	后轴										
	驻车										
	整车										

试验设备与车辆：_____　试验日期：_____　试验人员：_____　分析人：_____

3.1.6　自我评估

1. 判断题

（1）滚筒式试验台是以滚筒表面代替路面，试验时通过加载装置给滚筒施加负荷，以模拟行驶阻力，使汽车在尽可能接近于实际行驶工况下进行各项检测与试验。（　　）

（2）轮胎与路面附着系数的最大值，出现在车轮边滚边滑状态，当车轮完全抱死，在路面滑移出印痕时，附着系数反而下降。（　　）

（3）液压制动装置制动管路中有空气，不会影响制动效果。（　　）

（4）反力式试验台不能测出被测车的前后及左右各车轮的制动力。（　　）

（5）行车制动的控制装置与驻车制动的控制装置应相互独立。（　　）

（6）行车制动的制动力应在各轴之间等量分配。（　　）

（7）汽车和无轨电车行车制动必须采用双管路或多管路，当部分管路失效时，剩余制动效能仍能保持原规定值的 40%以上。（　　）

（8）当汽车经台架检测后对其制动性能有质疑时，可用规定的路试检测进行复检，并以空载路试的检测结果为准。（　　）

（9）使用台架检测车辆制动力时，当检测结果为不合格且与标准规定值之差不超过标准规定值的15%时，在对车辆不进行任何调整的情况下，应重新进行检测。（　　　）

（10）制动踏板自由行程过大可能导致汽车各车轮制动协调时间过长。（　　　）

2. 选择题

（1）汽车制动完全释放时间（从松开制动踏板到制动消除所需要的时间）不应大于（　　　）s。

    A. 0.40　　　　　　　　　B. 0.60　　　　　　　　　C. 0.80

（2）反力式滚筒实验台用来检测（　　　）。

    A. 车轮制动力　　　　　B. 驱动轮输出功率　　　　C. 制动距离

（3）通常检测制动距离采用（　　　），检测制动减速度用制动减速度仪。

    A. 第五轮仪　　　　　　B. 底盘测功机　　　　　　C. 平板检测台

（4）汽车制动效能的评价指标主要有制动力、制动距离和制动减速度等，《机动车运行安全技术条件》（GB7258—2012）规定，当（　　　）即判为合格。

    A. 3个指标中只要其中之一合格

    B. 3个指标中只要其中两个合格

    C. 3个指标全部符合要求

（5）制动协调时间包括（　　　）。

    A. 消除制动拉杆、制动鼓间隙时间

    B. 制动器作用时间阶段的全部，要求单车不超过0.6 s

    C. 制动器作用时间阶段的一部分，要求单车不超过0.6 s

（6）行车制动在产生最大制动效能时的路板力，对于乘用车不应大于（　　　）N。

    A. 500　　　　　　　　　B. 600　　　　　　　　　C. 700

（7）以下不属于台式制动性能检测项目的是（　　　）。

    A. 制动力　　　　　　　B. 制动减速度　　　　　　C. 车轮阻滞力

（8）装有ABS系统的车辆其车轮滑移率应在（　　　）的范围内。

    A. 10% ~ 15%　　　　　B. 15% ~ 20%　　　　　C. 20% ~ 25%

（9）在空载状态下，驻车制动装置应能保证机动车在坡度为20%、轮胎与路面间的附着系数不小于0.7的坡道上正、反两个方向保持固定不动，其时间不应少于（　　　）min。

    A. 3　　　　　　　　　　B. 4　　　　　　　　　　C. 5

（10）以下不属于同轴左右车轮制动力最大值差值过大故障的原因是（　　　）。

    A. 制动踏板自由行程太大　　　B. 车轮制动器故障　　　C. 制动间隙不当

4. 问答题

（1）为了保证汽车具有良好的制动性能，制动系统应满足哪些要求？

（2）台式检验汽车行车制动性能对制动力平衡和制动协调时间有何要求？

（3）什么叫车轮阻滞力？与车轮所在轴轴荷有何关系？

（4）汽车应急制动的主要技术要求有哪些？

（5）采用液压制动系统的车辆各车轮制动力均偏低的原因有哪些？

项目 4 汽车转向操纵性能检测

本项目主要学习汽车转向操纵性能的评价指标、检测方法和检测仪器设备等内容，共包括三个工作任务：任务一是汽车转向操作性能参数检测；任务二是车四轮定位参数检测；任务三是车轮侧滑量参数检测。通过三个工作任务的学习，能够正确使用性能指标评价汽车性能，能够对汽车技术状况进行检测分析，能够根据检测结果对汽车技术状况进行分级与评定。

任务 4.1 汽车转向操纵性能参数检测

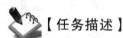 **任务情景**

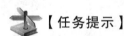 **【任务描述】**

一辆轿车来到检测站做年检，其中有一项目需要对该车的转向盘性能做检测，如何完成本项任务？

【任务提示】

利用专用转向盘性能检测仪，对该车的转向盘最大自由转动量、转向盘最大转向力、最小转弯直径和最大转向角等进项检测，标准限值按照《机动车运行安全技术条件》（GB7258—2012）、《营运车辆综合性能要求和检验方法》（GB18565—2012）中的有关规定进行评价。

 任务目标

【知识目标】

（1）掌握汽车转向盘性能参数的各项指标和检测方法。
（2）了解汽车转向盘性能检测仪器设备的基本结构与工作原理。

【能力目标】

（1）学会正确使用转向盘转向力和转向角检测仪。
（2）学会应用转向盘角检测仪、对转向盘的转向力、转向盘最大自由转动量、最大转向力、最小转弯直径和最大转向角进行检测。
（3）能根据所测得的转向盘性能参数结果进行技术分析。

4.1.1 基本知识

4.1.1.1 检测设备

1. 转向盘转向力和转向角检测仪

（1）基本结构

转向盘转向力和转向角检测仪，一般可同时测量转向盘自由转动量和作用在转向盘外缘的最大切向力。仪器结构如图 4-1 所示，由操纵盘、主机箱、传感器、连接叉和定位杆等部分组成。操纵盘由螺钉固定在三爪底板上，底板经测力传感器与连接叉相连，每个连接叉上都有一只可伸缩长度的活动卡爪，以便与被检测转向盘相连接。主机箱为一圆形结构，固定在底板中央，其内装有接口板、微机处理器、显示窗口、打印机和电池等。测力传感器也装在其中。

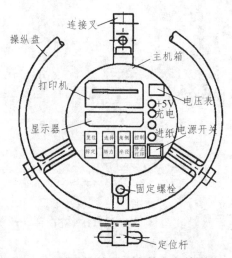

图 4-1 转向盘转向力和转向角检测仪

（2）检测原理

将转向盘测力仪的中心对准被测车辆的转向盘中心，调整好三只伸缩爪长度与转向盘连接牢固，然后转动仪器的操纵盘，此时施加于操纵盘上的转向力便通过底板、力矩传感器、连接叉传递到被测的转向盘上，使转向盘带动汽车的转向系统以实现汽车转向轮的转向。同时计算机处理器读取测力传感器输出的最大电信号，并根据转向盘的直径换算成圆周上的切向操纵力显示在主机箱的窗口，或根据需要打印出来，如果同时配用角度指针座，还可以输出转向盘的最大自由转动量。

2. 转向轮转向角检测仪

（1）基本结构

汽车转向轮转向角检测仪，俗称转角仪。全自动转角仪结构，如图 4-2 所示。机械台架分左、右两个基本测试单元，每个测试单元都能在台架的轨道上借助电动机的正反向转动或气动气缸的正反向运动而独立地左右移动，以适应不同的汽车轮距和不同的停车位置。每个测试单元上都有一个可以转动的圆盘，该圆盘可以绕圆心转动，还可以实现局部的前后左右移动，以适应车轮的偏位转动。圆盘的下方连接一个角度传感器，用来记录车轮转向的角度，从而实现对转向轮转角的检测。

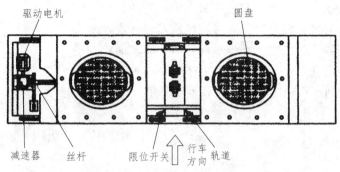

图 4-2　全自动转向角检测仪结构图

控制系统由计算机、显示器、传感器、信号处理部分及打印机等组成。主要作用是引导车辆将转向轮停在转向圆盘上，提示向左（或右）转动转向盘，同时自动采集车轮转动的角度，并可根据需要打印检测结果。

（2）工作原理

当汽车的前轮缓慢接近设备时，车轮会挡住设备前的停车定位开关，显示屏提示汽车停止前进，车轮停住。同时控制程序启动左右测试单元自动移动，分别寻找左右车轮的停止位置，并将转角圆盘分别对准左右车轮。然后，在显示屏指引下，引车员将车轮前移并停在转角圆盘上。接着，引车员向左转动方向到底，再向右转动方向到底，最后回正转向盘。在转动转向盘的过程中，计算机自动采集左右轮（内外角）最大转向角数据，并显示检测结果和保存数据。

4.1.1.2　转向盘性能参数的评价指标

1. 转向盘最大自由转动量

转向盘的最大自由转动量，是指汽车转向轮在保持直线行驶位置静止不动时，轻轻转动转向盘，使转向盘从一侧转到另一侧所转过的角度。该参数反映了转向盘转动至带动车轮转动之间所有传动部件的配合状况。转向盘的自由转动量过大，会使操纵系统反应迟缓；过小会使路面的反冲作用过大，造成驾驶员驾驶操纵不柔和，容易产生疲劳。所以，应对转向盘最大自由转动量定期进行检测、调整和维护，使其保持在规定范围之内。

2. 转向盘最大转向力

转向盘的最大转向力，是指车辆在一定的行驶条件下，作用在转向盘外缘上的最大切向力。这个检测参数主要是用来检查转向系统中各零部件的配合状况。车辆在使用过程中，由于转向装置在装配时调整不当或使用中有关零部件的磨损、变形等原因引起转向沉重，容易使驾驶员产生疲劳或使车辆操纵失控，直接影响汽车的操纵稳定性和行车安全性。

3. 最小转弯直径和最大转向角

如图 4-3 所示,在转向时,外轮转角 α 越大或轴距 L 越小时,转弯直径就越小。实际上,汽车在转向过程中,不是绕一个固定瞬时转向中心 O 转动,这是由于车辆从直线行驶进入转弯行驶时,转向轮的转角开始由零变大,然后又从大变小,直到车辆恢复直线行驶为止。从整个转向过程看,转向轮的转角是随时变化的。转向轮的最大转向角直接影响到汽车转弯直径的大小,是转向系的重要参数之一。在汽车设计时,对转向轮的最大转向角都明确作出规定。一般在车辆的使用说明书或有关技术文件中,均可查到原厂规定的转向轮最大转向角。

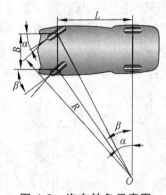

图 4-3　汽车转角示意图

O—瞬时转向中心;R—转弯半径;
α—外轮转角;L—轴距

4.1.2　基本技能

4.1.2.1　转向盘自由转动量的检测

1. 转向盘最大自由转动量的限值

根据《机动车运行安全技术条件》(GB7258—2012)规定,最高设计车速不小于 100 km/h 的机动车,其转向盘的最大自由转动量不允许大于 20°,其他机动车不允许大于 30°。

2. 转向盘最大自由转动量的检测方法

转向盘自由转动量采用专用检测仪进行检测。简易的转向盘自由转动量检测仪由刻度盘和指针组成。刻度和指针分别固定在转向盘轴管和转向盘边缘上。检测时,应使汽车两转向轮处于直线行驶位置不动,分别轻轻转动转向盘至两极端位置,指针所示刻度即为转向盘的自由转动量。

用转向盘转向力和转向角检测仪进行检测时,应使汽车转向轮保持在直线行驶位置,安装转向盘转向力和转向角检测仪。轻轻转动转向盘到一侧极限位置,调整转向角指示零位,然后把转向盘转动到另一侧极限位置,此时转向盘所转过的角度(空转的角度)就是要检测的该车转向盘最大自由转动量。

4.1.2.2　转向盘最大转向力的检测

1. 转向盘最大转向力的限值

根据《营运车辆综合性能要求和检验方法》(GB18565—2012)的规定,检测时施加于转向盘外缘的最大转向力必须符合如下要求:

(1)路试检测:汽车空载在平坦、干燥和清洁的硬路面上以 10 km/h 的速度在 5 s 之内沿螺旋线从直线行驶过渡到直径为 24 m 的圆周行驶,施加于转向盘外缘的最大切向力不得大于 150 N。

(2)原地检测:汽车转向轮置于转角盘上,转动转向盘使转向轮达到原厂规定的最大转角,在全过程中用转向力测试仪测得的转动转向盘的操纵力不得大于 120 N。

2. 转向盘最大转向力的检测方法

转向盘最大转向力的检测方法有路试检测和原地检测两种，路试检测比较接近道路实际行驶状况，但对场地、仪器及人员操作要求较高。原地检测较为简单，具有可操作性。

（1）路试检测：检测场地应选择在平坦、硬实、干燥和清洁的水泥或沥青道路上。检测时，在转向盘上安装转向盘测力仪，并将显示值窗口的数值调零，由检测员驾驶车辆，从起点以 10 km/h 的速度，在 5 s 之内从直线沿螺旋线过渡到直径为 24 m 的圆周上行驶，在这个过程中，读取施加于转向盘测力仪显示的最大切向力（或力矩），并通过公式换算出该车转向盘外缘的最大切向力。检测车辆正反两个方向转向时的转向力，取其较大值为检测结果。

（2）原地检测：将转向轮置于转角盘上，保持转向轮直线行驶位置。在汽车转向盘上安装转向盘转向力和转向角检测仪，将显示值窗口的数值调零。转动转向盘，使转向轮达到原厂规定的最大转向角，在此转向过程中，测量转动转向盘的操纵力即为最大转向力。检测时，车轮要尽量停在转角盘的中央。

4.1.2.3　转向轮最大转向角的检测

1. 转向轮最大转向角的限值

根据《营运车辆综合性能要求和检验方法》（GB18565—2012）的规定，车辆的最小转弯直径，以前外轮轨迹中心线为基线测量，其值不得大于 24 m。转向轮的最大转向角应符合原厂规定的该车有关技术条件。内外轮转角应符合一定的几何比例关系。

2. 转向轮最大转向角的检测方法

转向轮最大转向角可采用全自动转向角检测仪进行检测。具体检测操作程序如下：

（1）检测准备

① 打开设备控制系统电源，预热至规定时间。

② 车辆沿转角仪中心线，按提示行驶到预停位置，控制系统自动起动电机或气动元件，移动测试单元，并将转角盘对准当前的车轮位置。

③ 移动停止后，提示车辆直线向前行驶，停在转角仪的圆盘上。

（2）检测方法

① 根据显示屏提示，向一侧转动转向盘到极限位置，等待系统采样测取左、右车轮转向角的数值；同样，根据提示向另一侧转动转向盘到极限位置，等待系统采样测取左、右车轮的内、外转向角的数值。然后，转向盘回到中间位置。

② 在转动车轮过程中，要缓慢转动转向盘，防止车轮在转动中与转盘发生相对移动，造成测量数据不准确。

③ 检测结束，转向角检测仪转盘锁止，按照显示屏提示，车辆驶离转向角检测仪。

4.1.3　知识拓展

1. 转向盘转向力和转向角检测仪使用方法介绍

如图 4-4 所示，以 ZB-700A6 转向盘转向力和转向角检测仪为例，介绍检测仪的使用方法：

（1）测量前将本测试仪可靠的安装在被测车辆的方向盘上。安装应保证三个固定脚长度一致，并将锁紧螺栓扭紧。

（2）打开电源开关，接通电源，仪器即开始对方向盘的转矩值和转角值进行实时检测。

（3）在测试状态按"向下"键，则方向盘转矩将在显示扭矩（单位：N·m）和力值（单位：N）之间切换（注意：力值是由扭矩值和被测方向盘的直径计算得到的）。

（4）按动面板上的"最大"键，仪器将停止测试，屏幕显示本次测试过程中的转矩和转角最大值，此时可以按动"向下"键，可继续查看其他的存储值，存储数据依次为最大转矩值和相应的转角值、最大转角值时的转矩值和最大转角值以及十组用户存储值。此时可以按动"发送"键，将当前显示值由 9 针标准串口发往主机。（注意：在开始新测试前应按一下"取消"键，将上一次测试的最大值以及用户存储值取消，以免影响本次测试。）

（5）再次按动面板上的"最大"键，仪器将退出最大显示状态，继续进行正常测试。

（6）在测试过程中，可以随时按动"保存"键，将当前的测试值存储起来，总共可以存储 10 组测试数据。

（7）在测试过程中，可以随时按动"发送"键，将测试结果由 9 针标准串口发往主机（当仪器配置打印机时，该键为打印键）。

图 4-4　转向盘转向力和转向角检测仪

2. 转向操纵系统的其他要求

根据《营运车辆综合性能要求和检验方法》（GB18565—2012），对转向操纵性能提出如下要求：

（1）动力转向（或助力转向）的车辆卸载阀的工作时应符合原厂规定的该车有关技术条件。

（2）汽车应具有适度的不足转向特性，以使车辆具有正常的操纵稳定性。

（3）转向轮转向后应能自动回正，在平坦、硬实、干燥和清洁的道路上行驶不得跑偏，其转向盘不得有摆振或其他异常现象。

（4）转向盘应转动灵活，操纵方便，无阻滞现象。车轮转向过程中不得与其他部件有干涉现象。

（5）转向节及臂，转向横、直拉杆及球销应无裂纹和损伤，并且球销不得松旷。对车辆进行改装或修理时，横直拉杆不得拼焊。

转向节及臂，转向横、直拉杆及球头销是转向机构的重要部件，一旦损坏将使转向操纵失灵而导致重大恶性事故。所以必须经常检查，除外观检查这些部件是否有裂纹或损坏、装配是否松旷外，还应用探伤仪检查各部件内部是否有砂眼、气泡或其他损伤。发现故障，要及时排除，以确保车辆运行安全。

4.1.4 学习小结

（1）汽车转向盘性能参数检测操纵性评价指标有：转向盘最大自由转动量、转向盘最大转向力、车辆最小转弯直径和转向轮最大转向角。标准限值采用《机动车运行安全技术条件》（GB7258—2004）、《营运车辆综合性能要求和检验方法》（GB18565—2012）中的有关规定。

（2）转向盘的最大自由转动量，是指汽车转向轮在保持直线行驶位置静止不动时，轻轻转动转向盘，使转向盘从一侧转到另一侧所转过的角度。转向盘的最大转向力，是指车辆在一定的行驶条件下，作用在转向盘外缘上的最大切向力。

（3）汽车转向时，从瞬时转向中心到前外轮轮辙中心线的距离即为转弯半径，两倍转弯半径即为转弯直径。车辆的转弯直径越小，车辆转弯时所需场地面积就越小，机动性就越好。在转向时，外轮转角越大或轴距越小时，转弯直径就越小。对某定型汽车而言，轴距是一个定值，因此，在外轮转向角达到最大值时，转弯直径最小。

4.1.5 任务分析

根据汽车转向盘性能参数检测试验，在表4-1中填写试验数据。

表4-1 汽车转向盘性能参数检测

次数	试验车辆	检测仪型号	转向盘转向力	转向角	允许限值	结论
1						
2						
3						
平均						

试验设备与车辆：_____ 试验日期：_____ 试验人员：_____ 分析人：_____

1. 转向盘自由转动量和转向力检测结果分析

转向盘自由转动量是评价转向是否灵敏、操纵是否稳定的指标，转向盘操纵力是评价转向盘转动是否灵活、轻便的量化指标。如转向盘自由转动量超过规定要求，在行驶中，要用较大幅度转动转向盘，才能控制车辆的行驶方向，且在直线行驶时感到行驶不稳定；转向盘操纵力大，即转向沉重，会增加驾驶员的劳动强度，影响行车安全。

转向盘最大自由转动量大于允许限值，说明转向系统存在故障。

转向盘自由转动量过大的故障现象：转向轮保持直线行驶位置静止不动时，转向盘左右转动的游动角度过大。

转动盘自由转动量过大的故障原因：转向系统的齿轮啮合间隙调整不当；转向器齿轮箱安装不良；转向器齿轮磨损；转向轴万向节磨损；横拉杆连接处磨损等。

诊断与排除方法：架起汽车转向轮，左右转动转向盘，当用力转动时，拉杆才同步运动，说明拉杆球节连接处磨损而旷量过大；若拉杆不动，则说明转向器齿轮的磨损过大。

主要有以下几方面的原因：

（1）转向机齿轮、转向机传动轴花键套、转向节十字轴及轴承、转向系传动机构球头及球头销等严重磨损、松旷。

（2）转向机紧固螺栓、转向节连接或 U 形螺栓、转向盘中心螺栓等松动。

（3）转向机内摇臂轴齿轮啮合间隙过大。

（4）转向机摇臂轴与摇臂的安装、磨损松旷等。

转向盘最大转向力大于允许限值时，称为"转向沉重"，主要有以下几种原因：

（1）转向系统传动部件润滑不良，传动部件锈蚀。

（2）横、直拉杆的球头与球头销磨损严重或配合间隙调整不当（过紧或过松）。

（3）转向机内部齿轮啮合间隙过小。

（4）转向轮定位参数值发生变化，如后倾角变大、前束值变小等。

（5）车桥、车架或车身发生严重变形，或传动杆件在运动中有干涉现象。

（6）转向轮的轮胎气压不足等。

2. 转向轮最大转向角检测结果分析

转向轮的最大转向角应符合原厂规定的有关技术条件，内、外轮转向角应符合一定的几何比例关系。如果转向轮的最大转向角小于原厂的规定值，会影响汽车转向时的机动性能，影响行车安全。

转向轮最大转向角过大或过小，一般是转向轮限位螺钉调整不正确造成的。转向轮的最大转向角在车辆二级维护时应予检查、调整。

4.1.6 自我评估

1. 判断题

（1）前左、前右减振器弹簧刚度不一致会造成转向盘自由转动量过大。　　　（　　）

（2）前轮最大转向角左右应相等。　　　（　　）

（3）前稳定杆变形会造成转向沉重。　　　（　　）

（4）转向拉杆的球头销与球头座配合过紧会造成转向沉重的故障现象。　　（　　）

（5）左右轮胎气压不一致会造成转向盘自由转动量过大。　　　（　　）

2. 选择题

（1）根据国家标准《机动车运行安全技术条件》（GB7258—2012）规定，最高设计车速不小于 100 km/h 的机动车，转向盘的最大自由转动量不允许大于（　　）。

A. 20°　　　　　　　　B. 30°　　　　　　　　C. 15°

（2）转向轮轮胎气压不足容易引起（　　）故障。

    A. 自动跑偏　　　　　　　B. 转向沉重　　　　　　　C. 前轮摆振

（3）转向系统的齿轮啮合间隙调整不当会造成（　　）故障。

    A. 转向盘自由转动量过大　　B. 自动跑偏　　　　　　　C. 前轮摆振

3. 填空题

汽车转向系统常见故障有转向盘自由转动量过大_____、_____、前轮摆振等。

任务 4.2　汽车四轮定位参数检测

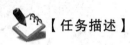 任务情景

【任务描述】

一辆轿车来到检测站做年检，其中有一项目需要对该车的车轮定位参数进行检测，如何完成本项任务？

【任务提示】

利用车轮定位仪专用检测设备，对该车的前轮前束、前轮外倾角、主销内倾角、主销后倾角、后轮前束和后轮外倾角等参数进行检测，标准限值按照《机动车运行安全技术条件》（GB7258—2004）、《营运车辆综合性能要求和检验方法》（GB18565—2012）中的有关规定进行评定。

 任务目标

【知识目标】

（1）掌握汽车车轮定位参数的各项指标和检测方法。

（2）了解汽车车轮定位检测设备的基本结构与工作原理。

【能力目标】

（1）学会正确使用四轮定位仪。

（2）学会应用四轮定位仪对汽车前轮前束、前轮外倾角、主销内倾角、主销后倾角、后轮前束和后轮外倾角等项目进行检测。

（3）能根据车轮定位参数要求，对检测结果进行技术分析，调整汽车前后轴相关参数。

必备知识

4.2.1 基本知识

4.2.1.1 四轮定位仪的分类

车轮定位仪是专门用来测量车轮定位参数的设备,目前车轮定位仪均为电脑式四轮定位仪,分为拉线式、PSD式、CCD式、3D图像式等。它们都应用计算机技术和精密传感技术,由装在车轮上的传感器将车轮定位角的几何关系转变成电信号输入计算机进行处理、分析和判断,然后由显示器显示,并经打印机打印输出。

拉线式、PSD式和CCD式四轮定位仪的主要区别是用于测量车轮前束等水平方向的定位角度传感器的形式不同,拉线式采用电阻式角位移传感器,PSD采用光电位置传感器,CCD则是数字图像传感器。而3D图像式四轮定位仪是采用图像识别技术,用数码相机采集装在车轮反光板上的图像信息,以测量出车轮的相对精度,车轮前后移动,由数码摄像头采集信息,求出其坐标和角度。

按照通信方式的不同,电脑式四轮定位仪可分为有线式和无线式。无线式又分红外线和蓝牙通信两种形式。有线式采用电缆传输,传输稳定可靠,但使用不方便,电缆线易被拉、压、折损。红外线传输使用方便,因其有方向性且容易受到强光或因操作人员走动遮挡而干扰,传输距离有很大局限性,信号传输不太稳定。蓝牙技术是一种短距离无线通信技术,传输效率高,通信稳定可靠,使用方便,寿命长,并且具有极强的抗干扰能力,在100 m内不受任何方向限制,并能穿透障碍进行定位数据传送。

4.2.1.2 四轮定位仪的结构

CCD式四轮定位仪(以元征X-631四轮定位仪为例)由主机、传感器探杆、轮辋夹具、轮夹挂架、转角盘、转向盘固定架、制动踏板固定架等组成,外形如图4-5所示。

图4-5 四轮定位仪

主机是用户的一个操作控制平台，由机柜、计算机、接口电路、电源等部分构成。计算机部分包括工控机、显示器、键盘、鼠标、打印机等。

四轮定位仪配有4个传感器探杆，分别为左前传感器探杆（FL）、左后传感器探杆（RL）、右前传感器探杆（FR）、右后传感器探杆（RR），如图4-6所示。每个传感器探杆的端部和中部各装一个CCD传感器，中部装有一个射频发射接收器。CCD传感器把获取的光点坐标无线传输给计算机系统，由计算机系统进行处理。

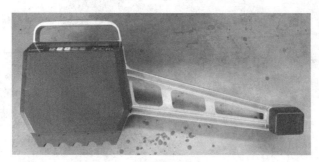

图4-6 传感器探杆

每个传感器探杆的中部有一操作面板，分为LCD显示区域和按键操作区域，如图4-7所示。

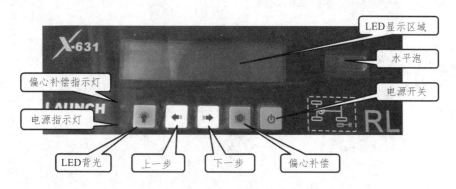

图4-7 传感器操作面板

四轮定位仪配有4个轮辋夹具，如图4-8所示。使用时首先需通过调节旋钮将卡爪的间距调整合适，再与汽车轮辋相连。通过调节旋钮使轮夹与汽车轮辋紧密相连，为了安全起见，必须采用夹具绑带把夹具与轮辋连接起来。轮辋夹具装配正确与否同测试结果有很大关系。在装配轮辋夹具时，须使卡爪避开轮辋上配重铅块处，同时务必使4个卡爪与轮辋充分接触。

图4-8 轮辋夹具

四轮定位仪配有 2 个转角盘，如图 4-9 所示。转角盘放置于举升机的汽车前轮位置处，车辆驶入前，用锁紧销将转角盘锁止，防止其转动；汽车驶入后，松开锁止销。在测试中，要尽量使汽车前轮正对转角盘中心位置。

图 4-9　前轮转角盘

四轮定位仪还配有转向盘固定架、制动踏板固定架，如图 4-10 所示。在测试中，需根据提示要求安装转向盘固定架和制动踏板固定架，以保证测试过程中汽车车轮方向不会发生变化，同时使汽车不会发生前后移动的现象。

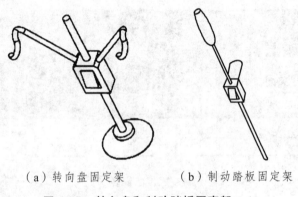

（a）转向盘固定架　　　　　　（b）制动踏板固定架

图 4-10　转向盘和制动踏板固定架

4.2.1.3　四轮定位仪的工作原理

四轮定位检测是通过装在被检测汽车 4 个车轮上的 4 个传感器总成，分别发射出红外光束，在车身四周构成一个封闭的矩形红外线辐射体，当车轮带动传感器总成改变角度后，使红外光束发生变化，变化的信号被输入计算机进行处理，各个车轮的定位参数最后被计算出并在屏幕上显示。

目前的四轮定位仪普遍采用红外 8 束、16 传感器封闭测量的方法，即每个传感器总成内都装有 2 个红外发射管、2 个位置传感器和 2 个倾角传感器。位置传感器采用红外线光学测量系统，用于测量水平方向的定位角，如前束、推力角、轴距差、轮距差等；倾角传感器分外倾角传感器和主销内倾角传感器，外倾角传感器能直接测量车轮中性面的倾角，用于车轮外倾角和主销后倾角的测量，主销内倾角传感器则通过测量车轮平面绕转向节轴线的相对转角，计算出主销内倾角的大小。

各种类型的四轮定位仪测量原理是一致的，只是传感器的类型、测量方法及数据记录与传输方式不同。下面以目前主流的 CCD 式四轮定位仪，介绍四轮定位仪的工作原理。

1. 数据采集部分

数据采集主要由 4 个传感器总成来完成，传感器总成内装有 2 个 CCD 传感器、2 个红外发射管和 2 个倾角传感器，其中 CCD 传感器分别感应与其相对的红外发射管的图像，由于 CCD 传感器的图像反映了其自身和与其对应的红外发射管的相互关系，通过 8 个 CCD 传感器的图像可以计算出 4 个轮辋的相互关系，如图 4-11 所示。以 CCD 传感器的图像计算出的 4 个车轮相互关系为基准，再加上 2 个倾角传感器测量的倾角，即可确定车轮的所有定位参数。

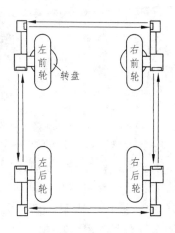

图 4-11　CCD 传感器数据采集
示意图

2. 数据传输部分

数据传输部分是数据采集部分与数据处理部分的连接装置，主要通过蓝牙无线通信技术传输数据。蓝牙通信技术是一种开放的低成本、短距离无线连接技术，是可以实现一对多通信的技术，4 个传感器总成采集的参数值可通过蓝牙无线通信技术传给数据处理部分。

3. 数据处理部分

数据处理由四轮定位仪主机部分完成，主机部分包括工业控制计算机、电源及接口电路，它可以通过专用软件实现对四轮定位仪的操作，同时可以对数据进行处理，并与原厂设计参数进行对比，指导操作者对车轮定位参数进行调整，最后打印检测结果。

四轮定位仪需要把检测结果与原厂标准数据进行对比，指导操作者进行车轮定位参数调整，因此，四轮定位仪的数据库含有上万种车型的四轮定位数据，对于数据库未包含的车型，可以扩充新的车型及相应的车轮定位数据。

4.2.1.4　3D 图像式四轮定位仪简介

3D 图像式四轮定位仪即三维成像四轮定位仪，它应用高精密度三维成像技术和计算机图像处理技术实现非接触测量，是目前最先进的四轮定位系统。

3D 图像式四轮定位仪将多个高分辨率的图像传感器安装在定位仪主机上，而装夹在车轮上的测量机头仅是一个反光板，其上有若干个规定大小的反光斑。图像传感器由一个半导体激光发射器和一个 CCD 摄像机组成，如图 4-12 所示。CCD 摄像机又是由成像物镜和面阵 CCD 组成。半导体激光发射器发出的光经柱面镜单方向拉伸形成一个光平面打在装夹在车轮上的反光板上，反光板的图像成像在 CCD 摄像机的像平面上。经过图像采集卡采集，送入计算机形成数字图像。

图 4-12　3D 图像式四轮定位仪

　　3D 图像式四轮定位仪是通过前后移动汽车，传感器机头随车轮转动，然后用 CCD 图像传感器拍摄装在车轮的机头（即多点反光板）随车轮滚动和转向的空间运动图像，如图 4-13 所示。由计算机三维图像处理技术对空间运动图像进行处理和坐标变换，通过比较传感器机头的起始位置和终点位置图像，计算出每个车轮的转动轴线，直接计算出车轮前束角、车轮外倾角。通过左右转动转向盘，系统比较两个不同的位置，测量车轮转动轴线，直接计算主销内倾角和主销后倾角。

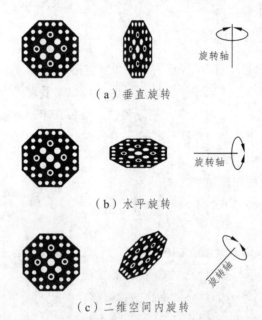

图 4-13　反光板随车轮转动时的空间运动图像

　　3D 图像式四轮定位仪具有以下主要特征：

　　（1）普通的定位仪的测量机头精密而又复杂，使用中如有磕碰，轻者会降低精度，重者会导致损坏。3D 图像式四轮定位仪机头是用有机玻璃制成，没有任何传感器和电路，不会因精密电子元件损坏而重新校准，并且机头和定位仪主机间无电缆连接。

（2）由于是测量车轮的转动轴线，所以轮辋的好坏和机头的安装是否准确都不影响测量精度。不需要进行测量机头的水平调整和轮辋偏摆补偿。

（3）检测速度较快，工作效率高。在定位操作时，将汽车开上举升器，前轮停在转盘上。然后操作人员将测量机头安装在车轮上。两个专门设计的高分辨率摄像头安装在定位仪主机两侧，对准车身两侧车轮上的测量机头，确定测量机头的三维空间位置。操作人员按提示安装制动踏板固定器，然后需将汽车向后推动一定距离，显示器屏幕上显示"停止"，再将汽车向前推回转盘上原来位置即可。通过这样简单的位置移动，直接测量出前束角和外倾角。然后通过左右转动转向盘，直接测出主销后倾角和主销内倾角。通过上述操作，整个汽车的定位状态的所有测量数据汇总显示在显示器屏幕上，并可通过打印机打印出来。

4.2.2 基本技能

4.2.2.1 准备工作

1. 车辆准备

（1）车辆空载，所有车轮必须安装同一规格轮胎，轮胎磨损程度要一致，轮胎气压符合规定，如图4-14所示。

（a）　　　　　　　　　（b）　　　　　　　　　（c）

图4-14　轮胎规格、磨损程度、气压检测

（2）将车辆举升到工作高度，并锁止举升机。检查悬架、减振器。如图4-15所示，检查车身有无明显倾斜，减振器有无漏油，螺栓有无松动，橡胶衬套或缓冲块有无破损。

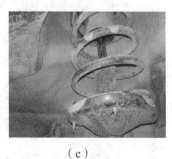

（a）　　　　　　　　　（b）　　　　　　　　　（c）

图4-15　检查悬架、减振器

（3）转向盘自由行程应符合要求，轴承间隙正常，底盘各球头及衬套应无松动。

（4）如图4-16所示，将汽车缓慢开上举升机，前轮停在转角盘中心，后轮置于滑板上，拉紧驻车制动器，在后轮前后放置车轮楔。汽车驶入前用锁紧销锁止转角盘，防止其转动。

图4-16　驶入升降机

2. 仪器准备工作

（1）安装轮辋夹具。如图4-17所示，将4个轮辋夹具装在车轮上，并旋转手柄以锁紧轮辋夹具。根据实际情况将卡爪固定在轮辋外圈或内圈，卡爪深浅应一致，并尽量避免卡在变形比较大的区域。

（2）安装传感器。如图4-18所示，将4个红外线传感器装在相应的夹具上锁紧。松开传感器水平锁紧悬钮。

（3）打开机箱总电源开关。如图4-19所示，确认计算机显示器、主机已经连接好信号线和电源线，打开计算机主机开关，在运行自检程序之后，显示器显示四轮定位仪检测程序主界面。

图4-17　安装轮毂夹具　　　图4-18　安装传感器　　　图4-19　打开电源开关

4.2.2.2　检测步骤

1. 选择车型、车辆规定的定位参数

进入检测程序，根据汽车的厂牌、车型和年份，在车型索引目录中，选出被检测车辆原厂规定的四轮定位技术参数。如果没有该车型，可查找使用说明书或相关技术资料，然后，通过计算机输入该车型的有关四轮定位技术数据，并存盘保存。

2. 进行偏心补偿

（1）转动转向盘，使车轮平直，用转向盘固定架固定转向盘，松开驻车制动器，然后用举升机举起车身，使车轮悬空并可以自由旋转。

（2）分别调整4个传感器水平。

（3）依次对左前、右前、左后、右后车轮做偏心补偿。

（4）抽出转角盘及滑板的定位销，落下车身。

3. 调整传感器及车身状态

（1）用力按压车身，然后迅速放开，使车身和车轮处于完全自由状态。

（2）如图 4-20 所示，将前轮转到正直向前位置，调整传感器的水平泡，并锁紧。

（3）踩下制动踏板，使车轮制动，并用制动踏板抵杆顶住制动踏板。

图 4-20　左（右）转角提示

4. 校准转向盘

根据计算机屏幕提示，如图 4-21 所示，依次向左（右）转动转向盘至仪器规定的角度（10°或 20°），每次停留 3 ~ 5 s。

5. 得出检测参数结果

转向盘回正，计算机屏幕显示各车轮的检测参数值，如图 4-21 所示。

（a）前轴测量　　　　　　（b）后轴测量　　　　　　（c）主销测量

图 4-21　检测参数值

6. 分析数据

根据前后轮测试数据分析四轮定位参数的情况，与车辆技术资料进行比较，判断是否需要调整。

4.2.2.3　调整车轮定位参数

（1）检测结果不符合规定，需要调整时，应先锁止转向盘，再进行调整。

（2）调整时，各车轮定位参数值的变化在屏幕上显示。直至调整到该车型规定的技术要求范围之内。

4.2.3　知识拓展

5D 图像式四轮定位仪，如图 4-22 所示。

图 4-22　5D 图像式四轮定位仪

　　5D 四轮定位仪采用图像识别技术测量,是目前最先进的四轮定位系统,该设备顶部仪器把全车数据扫描传到云端,通过多台电脑计算出数据,更快更精准。左右共有五个相机,其中四个相机一对一,监控四轮上四标靶。采集数据更清晰,数据运算更精确。适用于任何举升设备,使用双柱,调车工位高度不受限制。相机视域自由调节,对超长、超宽、超窄车辆都可以测量。机头侧面第五个相机监测对面机头上的小标靶,可实时监控水平变化,达到智能水平补偿,无需标定。

4.2.4　学习小结

1. 学习重点

　　(1)车辆在使用中,由于车架、车轴、转向机构的变形与磨损,将改变原有参数值,致使车轮定位失准,正确的车轮定位参数,是车辆具有良好的转向操纵性能,保持直线行驶能力及避免车身振动、减少机件磨损的保证。车轮定位参数一般包括:前轮前束、前轮外倾角、主销内倾角、主倾后倾角、后轮前束和后轮外倾角等。

　　(2)侧滑是指由于前束与车轮外倾角配合不当,在汽车行驶过程中,车轮与地面之间产生一种相互作用力,使车轮处于边滚动边滑动的状态。如果让汽车驶过可以在横向自由滑动的滑板,由于存在上述作用力,滑板将产生横向滑动。

2. 注意事项

　　(1)定位前检查车辆悬挂装置,车轮轴承、转向系统等没有不允许存在的缝隙和损坏。

　　(2)一个车桥上轮胎胎纹深度最多允差 2 mm,轮胎充气压力符合规定。

　　(3)将车辆安置在定位举升器上,车辆应倒入举升器,车辆中心与举升器和转盘中心重合。

　　(4)检查定位参数时,应与车辆规格相符。

　　(5)应严格按定位仪显示步骤进行操作,不允许省略,轮胎检测的有关内容应按要求输入仪器。

（6）各论定位参数（前束、外倾角）的调整应符合各车型"维修手册"的要求，对检测不符合规定要求的应进行调整（原车不能调整的除外）。

（7）定位参数的调整方法应符合各车型"维修手册"的要求。

（8）定位结果应予以保存和打印。

4.2.5　任务分析

1. 定位失准的现象及原因

汽车车轮定位失准，表现为转向轮振动、转向盘发抖、行驶跑偏、转向盘自动回正能力减弱、转向沉重轮胎异常磨损、燃油消耗增加等。车轮定位失准的原因很多，主要是不按时、按规定进行维护，造成各运动部件配合面的严重磨损、松旷；其次是事故碰撞、车桥、车架、转向系统杆件变形；还有相关零部件变形，装配或调整不正确等。

2. 保持车轮定位正确的方法

（1）要定期维护，检查车轮定位值并及时进行调整。

（2）正确驾驶车辆，不要用力去急、猛扳动转向盘，要避免高速冲过凹凸路面。

（3）注意车轮、车桥、车身不能碰撞障碍物。

（4）更换车轮和轮胎后，要及时重新检测、调整车轮定位。

3. 检测结果

根据四轮定位仪检测结果，将显示屏显示的数据填入表 4-2～4-4 中，并对检测结果数据进行车辆技术状况分析，被测车辆不合格项目进行调整达到车辆四轮定位的技术要求。

（1）主销测量与调整

表 4-2　主销测量

（2）前轮轴测量与调整

表 4-3　前轴测量

（3）后轮轴测量与调整

表 4-4　后轴测量

试验设备与车辆：＿＿＿＿＿　试验日期：＿＿＿＿＿　试验人员：＿＿＿＿＿　分析人：＿＿＿＿＿

4.2.6　自我评估

1. 判断题

（1）前轮定位不正确，尤其是前束与外倾配合不正确会引起轮胎异常磨损。　　（　）

（2）车轮定位检测时，车轮外倾角可以直接测得，而主销后倾角和主销内倾角是间接测量的。　　（　）

（3）转向轮定位失准会造成自动跑偏。　　（　）

（4）有些汽车，尤其是轿车不仅具有前轮定位，还具有后轮外倾角和后轮前束等定位参数。　　（　）

（5）汽车前轮前束测量时，一定要找正直线行驶位置，在检测过程中能转动转向盘。（　）

（6）车轮定位检测时应保证前后轮胎气压及胎面磨损基本一致。　　（　）

2. 选择题

四轮定位仪不具备（　　）的特点。

A. 升级方便　　　　　　　　B. 提示调整　　　　　　　　C. 自动调整

3. 填空题

（1）四轮定位仪是专门用来测量车轮定位参数的设备，电脑式四轮定位仪分＿＿＿＿＿、
＿＿＿＿＿、＿＿＿＿＿、＿＿＿＿＿等。

（2）四轮定位仪主要检测项目有＿＿＿＿＿、＿＿＿＿＿、＿＿＿＿＿、＿＿＿＿＿、轮距、轴距、
推力角和左右轴距差等。

4. 问答题

（1）电脑四轮定位仪是如何分类的？

（2）汽车何时需进行车轮定位检测？

任务 4.3　车轮侧滑量检测

任务情景

【任务描述】

一辆轿车来到检测站做年检，其中有一项任务是需要对该车的车轮侧滑量进行检测，如何完成本任务的检测？

【任务提示】

利用专用车轮侧滑量检测仪器设备，对该车车轮侧滑量的大小和方向进行检测，标准限值按照 GB7258—2012《机动车运行安全技术条件》、GB18565—2012《营运车辆综合性能要求和检验方法》中的有关规定进行评定。

任务目标

【知识目标】

（1）掌握汽车车轮侧滑量参数的各项指标和检测方法。
（2）了解汽车车轮侧滑量检测仪器设备的基本结构与工作原理。

【能力目标】

（1）学会正确使用侧滑检测台。
（2）学会应用侧滑检测台对车轮侧滑量的大小和方向进行检测。
（3）能根据车轮侧滑量参数检测结果并进行技术分析。

必备知识

4.3.1　基本知识

4.3.1.1　侧滑概述

1. 车轮侧滑的定义

转向车轮在向前滚动时将会产生横向滑移现象。

2. 侧滑量

侧滑量是指汽车在没有外加转向力的条件下，低速直线行驶通过检验台时，滑板向内或向外的横向位移量与滑板的纵向长度之比值，以 m/km 表示。

3. 侧滑的危害

转向沉重、操纵困难、增加驾驶员的劳动强度影响行车安全。

4. 主要原因

前轮外倾角和前轮前束参数定位不准。

4.3.1.2　侧滑检测台

侧滑检验台是使汽车在滑动板上驶过时，用测量滑动板左右移动量的方法来测量车轮侧滑量的大小和方向，并判断是否合格的一种检测设备。

1. 常见侧滑检测台及其结构

常见侧滑检测台有双板联动式侧滑检验台和单板式侧滑检验台。

（1）双板联动式侧滑检验台

双板联动式，侧滑检验台由机械部分、测量装置、指示装置等几部分组成，如图 4-23 所示。机械部分结构包括：左右滑板、双摇臂杠杆机构、回位装置、导向和限位装置等。左右两块滑板分别支撑在各自的滚轮上，每块滑板与其连接的导向轴承在轨道内滚动。两块滑板通过中间的双摇臂杠杆机构相连，保证两块滑板同时向内或向外运动。滑板长度有 500 mm、800 mm 和 1 000 mm 三种，滑板越长精度越高。

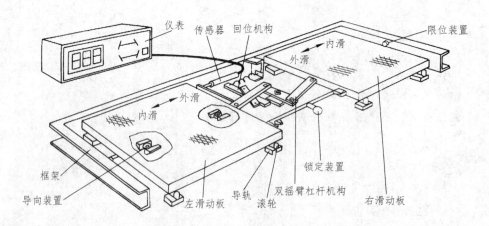

图 4-23　双板联动式侧滑检验台

汽车侧滑检验台实物，如图 4-24 所示。侧滑检验台滑板的位移量通过测量装置测取。目前，常用的测量装置有两种，一种是电位计式，另一种是差动变压器式。

图 4-24 汽车侧滑检验台实物

电位计式的测量装置,如图 4-25 所示。将一个可调电阻安装在侧滑检验台底座上,其滑动触点通过杠杆机构与滑板连接,在电位计两端输入一定的电压,当电位计的滑动触点随滑板移动时,触点的输出电压随位移量而变化,通过指示装置可读取对应于滑板的位移量。

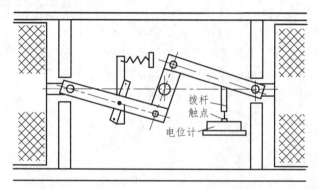

图 4-25 电位计式测量装置

差动变压器式测量装置,如图 4-26 所示。由滑板带动位移传感器的拨杆产生位移,传感器输出与位移量成正比的电压量,并传给指示装置。差动变压器是将测量信号的变化转化成线性互感系数变化的传感器,它的结构如同一个变压器,由初级线圈、次级线圈、铁芯等几部分组成。在初级线圈输入电压后,次级线圈即感应输出电压,滑板移动时引起铁芯的移动,从而引起线圈互感系数的变化,此时的输出电压随之作相应的变化。

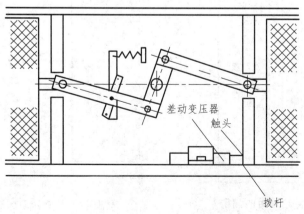

图 4-26 差动变压器式测量装置

（2）便携式单板侧滑检验台

便携式单板侧滑检验台，其结构如图 4-27 所示。在上下滑板之间装有滚棒，从而可以使得滑板沿横向（左右方向）自由滑动，但纵向不能移动，当被测车轮从上滑板上通过时，车轮的侧滑通过轮胎与上滑板间的附着作用传递给上滑板，使上滑板左右横向滑动，通过杠杆机构带动指针偏转，从而在刻度尺上显出侧滑量的大小和方向，为了防止滚动棒滑出上下板之外，在上下滑板间设有滚棒保持架和导轨。当车轮通过上滑板后，在复位弹簧的作用下，上滑板重新回位。

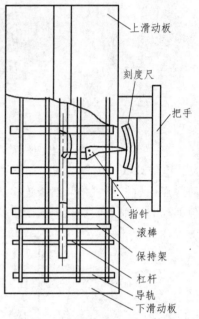

图 4-27　便携式单板侧滑检验台

2. 侧滑检验台的检测原理

（1）转向轮前束引起的侧滑

假设转向轮的外倾角为零，让只有前束的转向轮向前驶过，在滚动过程中转向轮力图向内侧收拢，但因受到车桥的约束，在实际滚动过程中，车轮不可能真正向内侧收拢。如果让带有前束的转向轮驶过只能横向移动的滑板，滑板在左右转向轮作用力的推动下，分别向外侧移动，如图 4-28 所示。

其单边转向轮的外侧滑量为：$S_t = (L' - L)/2$。

（2）转向轮外倾角引起的侧滑

假设转向轮的前束为零，让只有外倾角的转向轮向前驶过，在滚动过程中转向轮力图向外侧张开，但因受到车桥的约束，在实际滚动过程中，车轮不可能真正向外侧张开。如果让带有外倾角的转向轮驶过只能横向移动的滑板，滑板在左右转向轮作用力的推动下，分别向内侧移动，如图 4-29 所示。

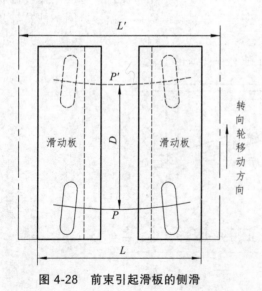

图 4-28　前束引起滑板的侧滑

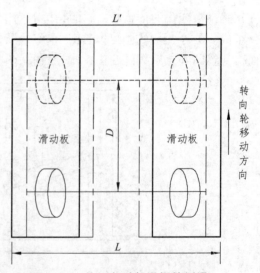

图 4-29　外倾角引起滑板的侧滑

其单边转向轮的内侧滑量为：$S_t = (L'-L)/2$。

（3）转向轮前束和外倾角同时作用引起的侧滑

转向轮在前束和外倾角的共同作用下通过滑板时，由前束和外倾角引起的侧滑作用相反，总的侧滑量为两者的代数和。侧滑现象是左右转向轮共同引起的，侧滑量规定为每个车轮侧滑量的平均值。

侧滑检验台就是应用上述滑板原理来检测转向轮侧滑量的。按照有关标准，在检测转向轮侧滑量的大小及侧滑方向时，规定侧滑检验台的滑板向外侧移动为正，滑板向内侧移动为负。

4.3.2 基本技能

4.3.2.1 转向轮横向侧滑量的限值

根据《机动车运行安全技术条件》（GB7258—2012）的规定，汽车（三轮汽车除外）的车轮定位应符合该车有关技术条件，车轮定位值应在产品使用说明书中标明。对前轴采用非独立悬架的汽车，其转向轮的横向侧滑量，用侧滑台检验时侧滑量值应在 ±5 m/km。

4.3.2.2 转向轮横向侧滑量的检测方法

以双板联动式单板侧滑检验台为例，介绍其检测程序。

1. 检测准备

（1）接通电源前，应先检查仪表指针的机械零位（数码显示的除外）是否正常；接通电源后，打开滑动板锁止装置，拨动滑板，查看仪表的显示零位是否正常。

（2）如图 4-30 所示，清扫并检查侧滑台前后路面上，应无油污、石子、泥污等杂物。

（3）如图 4-31 所示，清扫并检查侧滑台滑板，应无油污、石子、泥污等杂物。

图 4-30　清扫并检查试验场地　　　　图 4-31　清扫并检查侧滑台滑板

（4）如图 4-32 所示，检查车辆轮胎气压、花纹深度，应符合规定值，胎面保持清洁。

2. 检测方法

（1）如图 4-33 所示，将汽车对正侧滑检验台，并使转向盘处于正中位置。

（a）检测轮胎气压　　　　　（b）花纹深度　　　　　（c）清洁胎面

图 4-32　检查清洁轮胎

图 4-33　汽车正对侧滑台

（2）使汽车沿台板上的指示线以 3～5 km/h 车速平稳前行，如图 4-34 所示，在行进过程中，不允许转动转向盘。

图 4-34　平稳通过检测台

（3）转向轮通过台板时，测取横向侧滑量的最大值。

（4）记录侧滑值，侧滑板向外侧滑动，侧滑量记为负值，侧滑板向内滑动，侧滑量计为正值。

3. 注意事项

（1）超过侧滑台允许轴重的汽车，不得驶上侧滑台。

（2）汽车通过侧滑检验台时，不允许使用制动器，不得转动转向盘，不得急加速（或减速）。

（3）禁止汽车在滑动板上停留及起步。

（4）侧滑台不使用时，要锁止滑动板，防止人为因素引起滑板晃动损坏测量机件。

4.3.3 知识拓展

4BKWS 型平板式检测试验台是一种多用途、高效率的汽车、变型拖拉机检测设备，如图 4-35 所示，它由制动测试板、侧滑板、传感器、操作控制柜等组成，能一次完成制动力、悬架性能、侧滑等多个项目的检测。其优点是在车辆运动过程中进行测试，能正确反映车辆实际运动性能。

图 4-35 4BKWS 型平板式检测试验台

1. 4BKWS 型平板式检测试验台有关测试技术要点

（1）测试时，制动板上不允许有任何重物。否则车辆称重将大于车辆实际重量，导致车辆称重不正确，从而影响测试结果。

（2）保持制动板清洁，无油污、砂粒等杂物。因为有杂物，制动板磨损系数就会发生改变，引起车轮与制动板的摩擦力发生变化，由于制动时车轮与制动板的摩擦力等于制动传感器受到的水平方向的拉力，从而导致检测误差。

（3）车辆要正对制动板，车轮的前进方向要与制动板在同一直线上，不能有角度，车速应控制在 5～10 km/h。如果车速低于 5 km/h，就会超越传感器响应范围，而车速高于 10 km/h，车辆在制动时易冲出制动板。从实际检测情况来看，由于部分驾驶员对车速把握不准，使车速过低，致使车辆制动力等检测数据大大降低。

（4）一定要待车轮驶上四个制动板后再踩制动。如果车轮尚未驶上四个制动板上就踩制动，将导致制动力迅速下降，出现制动力测试误差。

（5）车辆驾驶员踩制动时，一定要采取急刹车，即"一脚踩死"，不能采用"踩两脚"等不正确的制动方法，否则车辆制动力测试不准确。

（6）踩完制动，待车辆停稳后再抬脚放开制动，同时身体要尽量保持平稳。这是因为车辆悬架性能的测试，是利用制动时车辆重心的偏移，由轴重传感器采集到动态轴重的变化信息，然后反馈到计算机后得出的，如果身体晃动，就会使车辆重心偏移，从而影响悬架性能的测试精度。

（7）测试手制动时，一定要待操作控制柜的显示器上的显示"手制动测试"时，再立即拉手刹。提前或滞后拉手刹，皆会由于错过了计算机程序的原定设计最佳时段，而导致手制动测试结果失准。

2. 4BKWS 型平板式检测试验台常见故障与排除

（1）开机后，显示器上无任何显示或显示乱码。需检查电源线是否接好、显示器接头是否松动、显示卡是否松动，机柜内灰尘过多要及时消除。

（2）开机后，没有出现主界面，而直接进入标定界面，并显示红条。需先检查显示器背后的接头是否松动，再检查红条对应的传感器，传感器线缆接头如有松动要紧固、线缆损坏要及时修复。

（3）打印机不工作。需检查打印机是否缺纸、打印机电源是否接通、打印机电缆连接是否正确。

4.3.4 学习小结

（1）车辆在使用中，由于车架、车轴、转向机构的变形与磨损，将改变原有参数值，致使车轮定位失准，正确的车轮定位参数，是车辆具有良好的转向操纵性能，保持直线行驶能力及避免车身振动、减少机件磨损的保证。车轮定位参数一般包括：前轮前束、前轮外倾角、主销内倾角、主倾后倾角、后轮前束和后轮外倾角等。

（2）转向操纵性能指标的检测方法，依据《机动车运行安全技术条件》（GB7258—2012）、《营运车辆综合性能要求和检验方法》（GB18565—2012）中的有关规定。

（3）汽车的转向操纵系统在使用中，由于磨损、变形或事故损坏，会造成系统部件的配合发生改变，使转向操纵性能变差，影响汽车行驶安全。当检测参数值偏离规定值时，应及时查找、分析其影响因素，找出故障原因并予以排除，提高检测的合格率。

4.3.5 任务分析

1. 按照国家标准检测汽车侧滑量

运用四位一体汽车检测线侧滑台检测汽车侧滑量，将检测数据填写入表 4-5 中，并判定是否合格。

表 4-5 制动侧滑性能检测

车辆型号	国标规定侧滑量	检测的侧滑量	判断是否合格

试验设备与车辆：＿＿＿ 试验日期：＿＿＿ 试验人员：＿＿＿ 分析人：＿＿＿

按国家标准（GB7258—2012）《机动车运行安全技术条件》的规定：用侧滑试验台检测前轮侧滑量，其值不超过 5 m/km。

2. 侧滑量超标的原因及现象

转向轮横向侧滑量与车轮外倾角和前束的匹配有关，如果检测结果超出允许的限值，大多数情况下是车轮前束值发生变化，与外倾角不能匹配所致。车轮前束失准，过大或过小都将引起轮胎偏磨，影响轮胎使用寿命。如果向外侧滑超标（侧滑值为"＋"），表明前束过大，会引起车轮外侧轮胎磨损严重；如果向内侧滑超标（侧滑值为"－"）表明前束过小，车轮内侧轮胎磨损加快。

3. 车轮侧滑的调整

对前轴采用非独立悬架的汽车，车轮外倾角通常不可调整，只能通过调整前束值，将侧滑量调整到允许范围内。车轮前束的大小可通过改变转向梯形机构横拉杆长度来调整。调整时，须先松开横拉杆锁紧螺母，然后转动套管，使横拉杆向两端伸长或缩短。

4.3.6　自我评估

1. 判断题

（1）转向轮某一侧的前稳定杆、下摆臂变形，会造成自动跑偏。　　　　　　（　　）

（2）当转向轮为正前束时滑板将向外侧滑移。　　　　　　　　　　　　　（　　）

（3）滑板式侧滑检验台，除测量前轮侧滑量以外，还可检测外倾角是否正确。（　　）

（4）如调整横拉杆长度，调整前束无法使侧滑量正常，则说明前轴变形。　（　　）

2. 选择题

（1）汽车转向轮的横向侧滑量主要受（　　　）的影响。

　　A. 转向轮外倾角

　　B. 转向轮前束值

　　C. 转向轮外倾角及转向轮前束值

（2）利用侧滑检验台检测侧滑量是一种（　　　）检测法检测车轮定位参数。

　　A. 动态　　　　　　　　B. 静态　　　　　　　　C. 动静结合

（3）根据国家标准《机动车运行安全技术条件》（GB7258—2012）规定，对前轴采用非独立悬架的汽车，其转向轮的横向侧滑量，用侧滑台检验时侧滑量值应在（　　　）。

　　A. 3 ~ 5 m/km　　　　　B. ± 5 m/km　　　　　C. ± 3 m/km

（4）汽车侧滑台可检测汽车（　　　）。

　　A. 轮胎气压是否符合规定

　　B. 前束是否符合规定

　　C. 转向角是否符合要求

3. 填空题

（1）汽车转向操纵性能的检测参数一般包括_____、_____、最小转弯直径和_____，转向轮横向侧滑量和车轮定位值等。

（2）汽车侧滑试验台可分析_____和_____的匹配状况。

4. 问答题

（1）汽车转向操纵性能的评价指标有哪些？

（2）汽车转向轮横向侧滑量的限值是如何规定的？

（3）汽车前轮摆振的主要原因有哪些？

项目5 汽车悬架特性和车轮动平衡检测

本项目主要学习汽车悬架特性和动平衡相关的检测知识内容，共分为两个检测任务：任务一为悬架特性检测，任务二为车轮动平衡检测。通过这两个任务的学习，掌握汽车悬架特性和动平衡检测的标准和检测方法，会利用检测设备对它们进行检测，并对检查的结果进行分析，掌握基本的调整或维修方法。

任务 5.1 悬架特性检测

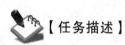

【任务描述】

有一辆汽车，车主反映汽车驾驶过程中方向有发飘感，曲线行驶时难以控制，车身长时间的振动。维修人员经初步诊断判断是悬架出现问题，建议车主进行悬架性能的检测，找出故障原因并排除。

【任务提示】

在熟悉悬架构造原理的基础上，利用悬架检测台对悬架性能进行检测，对比诊断参数标准确定故障原因，并排除故障。

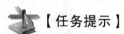

【知识目标】

（1）熟悉汽车悬架特性的评价指标及检测原理。
（2）掌握汽车悬架特性的检测方法。
（3）了解汽车悬架检测台的结构和工作原理。

 【能力目标】

（1）学会正确使用汽车悬架检测台。
（2）学会应用汽车悬架检测台进行相关项目的检测。
（3）能对汽车悬架特性检测结果进行分析。

必备知识

5.1.1 基本知识

5.1.1.1 汽车悬架特性的评价指标

汽车悬架装置是将车身与车轴弹性连接的部件，通常由弹性元件、导向装置和减振器三部分组成，如图 5-1 所示。其主要功能是：缓和由路面不平引起的振动和冲击，以保证汽车具有良好的平顺性；迅速衰减车身和车桥的振动；传递作用在车轮和车身之间的各种力和力矩；保证汽车行驶时必要的安全性和操纵稳定性。

图 5-1 悬架装置的组成

汽车悬架装置的弹性元件或减振器损坏后，会使悬架装置的角刚度减少，增加了高频非悬架质量的振动位移，使车轮和道路的接触状态变坏。车轮作用在地面的接地力减少，大振幅的车轮振动甚至会使车轮跳离地面。因此，悬架装置性能损坏的汽车，不仅影响汽车行驶的平顺性，也会使汽车的操纵稳定性下降，汽车的行驶安全性变坏。

汽车悬架装置的工作性能可以用悬架效率或吸收率（又称车轮接地性指数）来表征，即被测汽车共振时的最小动态车轮垂直载荷与静态车轮垂直载荷的百分比值。

5.1.1.2 悬架装置检测台的结构原理

汽车悬架装置工作性能的检测方法有经验法、按压车体法和检测台检测法。

1. 经验法

经验法是指通过人工外观检视的方法，主要从外部检查悬架装置的弹簧是否有裂纹，弹簧和导向装置的连接螺栓是否松动，减振器是否漏油、缺油和损坏等项目。

2. 按压车体法

按压车体法既可以人工按压车体，也可以用检测台的动力按压车体，如图 5-2 所示，按压使车体上下运动，观察悬架装置、减振器和各部件的工作情况，凭经验判断其技术状况。检测台检测法是利用检测台快速检测、诊断悬架装置工作性能，并进行定量分析。

120

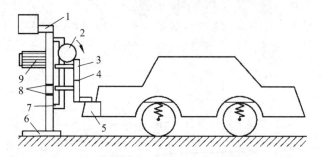

图 5-2　按压车体法试验台

1—支架；2—凸轮；3—推杆；4，8—光脉冲测量装置；5—汽车保险杠；
6—水平导轨；7—垂直导轨；9—电动机

3. 悬架装置检测台

根据激振方式的不同，悬架装置检测台可分为跌落式、共振式两种类型。其中，共振式悬架检测台根据采用传感器的不同，又可分为测力式和测位移式。

（1）跌落式悬架装置检测台

跌落式悬架检测台的结构，如图 5-3 所示。在测试开始时，先通过举升装置将汽车升起一定高度，然后突然松开支撑机构，车辆下落后自由振动，这时可用测量装置测量车体振幅或者用压力传感器测量车轮对台面的冲击压力，对振幅或压力进行分析处理后，评价汽车悬架装置的性能。

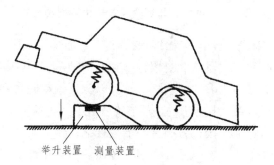

举升装置　测量装置

图 5-3　跌落式汽车悬架检测台

（2）共振式悬架装置检测台

共振式悬架检测台主要由机械部分和电子控制系统两部分组成，其中机械部分由框架和左右两套相同的振动系统构成，如图 5-4 所示。

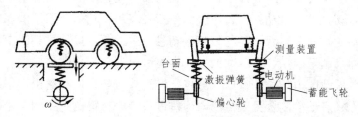

测量装置
台面
激振弹簧
电动机
偏心轮
蓄能飞轮
ω

图 5-4　共振式悬架检测台

（3）共振式悬架装置检测台的结构与测试原理

共振式悬架装置检测台机械部分结构，如图 5-5 所示，图中所示为检测台单轮支承结构。每套振动系统由上摆臂、中摆臂、下摆臂、台面、弹簧、驱动电机、飞轮和传感器构成。

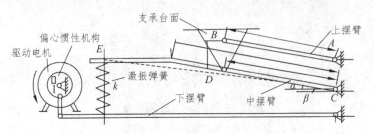

图 5-5　共振式悬架检测台单轮支承结构简图

目前，共振式悬架检测台采用的传感器有两种：一种是测力式传感器，测量振动衰减过程中力的变化；另一种是测位移量式传感器，测量振动衰减过程中台面上下位移量的变化。测力式和测位移式悬架装置检测台结构，如图 5-6 所示。

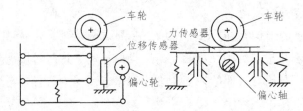

图 5-6　测力式和测位移式悬架检测台结构

为保证车轮与台面共同振动时，能始终保持垂直受载的水平面上下移动，在台体上设计有上摆臂、中摆臂和下摆臂，并通过 3 个摆臂轴和 6 个轴承安装在箱体上。上摆臂和中摆臂与支承台面连接，构成平行四边形的四连杆机构，以保证振动时台面的上下运动。中摆臂和下摆臂端部之间装有弹簧。驱动电动机的一端装有飞轮，另一端装有凸缘，凸缘上有偏心轴，连接杆一端通过轴承和偏心轴连接，另一端和下摆臂端连接。

电子控制系统主要由计算机、传感器、A/D 转换器、电磁继电器及控制软件等组成。控制软件不仅实现对悬架检测台动作程序的控制，同时也对悬架检测台所采集的数据进行分析和处理，并最终将检测结果显示和打印出来。

检测时将汽车驶上支承台面，启动测试程序，首先由一侧的电动机带动偏心机构使整个台面系统振动，激振数秒后，带动停在该侧台面上的汽车悬架装置产生振动，待激振系统的振动稳定后，系统电源自动关闭。此后，旋转着的惯性飞轮所储存的能量开始释放，带动车轮悬架系统继续振动。由于电动机旋转产生的激振频率比车轮悬架系统的固有频率高得多，因此，在飞轮振动能量逐渐衰减到零的扫频振动过程中，总可以扫描到汽车悬架装置的固有频率处，而使台面汽车悬架系统产生共振。通过检测台的测量传感器，将此振动过程的振动频率和振动幅度或振动压力信号传输给计算机，经计算机处理后，给出汽车悬架装置的性能评价。用同样的方式启动检测台另一侧的电动机进行激振，得出另一侧车轮的检测结果，最终评价出该车悬架装置性能的好坏，并打印出检测报告和振动曲线。

5.1.2　基本技能

5.1.2.1　悬架特性的检测方法

1. 准备工作

（1）检测轮胎规格、胎压应符合规定值。

（2）电脑主机与显示器连接好，打开电脑控制柜总电源和控制程序电源，启动主机，进入测试程序。

2. 检测步骤

采用四合一检测线中悬架检测台，按以下方法进行检验：

（1）将车辆前轴车轮驶上悬架装置检测台，并使轮胎位于检测台面的中央位置。

（2）程序启动，测量前轴轮重（静态轮荷），仪器显示前轴轴重，如图 5-7 所示。

（3）启动悬架装置检测台左电机，如图 5-8 所示。使汽车悬架产生振动，增加振动频率并超过振动的共振频率；当振动频率超过共振点后，将电机关断，振动频率衰减并通过共振点；测量共振时的最小动态轮荷，计算并显示左前悬架效率，如图 5-9 所示。

图 5-7　前轴轴重

图 5-8　悬架检测台左电机启动

（4）启动悬架装置检测台右电机，如图 5-10 所示。使汽车悬架产生振动，增加振动频率并超过振动的共振频率；当振动频率超过共振点后，将电机关断，振动频率衰减并通过共振点；测量共振时的最小动态轮荷，计算并显示右前悬架效率，如图 5-11 所示。

图 5-9　左前悬架效率

图 5-10　悬架检测台右电机启动

（5）将车辆后轴车轮驶上悬架装置检测台，重复以上过程，测得后轴的悬架效率，如图 5-12 所示。

图 5-11　右前悬架效率

图 5-12　后轴悬架效率

（6）测试结束后，车辆驶离试验台，在测量结果中可显示前、后轴的悬架效率，如图 5-13 所示。

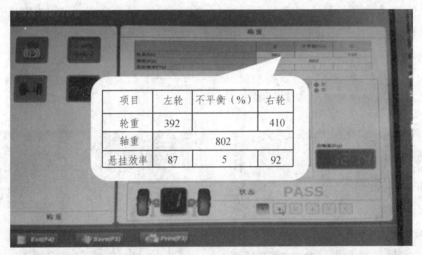

项目	左轮	不平衡（%）	右轮
轮重	392		410
轴重		802	
悬挂效率	87	5	92

（a）前悬架效率结果显示界面

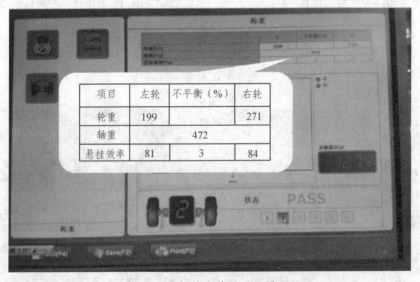

项目	左轮	不平衡（%）	右轮
轮重	199		271
轴重		472	
悬挂效率	81	3	84

（b）后悬架效率结果显示界面

图 5-13　前、后悬架效率结果显示界面

5.1.2.2　悬架特性检测的诊断标准

《营运车辆综合性能要求和检验方法》（GB18565—2001）中规定，对于最大设计车速不小于 100 km/h，轴质量不大于 1 500 kg 的客车，其轮胎在激励振动条件下测得的悬架吸收率应不小于 40%，同轴左、右轮悬架吸收率之差不得大于 15%。

车轮接地性指数可以反映出悬架装置的工作性能，它表明了悬架装置在汽车行驶中确保车轮与路面相接触的最小能力。汽车行驶中，所有车轮的接地性指数是不一样的，这是由于各车轮悬架装置的工作性能不一样，或承受负荷不一样，或轮胎气压不一样，或路面冲击不一样等原因造成的。如果在检测台上，人为使各车轮的轮胎气压、承受的负荷和台面冲击做到一致，那么，车轮与地面的作用状态就主要决定于悬架装置的工作性能。因此，完全可以用车轮接地性指数来评价汽车悬架装置的工作性能。

在欧美一些国家，悬架装置检测台已被广泛应用在检测汽车悬架装置工作性能上。欧洲使用的悬架装置检测台主要的生产厂家有德国的 HOFMANN 公司和意大利的 CEMB 公司等。他们生产的悬架检测台在检测中，悬架检测台台板连同其上的被检汽车按正弦规律垂直振动，激振振幅固定，振动频率变化。力传感器感应到车轮作用到台板上的垂直力，并将力信号存入存储器。当对全车所有车轮悬架装置检测完后，微机将力信号进行分析和处理，便可获得车轮的接地性指数。

欧洲减振器制造协会（EUSAMA）推荐的评价车轮接地性指数的参考标准如表 5-1 所示，可供我国检测悬架装置工作性能时参考。

表 5-1　车轮接地性指数参考标准

车轮接地性指数/%	车轮接地状态	车轮接地性指数/%	车轮接地状态
60 ~ 100	优	20 ~ 30	差
45 ~ 60	良	1 ~ 20	很差
35 ~ 45	一般	0	车轮与路面脱离

需要指出的是，表中的车轮接地性指数是在悬挂装置检测台台面振幅为 6 mm 时测得的，这也是大部分悬挂装置检测台使用的激振振幅。表中的参考标准适用于大多数汽车，但非常轻的小轿车和微型车例外。这是因为这一类汽车的其中一个轴（一般为后轴）的两个车轮接地性指数非常低，而它们的悬挂装置是正常的。

5.1.2.3　悬架特性检测结果分析

悬架特性检测结果满足标准规定的限值，评定为合格；不满足标准规定的限值，评定为不合格。对不合格的车辆应进行调试、修理，直至检测合格为止。

在悬架系统中，起主要作用的部件是减振器。减振器是最容易发生故障的元件，因而减振器的性能对汽车行驶平顺性和操纵稳定性的影响很大。试验表明，大约 1/4 的汽车至少有一个减振器工作不正常。而有故障的减振器，在行驶中会使车轮轮胎有 30%的路程接地力减少，甚至不与地面接触。这样会造成汽车在行驶中方向发飘，特别是曲线行驶时难以控制；制动时容易跑偏和侧滑；车身长时间的振动影响乘坐舒适性；加重车轮轴承、轴头、轴头螺母、转向拉杆、稳定杆等部件的过载现象。

对在悬架装置检测中不合格的车辆，其可能的故障原因有：

（1）减振器内部的轴磨损，内部阀片损坏，各密封处漏油，导致减振功能失效。

（2）减振器外部的紧固螺栓磨损、松动、脱落。

（3）减振用螺旋弹簧弹性降低，疲劳或折断，造成早期损坏。

（4）悬架系统各连接部件磨损、松动。

5.1.3 拓展知识

平板式悬架装置检测台，如图 5-14 所示。

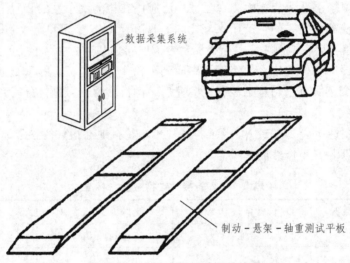

图 5-14 平板式悬架装置检测台

平板式不仅能够检测悬架的特性，还可以检测汽车的轴重、制动性能和车轮侧滑量。这种试验台主要由几块测试平板、传感器和数据采集系统等组成。一般由四块制动-悬架-轴重测试用平板及一块侧滑测试板组成。数据采集系统由力传感器、放大器、多通道数据采集板等组成。

该试验台结构简单、运动件少、用电量少、日常维护工作量小，提高了工作可靠性。测试过程与实际路试条件较接近，能反映车辆的实际制动性能，即能反映制动时轴荷转移带来的影响，以及汽车其他系统（如悬架结构、刚度等）对汽车制动性能的影响。该试验台不需要模拟汽车转动惯量，较容易将制动试验台与轮重仪、侧滑仪组合在一起，使车辆测试方便且效率高。但这种试验台存在测试操作难度较大、对不同轴距车辆适应性差、占地面积大、需要助跑车道等缺点。

检测时，被测汽车以一定的速度驶上测试平板，驾驶员用力踩下制动踏板，使车轮在测试平板上制动并停住。制动时由于车轮产生振动，使前后车轮动态负荷相对于静态负荷发生变化，再利用平板上的力传感器测出车轮的动静态负荷，计算悬架效率，从而得出悬架装置的特性。

5.1.4　学习小结

1. 任务重点

（1）汽车悬架特性的评价指标为"悬架效率或吸收率"。用悬架装置检测台检测时，受检车辆的车轮在受外界激励振动下测得的吸收率（被测汽车共振时的最小动态车轮垂直载荷与静态车轮垂直载荷的百分比值）应不小于 40%，同轴左右轮吸收率之差不得大于 15%。

（2）汽车悬架装置检测台按激振方式不同可分为跌落式悬架装置检测台和共振式悬架装置检测台两种，应用较多的是共振式悬架装置检测台。

（3）依据《营运车辆综合性能要求和检验方法》（GB18565—2001）中的规定，用共振式悬架装置检测台检测时，将车轮依次静止停放在台面上，启动检测程序，激振器工作，带动汽车悬架产生振动，当振动频率超过系统共振点后，关闭激振源，系统振动频率自然衰减（降低），在通过系统共振点时测取最小动态载荷。

（4）影响汽车悬架装置性能的因素有很多，但主要因素是减振器的工作性能，其次是车轮与车身连接部件的性能。

（5）悬架特性检测结果满足标准规定的限值，评定为合格；不满足标准规定的限值，评定为不合格。对不合格的车辆应进行调试、修理，直至检测合格为止。

2. 注意事项

（1）被检车辆轮胎规格、胎压应符合规定值，车辆空载，驾驶员应离车。

（2）将车辆每轴车轮驶上检测台，轮胎应位于台面的中央位置。

（3）通过试验台时速度不能过高，检测过程中，应注意有无异常现象，如异响、异常震动。

（4）应定期检查电脑控制柜里面的接线，清理各线路板上的灰尘，以防短路。

（5）定期给悬架装置内各轴承加注润滑油，台面定期进行清洁维护，不能把水弄到试验台内。

5.1.5　任务分析

1. 检测数据

将悬架检测结果填入表 5-2 中。

表 5-2　悬架检测数据表

项目	左轮	不平衡（%）	右轮
前轴轮重			
前轴重			
悬挂效率			
后轴轮重			
后轴重			
悬挂效率			
车型			

试验场地：_____　　试验日期：_____　　试验人员：_____　　填表人：_____

2. 思考分析

（1）悬架检测的标准值是多少？根据上表的检测数据，分析被测车型的悬架性能是否符合要求？

（2）悬架检测不符合标准的原因是什么？

5.1.6 自我评估

1. 判断题

（1）最大设计车速大于等于 100 km/h 的车辆，应检测其悬架特性。　　　　（　　）

（2）悬架特性只能用悬架装置检测台进行检测。　　　　（　　）

（3）悬架装置性能损坏的汽车，不仅影响汽车行驶的平顺性，也会使汽车的操纵稳定性下降，汽车的行驶安全性变坏。　　　　（　　）

（4）更换悬架的螺旋弹簧时，要同时更换左右两个螺旋弹簧。　　　　（　　）

（5）汽车悬架装置的工作性能可以用车轮接地性指数表征。　　　　（　　）

2. 选择题

（1）汽车悬架检测台主要用于测试汽车（　　）的性能。

　　A. 弹性元件　　　　　　　　B. 导向装置　　　　　　　　C. 减振器

（2）进行悬架特性检验时，所测得的"吸收率"是指（　　）。

　　A. 最小动态车轮垂直载荷与静态车轮垂直载荷的百分比值

　　B. 最大动态车轮垂直载荷与静态车轮垂直载荷的百分比值

　　C. 静态车轮垂直载荷与最小动态车轮垂直载荷的百分比值

（3）用悬架装置检测台检测时，受检车辆的车轮在受外界激励振动下测得的吸收率应不小于 40%，同轴左右轮吸收率之差不得大于（　　）。

　　A. 10%　　　　　　　　B. 15%　　　　　　　　C. 20%

3. 填空题

（1）汽车悬架装置是汽车行驶系统的一个重要装置，是将车身与车轴弹性连接的部件，通常由弹性元件、＿＿＿＿＿＿和＿＿＿＿＿＿三部分组成。

（2）汽车悬架装置工作性能的检测方法有＿＿＿＿＿、＿＿＿＿＿和悬架检测台检测法。

（3）共振式悬架检测台采用的传感器有两种形式：一种是＿＿＿＿＿＿传感器，测量振动衰减过程中力的变化；另一种是＿＿＿＿＿＿传感器，测量振动衰减过程中台面上下位移量的变化。

4. 问答题

（1）悬架特性的检测标准是什么？。

（2）悬架特性的检测方法是什么？

任务 5.2　车轮动平衡检测

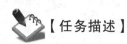 **任务情景**

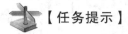 **【任务描述】**

有一辆汽车，车主反映汽车在高速行驶中，车轮出现上下跳动和摆动现象。维修人员经初步诊断为车轮平衡出现了问题，建议车主进行车轮动平衡的检测，找出故障原因并予以排除。

 【任务提示】

在熟悉车轮构造原理的基础上，利用车轮动平衡机对车轮进行检测，对比诊断参数标准，确定故障原因并予以排除。

任务目标

【知识目标】

（1）熟悉汽车平衡的概念及检测原理。

（2）掌握车轮动平衡的检测方法。

（3）了解车轮动平衡机的结构与工作原理。

【能力目标】

（1）学会正确使用车轮动平衡机。

（2）学会应用车轮动平衡机进行检测。

（3）能对车轮动平衡检测结果进行分析。

5.2.1 基本知识

随着道路质量的提高和高等级公路及高速公路的出现，汽车行驶速度越来越快，因此对车轮的平衡度要求越来越严格。如果车轮不平衡，则在其高速行驶时，不平衡质量将引起车轮上下跳动和前后窜动，甚至由于陀螺效应导致转向轮摆振。车轮动不平衡不仅影响汽车行驶平顺性、乘坐舒适性和操纵稳定性，而且车辆难以控制，也影响了汽车行驶的安全性。此外，还会加剧轮胎及有关机件的磨损和冲击，缩短了汽车的使用寿命，增加了汽车运输成本。因此，车轮平衡问题越来越引起人们的注意。车轮动平衡已成为汽车底盘技术性能检测的重要项目之一。

5.2.1.1 车轮平衡的概念

车轮的平衡可分为车轮静平衡和车轮动平衡。

1. 车轮静平衡

支起车轴，调整好轮毂轴承松紧度，用手轻轻转动车轮，使其自然停转。车轮停转后在离地最近处做一标记，然后重复上述试验过程多次。若车轮经几次转动自然停转后，所做标记的位置各不一样，或强迫停转后，消除外力车轮也不再转动，则车轮为静平衡。若车轮的旋转中心与车轮中心重合，则为车轮静平衡。如果每次试验的标记都停在离地最近处，则车轮为静不平衡。静不平衡的车轮，其旋转中心与车轮中心不重合，由于存在着不平衡质量，在旋转时会产生离心力，如图 5-15 所示。

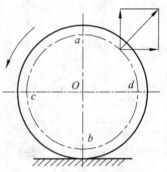

图 5-15 车轮的静不平衡

离心力 F 可分解为一个水平分力 F_x 和一个垂直分力 F_y。车轮每转动一周，垂直分力 F_y 在通过车轮旋转中心垂直线的 a、b 两点时达到最大值，且方向相反，引起车轮上下跳动，对于转向轮由于陀螺效应还可导致转向轮摆振；而水平分力 F_x 在通过车轮旋转中心水平线的 c、d 两点时达到最大值，且方向相反，易引起车轮前后窜动，对于转向轮，它将产生绕主销来回摆动的力矩，造成转向轮摆振。当左、右转向轮的不平衡质量相互处于 180° 位置时，转向轮摆振最为严重，从而影响汽车行驶的操纵稳定性。

车轮静不平衡检测时，不考虑不平衡质量在车轮宽度上的分布，只将车轮视为无厚度的旋转圆盘。

车轮静不平衡检测原理，如图 5-16 所示。

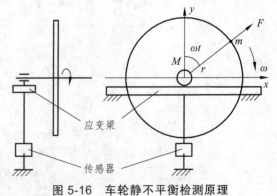

应变梁

传感器

图 5-16 车轮静不平衡检测原理

假设不平衡质量 m 集中在 r（轮辋半径）处。检测时，车轮以角速度 ω 旋转，产生离心力 F，而 F 在应变梁 y 方向上产生应变力，导致应变梁产生应变。理论分析表明，应变梁产生的应变正比于车轮的不平衡力。因此，通过图中传感器检测应变梁产生的最大应变就可确定车轮的不平衡力，从而测得不平衡质量 m，而依据最大应变产生的时刻，则可测得不平衡质量的位置。

2. 车轮动平衡

静平衡的车轮，若车轮的质量分布相对于车轮纵向中心面而不对称，则该车轮为动不平衡，如图 5-17 所示。在图中，车轮是静平衡的，在该车轮旋转轴线的径向反位置，各作用半径相同、质量相等的不平衡点 m_1 和 m_2，且不处于同一平面。对于这样的车轮，其不平衡点的离心力合力为零，但离心力构成的合力矩却不为零。因而，在车轮转动时，由离心力作用而产生的方向反复变动的力矩 M，使车轮处于动不平衡中。若转向轮动不平衡，则车轮转动时，由于力矩 M 的作用，将会造成转向轮绕主销摆振。若在 m_1 和 m_2 同一作用半径相反的方向上分别配置相同质量，则力矩消失，车轮会处于动平衡，如图 5-18 所示。动平衡的车轮肯定是静平衡的，因此对车轮主要进行动平衡试验。

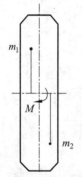
图 5-17　车轮的动不平衡示意图

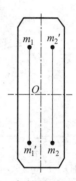
图 5-18　车轮的动平衡示意图

车轮动不平衡检测原理，如图 5-19 所示。设车轮不平衡质量为 m_1 和 m_2，并集中在轮辋

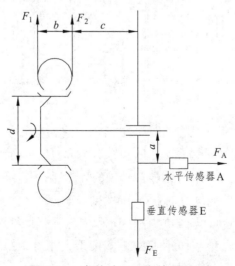
图 5-19　车轮动不平衡检测原理

边缘处，车轮转动时，由 m_1 和 m_2 引起离心力 F_1 和 F_2，水平传感器 A 和垂直传感器 E 感受的支反力分别为 F_A 和 F_E，根据传感器处的动反力来求出两校正面（轮辋两边缘）上离心力 F_1、F_2，而根据 F_1、F_2 来确定两校正面所需的平衡块质量和安装方位。

5.2.1.2 车轮平衡机的结构原理

1. 车轮平衡机的类型

车轮平衡机按功能可分为车轮静平衡机和车轮动平衡机；按车轮平衡机转轴的形式可分为软式车轮平衡机和硬式车轮平衡机；按测量方式可分为离车式车轮平衡机和就车式车轮平衡机。离车式车轮平衡机检测精度高，应用较为广泛；就车式车轮平衡机检测时不需要拆下车轮，一般用于汽车综合性能检测站。

2. 离车式车轮平衡机的结构

离车式车轮平衡机按其主轴布置形式分为立式平衡机（见图 5-20）和卧式平衡机（见图 5-21）。

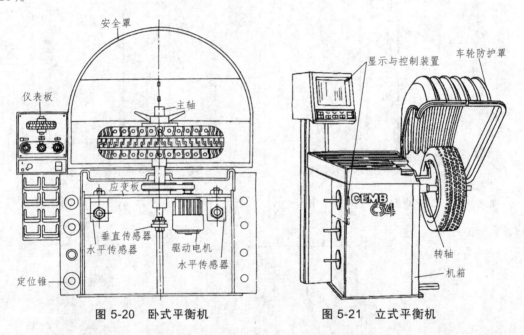

图 5-20　卧式平衡机　　　　　　图 5-21　立式平衡机

目前应用最多的是卧式平衡机，如图 5-22 所示，它一般由驱动装置、转轴与支承装置、显示与控制装置、制动装置、机箱和车轮防护罩等组成。转轴由两个滚动轴承支承，每个轴承均有一能将动反力变为电信号的传感器。转轴的外端通过锥体和大螺距螺母等固装于被测车轮。专用卡尺如图 5-23 所示，用来测量轮辋宽度。车轮平衡的平衡重也称配重，目前通常使用两种形式：卡夹式配重，如图 5-24（a）所示，它用于大多数轮辋有卷边的车轮；对于铝镁合金轮辋，因无卷边可夹，则可使用粘贴式配重，如图 5-24（b）所示，其外弯面有不干胶粘贴于轮辋内表面。

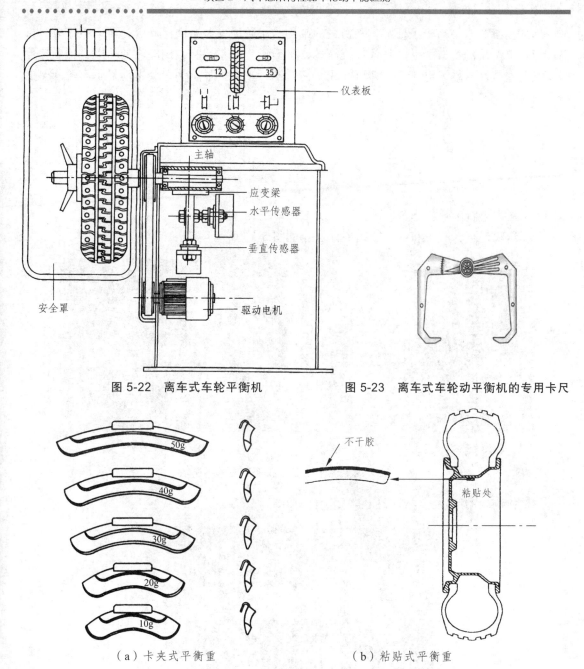

图 5-22　离车式车轮平衡机　　　　　图 5-23　离车式车轮动平衡机的专用卡尺

（a）卡夹式平衡重　　　　　　　（b）粘贴式平衡重

图 5-24　离车式车轮动平衡机的专用卡尺

　　显示与控制装置多为计算机式，具有自诊断和自动控制系统，能将传感器的电信号通过计算机运算、分析、判断后显示出不平衡量及相位。

　　为了使显示的不平衡量恰是轮辋边缘所加平衡块的质量，还必须将测得的轮辋直径 d、轮辋宽度 b 和轮辋边缘至平衡机机箱的距离 a（轮辋外悬尺寸），通过键盘或选择器旋钮输入计算机。

　　离车式车轮平衡机按动平衡原理工作，既可以检测不平衡力，也可用于测定不平衡力矩。

车轮拆离车桥装于平衡机主轴上，平衡机的结构与车轮的安装基准已确定，所以不需要自标定过程。平衡机的构造和电测系统都较简单，平衡操作时只要将被测车轮的轮辋直径和轮胎宽度以及安装尺寸输入电测电路即可完成平衡检测，平衡机显示装置会自动显示车轮两侧的不平衡质量及其相应位置。

5.2.2 基本技能

5.2.2.1 准备工作

（1）从车上拆下被检车轮。

（2）清除泥土、石子和拆下旧的平衡块，如图 5-25 所示。

（a）清除泥土、石子　　　　　　　（b）拆下旧的平衡块

图 5-25　清除泥土、石子和拆下旧的平衡块

（3）检测轮胎胎压，应符合标准要求值，如图 5-26 所示。

图 5-26　胎压检测

5.2.2.2 车轮动平衡的检测方法

（1）根据轮辋中心孔的大小选择锥体，如图 5-27 所示。装上被测车轮，用大螺距螺母紧固，如图 5-28 所示。

图 5-27　定位锥体

图 5-28　锁紧被测车轮

（2）用平衡机上的标尺测量轮辋边缘至机箱距离 a，用卡尺测量轮辋宽度 b，从轮胎规格查找轮辋直径 d，如图 5-29 所示。

（a）测量安装尺寸 a

（b）测量轮辋宽度 b

（c）查找轮辋直径 d

图 5-29　a、b、d 三个数字的测量或查找

（3）打开平衡机电源开关，检查指示与控制装置的面板是否指示正确，将 a、b、d 直接输入指示与控制装置中，如图 5-30 所示。

（4）放下车轮防护罩，按下启动键，车轮旋转，平衡测试开始，计算机自动采集数据。车轮自动停转或听到"嘀嘀"声，按下停止键并操纵制动装置使车轮停转，从指示装置读取车轮内、外不平衡量和不平衡位置，如图 5-31 所示。

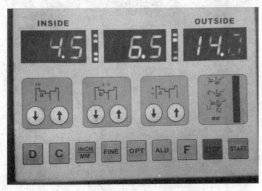

图 5-30　输入 a、b、d

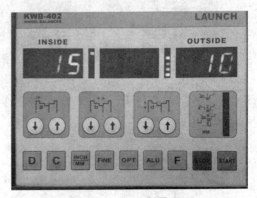

图 5-31　不平衡量显示

（5）抬起车轮防护罩，用手慢慢转动车轮。当指示装置发出指示（音响、指示灯亮、制动、显示点阵或显示检测数据等）时停止转动。在轮辋的内侧或外侧的正上方加装指示装置显示的该侧平衡块质量，如图 5-32 所示。

（6）安装平衡块后可能产生新的不平衡，应重新进行平衡试验，直至不平衡量小于 5 g，指示装置显示 "00"、"0K" 或 "PRS" 时才能满意，如图 5-33 所示。

图 5-32　加装平衡块

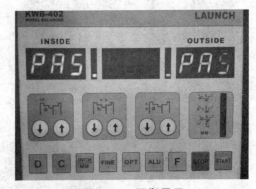

图 5-33　平衡显示

5.2.2.3　车轮动平衡检测结果分析

车轮动平衡检测时，若其不平衡量小于该车型的规定值，则不必对该车轮进行平衡校正，若其不平衡量超标，则应进行平衡校正。通过平衡校正可使车轮平衡性满足要求，但当不平衡值过大时，或通过平衡校正难以达到要求时，应对车轮做进一步的检查，并找出故障原因。

1. 车轮动平衡的检测标准

许多车轮动平衡检测设备当校准至不平衡质量小于 5 g 时，指示装置会显示 "00" 或 "0K"，虽然这种平衡结果最为理想，但完全做到较难。根据实际测试使用情况并参照国外有关标准及资料，一般检测评定办法是：小型车不平衡质量≤10 g，中型车不平衡质量≤20 g 为合格，且车轮每侧轮辋边缘所加平衡块以不超过 3 块为宜。这样评定，既能达到车轮平衡性要求，又能满足经济性的要求。

2. 引起车轮不平衡的主要原因

（1）轮毂、制动鼓（盘）加工时定心定位不准、加工误差大、非加工面铸造误差大、热处理变形、使用中变形或磨损不均。

（2）轮胎螺栓质量不等、轮辋质量分布不均或径向圆跳动、端面圆跳动太大。

（3）轮胎质量分布不均、尺寸或形状误差太大、使用中变形或磨损不均、使用翻新胎或修补胎。

（4）并装双胎的充气嘴未相隔 180°安装，单胎的充气嘴未与不平衡点标记（经过平衡试验的新轮胎，往往在胎侧标有红、黄、白或浅蓝色的□、△、○或◇符号，用来表示不平衡点位置）相隔 180°安装。

（5）轮毂、制动鼓（盘）、轮胎螺栓、轮辋、内胎、衬带、轮胎等拆装后重新组装成车轮时，累计的不平衡质量或形位偏差太大，破坏了原来的平衡。

（6）前轮定位不准，尤其是前束和主销倾角，不仅影响汽车的操纵稳定性，并且会造成轮胎偏磨，使车轮重心改变。

5.2.3　拓展知识

5.2.3.1　就车式车轮平衡机

就车式车轮平衡机，如图 5-34 所示。它主要由驱动装置、传感器支架、电测系统、光电相位检测装置、指示装置等组成。

驱动装置由电动机和摩擦轮组成，检测从动车轮时，将摩擦轮直接贴靠在车轮的胎面，电动机通过摩擦轮驱动车轮旋转，而检测驱动轮时，可直接由发动机经传动系驱动被测车轮。

传感器支架由可调支架、底座、传感器等组成，如图 5-35 所示。检测时，传感器支架在车桥下支承就位，承受车桥重力和不平衡振动力，并将振动信号传给支架内的力传感器。该传感器将不平衡力信号转变成电信号输送给电测系统。

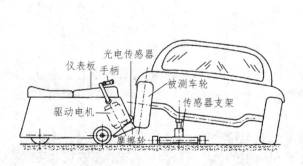

图 5-34　就车式车轮平衡机

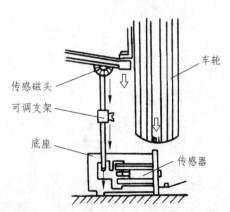

图 5-35　就车式车轮平衡机检测原理

电测系统用来计算和处理各传感器输出的信号，以便得到车轮不平衡质量值和相位值。

光电相位检测装置包括一个强光源和两个光电管，它装在平衡机驱动小车前下部靠近被测轮胎处，其强光源用以照射轮胎上的反光标志，为光电管提供相位信号以供计算机识别，计算机同时根据两个光电管接收反光信号的前后来判断车轮的旋转方向。

指示装置由不平衡度表和相位显示表组成。不平衡度表用来指示车轮的不平衡质量，相位显示表用来指示车轮的不平衡位置。

5.2.3.2　就车式车轮平衡机检测校正车轮动平衡

1. 车辆准备

用千斤顶支起车轴，两边车轮离地间隙要相等。清除被测车轮上的泥土、石子和旧平衡块。检查轮胎气压，视必要充至规定值。检查轮毂轴承是否松旷，视必要调整至规定松紧度。在轮胎外侧面任意位置上用白粉笔或白胶布做好记号。

2. 安装车轮动平衡机

用三角木垫垫上非测试车轮，将就车式车轮动平衡机的测量装置推至被测车轮一端车轴下，传感磁头吸附在悬架下或转向节下，调节可调支杆高度并锁紧。推平衡机至车轮侧面或前面（视车轮动平衡机形式不同而异）。检查频闪灯工作是否正常，检查转动的旋转方向能否使车轮的转动力与前进行驶方向一致。

3. 动不平衡检测

操纵车轮动平衡机转轮与轮胎接触，起动驱动电机带动车轮旋转至规定转速。观察频闪灯照射下的轮胎标记位置，并从指示装置（第一挡）上读取不平衡量数值。操纵平衡机上的制动装置，使车轮停止转动。用手转动车轮，使其上的标记处在上述观察位置上，此时轮相的最上部即为加装平衡块的位置。

4. 加装平衡块

按指示装置显示的不平衡量选择平衡块，牢固地装卡到轮辋边缘上。重新驱动车轮进行复查测试，指示装置用二挡显示。若车轮平衡度不符合要求，应调整平衡块质量和位置，直至符合平衡要求。

5.2.4　学习小结

1. 任务重点

（1）车轮静平衡是指车轮质心与其旋转中心重合。若车轮的质心与旋转中心不重合，则该车轮为静不平衡。静平衡的车轮在高速旋转时可能产生不平衡转矩，出现动不平衡，使车轮产生摆振。

（2）车轮平衡机按功能可分为车轮静平衡机和车轮动平衡机；按测量方式可分为离车式车轮平衡机和就车式车轮平衡机；按车轮平衡机转轴的形式可分为软式车轮平衡机和硬式车轮平衡机。离车式车轮平衡机一般由驱动装置、转轴与支承装置、显示与控制装置、制动装置、机箱和车轮防护罩等组成。

（3）车轮动平衡检测时，若其不平衡量小于该车型的规定值，则不必对该车轮进行平衡校正，若其不平衡量超标，则应进行平衡校正。

2. 注意事项

（1）车轮平衡机装有精密的位移传感器和易碎裂的压电晶体传感器，严禁冲击和敲打主轴和传感器支架。

（2）在检修车轮平衡机时，传感器的固定螺栓不得松动。

（3）对严重变形的轮辋或胎面大面积剥离的车轮是不能上机进行平衡检测的。

（4）当不平衡量超过最大配重时，可用两个以上配重并列使用，但要注意因多个配重占用较大的扇面会使其有效质量低于实际质量。

（5）一般情况下，离车式车轮平衡机或就车式车轮动平衡机都是分别各自使用的。但对高速行驶的汽车车轮而言，如果用离车式车轮平衡机平衡后再装在车上行驶时，仍会出现不平衡现象，最好能再用就车式车轮平衡机进行校对。

5.2.5　任务分析

1. 检测数据

将检测数据写入表 5-3，并判定是否合格。

表 5-3　轮胎动平衡的检测

被测轮胎型号	轮胎宽度	轮辋直径	显示动不平衡值	是否需要调整	调整方法

试验场地：_____　　试验日期：_____　　试验人员：_____　　填表人：_____

2. 思考分析

（1）轮胎动不平衡量不能大于多少？如果过大有何故障现象？

（2）在什么情况下需对车轮做动平衡检测与调整？

5.2.6 自我评估

1. 判断题

（1）车轮动不平衡不会导致汽车高速行驶摆振。　　　　　　　　　　　　（　　）

（2）若车轮的质心与旋转中心不重合，则该车轮为静不平衡。　　　　　　（　　）

（3）车轮动平衡检测时，若不平衡量小于该车型的规定值，应进行平衡校正。（　　）

（4）对严重变形的轮辋或胎面大面积剥离的车轮不能进行动平衡检测。　　（　　）

2. 选择题

（1）离车式车轮动平衡机专用卡尺用于测量（　　　）。

　　A. 轮辋直径　　　　　　B. 轮辋宽度　　　　　C. 轮辋边缘至平衡机机箱的距离

（2）车轮动平衡检测，若其不平衡质量超过（　　　）g 时，需进行车轮平衡校正。

　　A. 3　　　　　　　　　B. 4　　　　　　　　　C. 5

3. 填空题

（1）离车式车轮平衡机一般由_____、显示与控制装置、制动装置、机箱和车轮防护罩等组成。

（2）用离车式平衡机进行车轮动平衡检测时，只需输入被测车轮的_____和_____以及轮辋边缘至平衡机机箱的距离，即可进行平衡检测。

4. 问答题

（1）如何用简易方法进行车轮静平衡检测？

（2）如何用离车式车轮平衡机检测校正车轮动平衡？

项目 6　汽车燃油经济性检测

汽车的燃油经济性是指在保证动力性前提下，汽车以尽量少的燃油消耗量经济运行的能力。汽车燃油经济性越好，可以降低汽车的使用费用，节约石油资源，降低发动机产生的二氧化碳（温室效应气体）的排放量，起到低碳环保，防止地球变暖的作用。

任务 6.1　汽车燃油经济性检测与评价

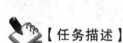　**任务情景**

【任务描述】

某进厂报修车辆经初步了解判断汽车燃油经济性出现问题，现需要对汽车燃油经济性进行检测，试找出故障原因并予以排除。

【任务提示】

在熟悉汽车发动机和底盘构造原理的基础上，考虑驾驶因素后，利用底盘测功机、油耗计及车速测定仪等检测设备和仪器对燃油经济性参数进行检测，将检测参数与标准限值对比，诊断故障原因，并排除故障。

　任务目标

【知识目标】

（1）熟悉汽车燃油经济性的评价指标。
（2）掌握汽车燃油消耗量的限值和检测方法。
（3）了解汽车油耗计的基本结构与工作原理。

【能力目标】

（1）学会使用汽车油耗计等检测仪器设备。
（2）学会燃油消耗量的正确检测方法。
（3）能正确分析汽车技术状况对燃油经济性的影响。

6.1.1　基本知识

6.1.1.1　汽车燃油经济性分析和评价指标

影响汽车燃油经济性的因素很多，下面分别从汽车结构和汽车使用两个方面分析影响汽车燃油经济性的因素，讨论提高燃油经济性的一些具体途径。

1. 汽车结构

（1）汽车轻量化

汽车行驶时，汽车功率消耗与汽车行驶阻力有关，除空气阻力外，其他阻力都与汽车总质量成正比，减轻汽车整备质量，是降低油耗最有效的措施之一。相关资料表明，奥迪 A6 型轿车采用铝质车身减轻质量 15%，油耗随之降低 5%～8%。目前，减轻汽车自重的主要方法：一方面是尽量减少零件数量，如车身骨架的零件数量由 400 个减到 75 个，质量减轻 30%；另一方面是大量采用轻质合金及非金属材料，如采用高强度低合金钢、铝合金、镁合金、塑料和各种纤维强化等材料制造汽车零件。

（2）改善汽车外形

改善汽车外形可以降低空气阻力系数，使汽车行驶时的空气阻力减小，高速时更是如此。如大众汽车空气阻力系数在 1975 年前后约为 0.45，到 1992 年下降至 0.3～0.35，其概念车的空气阻力系数已下降至 0.20。研究表明，空气阻力系数每降低 10%，可使汽车燃油经济性提高 2%左右。

（3）采用子午线轮胎

采用子午线轮胎，提高轮胎气压，是减少滚动阻力的主要途径，大型货车装用子午线胎后，滚动阻力可减少 15%～30%，节油 5%～8%，在重型汽车上采用子午线胎的节油效果最佳。轿车子午线轮胎的汽车节油率为 6%～9%。

（4）改善发动机性能

① 提高压缩比。当压缩比提高时，热效率增加，发动机动力性提高，发动机油耗率降低。试验表明，压缩比在 7.5～9.5 范围内，压缩比每提高一个单位，油耗可以下降 4%以上。

② 改善进、排气系统。目的是减少进气管气流阻力，减少排气干扰，提高充气效率。进气管的结构和尺寸要保证有足够的流通截面，并保证管道的表面光洁，连接处平整，要减少气流转折以及流通截面突变，以减少气流的局部阻力。汽油机进气管断面形状和尺寸，对燃料的雾化、蒸发和分配影响很大，进气管断面过大，气流速度低，燃油液态颗粒易沉积于管壁，而且液态燃油的蒸发速率比较慢，结果使各缸混合气的分配不均匀，发动机油耗增加。

③ 采用稀混合气。稀混合气可以提高发动机燃油经济性的主要原因是由于稀混合气中的汽油分子有更多的机会与空气中氧分子接触，容易燃烧完全，同时混合气越接近于空气循环，绝热指数越大，热效率越高；燃用稀混合气，由于其燃烧后最高温度降低，使缸壁传热损失较少，并使燃烧产物的离解减少，从而提高了热效率；另外采用稀混合气，由于气缸内压力、温度低，不易发生爆燃，则可以提高压缩比，增大混合气的膨胀比和温度，减少燃烧

室残余废气量，因而可以提高燃油的能量利用效率。

（5）提高传动系统传动效率

① 增加传动系统挡位。传动系统挡位增多后，增加了选用合适挡位使发动机处于经济工作状态的机会，有利于提高燃油经济性。因此，近年来轿车手动变速器已基本采用5挡，也有采用6挡的；自动变速器广泛采用4挡或5挡，采用6挡的也日渐增多；大型货车有采用更多挡位的趋势，重型汽车和牵引车，为了改善动力性和燃油经济性，变速器挡位可多至16个。

② 使用无级变速器。无级变速器在任何条件下都可提供使发动机在最经济工况下工作的可能性。若无级变速器始终能维持较高的机械效率，则汽车的燃油经济性将显著提高。长期以来，一直进行着能传递大功率，维持高效率、高寿命的机械无级变速器（CVT）的研究工作，由于材料、润滑油及微机控制、加工技术的进步，CVT有了很大进展。目前，全世界有超过50多个汽车品牌装用了CVT，年产CVT汽车超过100万辆。

2. 汽车使用

（1）提高驾驶操作技术

① 发动机预热起动。汽车油路、电路、怠速和点火提前角的正确调整及发动机预热是顺利起动的前提。冷起动时应使发动机充分预热，起动时间不得超过5 s，两次起动间隔不得超过10 s。三次起动不成功时，必须进行检查，排除故障。起动后应迅速转入暖机怠速。

② 正确选择挡位。汽车在良好路面上行驶，在一定的行驶范围内，既可使用次高挡也可用最高挡时，用最高挡较节约燃油。汽车上坡行驶时应及时减挡。减挡过早，不能充分利用汽车惯性爬坡；减挡过晚，车速降低过多，常需要多换一次挡，增加油耗。

③ 保持技术经济车速。汽车满载在良好路面上行驶时，存在一个使等速燃油消耗量最小的车速，即技术经济车速。车速高于或低于技术经济车速行驶，汽车油耗均会上升。技术经济车速在实际中很难掌握，为此将经济车速点前后油耗较低的车速称为经济车速范围，不同车型的经济车速和范围一般可通过试验得到。

④ 缓加速。汽车行驶时加速踏板要轻踏，柔和控制，节气门开度不宜过大，以免增加燃油消耗。

⑤ 保持正常温度。汽车行车温度，包括发动机冷却液温度、润滑油温度、发动机罩内气温、变速器和驱动桥齿轮油温度等。正常的发动机冷却液温度有利于燃料的雾化和混合气的均匀分配，使得发动机具有良好的燃料经济性和动力性，并保证润滑油的黏度和润滑能力，减少发动机的磨损。

（2）保持汽车良好技术状况

滑行性能常用来检测汽车底盘的综合技术状况，当汽车车轮定位正确，制动器摩擦蹄片与制动鼓间隙合适，轮胎气压正常，各相对运动零部件表面光洁、间隙恰当并保证充分润滑，底盘行驶阻力减小，滑行距离明显增加。阻力较小的装载质量为2.5 t的汽车，在良好水平道路上以30 km/h的车速低挡滑行，滑行距离应达200～250 m，当滑行距离由200 m增加到250 m时，油耗可降低7%。

同时，发动机的技术状况对汽车的燃油经济性也有显著影响，因此，使用中要做好汽车的经常性检查与维护工作，保持汽车良好的技术状况。

3. 汽车燃油经济性评价指标

汽车燃油经济性，是指以最小的燃油消耗量完成单位运输工作量的能力，是汽车的重要性能之一。

为了评价汽车的燃油经济性，在我国和欧洲，常采用每百公里燃油消耗量作为评价指标。燃油经济性指标的单位为 L/100 km，即汽车每行驶 100 km 所消耗的燃油量。对于货车和大型客车，由于载质量和座位的不同，每百公里耗油量相差较大，因而，从车辆使用角度，又采用单位运输工作量的燃油消耗量作为评价指标，其单位为 L/（100 t·km）或 L/（kP·km），即每百吨公里或每千人公里所消耗的燃油量，这一指标不仅可以评价汽车的燃油经济性，还能反映运输工作的管理水平。上述两个指标的数值越大，汽车燃油经济性越差。

汽车燃油经济性也可用汽车消耗单位量燃油所经过的行程作为评价指标，其单位为 km/L，即每升燃油能行驶的里程。美国采用的单位是 MPG 或 mile/USgal，指的是每加仑燃油能行驶的英里数（1 mile1.6 km，1 USgal=4.55 L），其数值越大，汽车的燃油经济性越好。

等速百公里燃油消耗量是一种综合性的评价指标，指汽车在一定载荷（我国标准规定轿车为半载，货车为满载），以最高挡在水平良好路面上等速行驶 100 km 的燃油消耗量。但是，等速行驶工况并没有全面反映汽车的实际运行情况，特别是在市区行驶中，汽车频繁出现加速、减速、怠速停车等行驶工况，因此，在对实际行驶车辆进行跟踪测试统计基础上，各国都制定了一些典型的循环行驶试验工况来模拟汽车实际运行工况，并以其百公里燃油消耗量来评定相应行驶工况的燃油经济性。

6.1.1.2 汽车燃油经济性检测仪器

汽车燃油经济性使用的检测仪器主要是油耗计。油耗计类型很多，按测量方式可分为：容积式油耗计、质量式油耗计、流量式油耗计和流速式油耗计。通常容积式油耗计和质量式油耗计应用较多。

1. 容积式油耗计

容积式油耗计通过测量发动机运转时累计消耗的燃油总容量，将汽车行驶时间和行使里程换算为汽车的燃油消耗量。

容积式油耗计可用于发动机台架试验和道路试验，按检测装置结构的不同，可分为膜片式、量管式、活塞式（单活塞式和行星活塞式）及油泡式等。行星活塞式油耗计是应用最广泛、计量比较精确的油耗测量仪，它由燃油流量传感器和计量显示仪表两部分组成。流量传感器包括流量检测机构和信号转换机构两部分。

行星活塞式油耗传感器流量检测机构的工作原理，如图 6-1 所示。行星活塞式油耗传感器是由十字形配置的 4 个活塞和旋转曲轴构成，用于将一定容积的燃油流量转变为曲轴的旋转。

当燃油在泵油压力作用下，燃油推动活塞往复运动，4 个活塞各往复运动一次，则曲轴旋转一周，完成一个进排油循环。活塞在油缸中处于进油行程或是排油行程，取决于活塞相对于进排油口的位置。在图 6-1 中，Ⅰ表示活塞 1 处于进油行程，来自轴箱的燃油由 P_3 推动其下行，并使曲轴作顺时针旋转。此时，活塞 2 处于排油行程终了，活塞 3 处于排油行程中，燃油从活塞 3 上部经 P_1 从排油口 E_1 排出，活塞 4 处于进油终了；Ⅱ表示活塞 1 处于进油行程终了，活塞 2 处于进油行程，通道 P4 导通，活塞 3 处于排油行程终了，活塞 4 处于排油行程，燃油从通道 P2 经排油口 E2 排出；Ⅲ 和 Ⅳ 的进排油状态及曲轴旋转方向如图中箭头所示。如此循环往复，曲轴每旋转一周，各缸分别泵油一次，从而具有连续定容量泵油的作用。

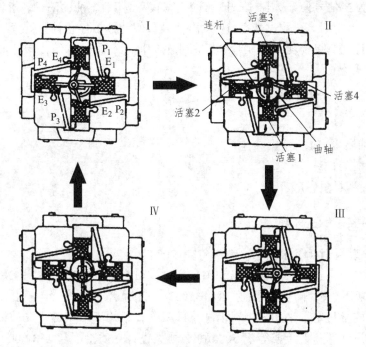

图 6-1　行星活塞式油耗传感器流量检测机构工作原理

2. 质量式油耗计

质量式油耗计由计量装置、称量装置和控制装置组成，如图 6-2 所示。

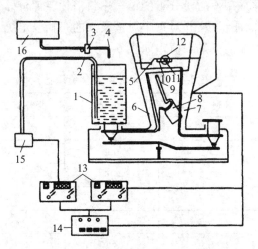

图 6-2　质量式油耗计结构示意图

称量装置的秤盘上装有油杯 1，燃油经电磁阀 3 加入油杯。电磁阀的开闭由装在平衡块上的行程限位器 8 拨动两个微型限位开关 6 和 7 进行控制。光电传感器由光电二极管 5、10

和装在菱形指针上的光源 9 组成，用于给出油耗始点和终点信号。光电二极管 5 为固定式，光电二极管 10 装在活动滑块上，滑块通过齿轮齿条机构移动，齿轮轴与鼓轮 12 相连，计量的燃油量通过转动鼓轮 12 从刻度盘上读出。计量开始时，光源 9 的光束射在光电二极管 5 上，光电二极管发出信号使计数器 13 开始计数。随着油杯中燃油的消耗，指针移动。当光束射到光电二极管 10 上时，光电二极管 10 发出信号，使计数器停止计数。

质量式油耗计在测量消耗一定质量燃油所用的时间后，即可计算出单位时间内发动机的燃油消耗量，公式为

$$G = 3.6 \times \frac{W}{t}$$

式中　　W——燃油质量，g；

　　　　t——测量时间，s；

　　　　G——燃油消耗量，kg/h。

6.1.1.3　汽车燃油消耗量限值

（1）《乘用车燃料消耗量限值》（GB19578—2004）

我国于 2004 年 9 月经国家质检总局和国家标准委员会批准发布了控制乘用车的第一个强制性国家标准《乘用车燃料消耗量限值》（GB19578—2004），于 2005 年 7 月 1 日起正式实施。该标准按照整车质量规定了乘用车燃料消耗量的限值，适用于以点燃式发动机或压燃式发动机为动力，最大设计车速大于或等于 50 km/h，最大设计总质量不超过 3 500 kg 的 M 类车辆（包括驾驶员座位在内，座位数不超过 9 座的载客汽车）。对于新开发车型，从 2005 年 7 月 1 日起开始执行第一阶段限值要求，第二阶段的执行日期为 2008 年 1 月 1 日。对于在生产车型，从 2006 年 7 月 1 日开始执行第一阶段限值要求，第二阶段执行日期为 2009 年 1 月 1 日。

GB19578—2004 标准采用按质量分组的单车燃料消耗量评价体系，按照车辆整车整备质量将车辆分为 16 个不同的质量段，并对每个质量段内的车辆设定统一的单车最高燃料消耗量限值。乘用车应达到的燃油消耗量限值，如表 6-1 所示。

表 6-1　乘用车燃料消耗量限值

整车整备质量 CM/kg	普通车辆限值/（L/100 km）		特殊结构车辆限值/（L/100 km）	
	第一阶段	第二阶段	第一阶段	第二阶段
$CM \leq 750$	7.2	6.2	7.6	6.6
$750 < CM \leq 865$	7.2	6.5	7.6	6.9
$865 < CM \leq 980$	7.7	7	8.2	7.4
$980 < CM \leq 1\,090$	8.3	7.5	8.8	8
$1\,090 < CM \leq 1\,205$	8.9	8.1	9.4	8.6
$1\,205 < CM \leq 1\,320$	9.5	8.6	10.1	9.1
$1\,320 < CM \leq 1\,430$	10.1	9.2	10.7	9.8
$1\,430 < CM \leq 1\,540$	10.7	9.7	11.3	10.3

整车整备质量 CM/kg	普通车辆限值/（L/100 km）		特殊结构车辆限值/（L/100 km）	
	第一阶段	第二阶段	第一阶段	第二阶段
1 540<CM≤1 660	11.3	10.2	12	10.8
1 660<CM≤1 770	11.9	10.7	12.6	11.3
1 770<CM≤1 880	12.4	II.1	13.1	11.8
1 880<CM≤2 000	12.8	11.5	13.6	12.2
2 000<CM≤2 110	13.2	11.9	14	12.6
2 110<CM≤2 280	13.7	12.3	14.5	13
2 280<CM≤2 510	14.6	13.1	15.5	13.9
CM>2 510	15.5	13.9	16.4	14.7

（2）《轻型商用车辆燃料消耗量限值》（GB20997—2007）

GB20997—2007 以"最大设计总质量与发动机排量"作为 M₂ 和 N₁ 类车辆限值的基本参数，综合考虑 3.5 t 以下的商用车辆在结构、功能、燃料方面有多样性的特征，按汽油和柴油分别设定限值要求，并适当放宽柴油车的限值；并根据车辆特定结构和特殊用途对燃料消耗量的不利影响，将 N₁ 类全封闭厢式车辆、N₁ 类罐式车辆、装有自动变速器的车辆、全轮驱动的车辆等特殊结构车辆的限值放宽 5%。普通车辆和特殊结构车辆燃油消耗量限制，分别如表 6-2 ~ 6-5 所示。

表 6-2 N₁ 类汽油车燃料消耗量限值

最大设计总质量 M/kg	发动机排量 V/L	普通车辆限值/（L/100 km）		特殊结构车辆限值/（L/100 km）	
		第一阶段	第二阶段	第一阶段	第二阶段
M≤2 000	全部	8	7.8	8.4	8.2
2 000<M≤2 500	V≤1.5	9	8.1	9.5	8.5
	1.5<V≤2.0	10	9	10.5	9.5
	2.0<V≤2.5	11.5	10.4	12.1	10.9
	V>2.5	13.5	12.5	14.2	13.1
2 500<M≤3 000	V≤2.0	10	9	10.5	9.5
	2.0<V≤2.5	12	10.8	12.6	11.3
	V>2.5	14	12.6	14.7	13.2
M>3 000	V≤2.5	12.5	11.3	13.1	11.9
	2.5<V≤3.0	14	12.6	14.7	13.2
	V>3.0	15.5	14	16.3	14.7

表 6-3　N_1 类柴油车辆燃料消耗量限值

最大设计总质量 M/kg	发动机排量 V/L	普通车辆限值 /（L/100 km）		特殊结构车辆限值 /（L/100 km）	
		第一阶段	第二阶段	第一阶段	第二阶段
$M \leqslant 2\,000$	全部	7.6	7	8	7.4
$2\,000 < M \leqslant 2\,500$	$V \leqslant 2.5$	8.4	8	8.8	8.4
	$2.5 < V \leqslant 3.0$	9	8.5	9.5	8.9
	$V > 3.0$	10	9.5	10.5	10
$2\,500 < M \leqslant 3\,000$	$V \leqslant 2.5$	9.5	9	10	9.5
	$2.5 < V \leqslant 3.0$	10	9.5	10.5	10
	$V > 3.0$	11	10.5	11.6	11
$M > 3\,000$	$V \leqslant 2.5$	10.5	10	11	10.5
	$2.5 < V \leqslant 3.0$	11	10.5	11.6	11
	$3.0 < V \leqslant 4.0$	11.6	11	12.2	11.6
	$V > 4.0$	12	11.5	12.6	12.1

表 6-4　最大设计总质量不大于 3.5 t 的 M_2 类汽油车辆燃料消耗量限值

最大设计总质量 M/kg	发动机排量 V/L	普通车辆限值/（L/100 km）		特殊结构车辆限值/（L/100 km）	
		第一阶段	第二阶段	第一阶段	第二阶段
$M \leqslant 3\,000$	$V \leqslant 2.0$	10.7	9.7	11.2	10.2
	$2.0 < V \leqslant 2.5$	12.2	11	12.8	11.6
	$2.5 < V \leqslant 3.0$	13.5	12.2	14.2	12.8
	$V > 3.0$	14.5	13.1	15.2	13.8
$M > 3\,000$	$V \leqslant 2.5$	12.5	11.3	13.1	11.9
	$2.5 < V \leqslant 3.0$	14	12.6	14.7	13.2
	$V > 3.0$	15.5	14	16.3	14.7

表 6-5　最大设计总质量不大于 3.5 t 的 M_2 类柴油车辆燃料消耗量限值

最大设计总质量 M/kg	发动机排量 V/L	普通车辆限值/（L/100 km）		特殊结构车辆限值/（L/100 km）	
		第一阶段	第二阶段	第一阶段	第二阶段
$M \leqslant 3\,000$	$V \leqslant 2.5$	9.4	8.5	9.9	8.9
	$V > 2.5$	10.5	9.5	11	10
$M > 3\,000$	$V \leqslant 3.0$	11.5	10.5	12.1	11
	$V > 3.0$	12.6	11.5	13.2	12.1

（3）营运车辆燃油消耗量限值

营运车辆燃油消耗量限值是以该车型原厂规定的等速百公里燃油消耗量为基础确定的。《营运车辆综合性能要求和检验方法》（GB18565—2012）规定，采用等速百公里燃油消耗量作为车辆燃油经济性的评价指标，并规定采用本标准规定的检验方法测得的汽车百公里燃油消耗量不得大于该车型原厂规定的相应车速等速百公里燃油消耗量的110%作为燃油消耗量限值指标。

6.1.2　基本技能

汽车燃油经济性检测方法，按照《营运车辆综合性能要求和检验方法》（GB18565—2012）中规定，汽车等速百公里燃油消耗量，可用台架和路试两种方法进行检测。

6.1.2.1　汽车燃油经济性的台架检测

汽车燃油经济性的台架检测是将汽车置于底盘测功机上，模拟道路试验条件进行等速行驶燃油消耗量检测的一种方法。

1. 检测环境条件

环境温度：0～40 ℃；环境湿度：<85%；大气压力：80～110 kPa。

2. 台架和车辆准备

（1）车辆预热，使发动机和汽车底盘运行至正常工作温度，车辆轮胎和气压应符合该车技术条件的规定。

（2）底盘测功机运行预热至规定状态，底盘测功机和油耗计应符合使用要求，工作正常。

（3）测量并记录环境温度、大气压力和燃料密度。

（4）将油耗计连接到检测油路，并排净油路中的空气。

3. 检测方法

（1）在底盘测功机上设定检测车速，轿车为 60 km/h，其他车辆为 50 km/h。

（2）将被检测汽车平稳行驶到底盘测功机，落下举升器，驱动轮落在滚筒上，起动汽车，逐步加速，换挡至直接挡（无直接挡，换至最高挡），使车速达到规定车速。给底盘测功机加载，使其模拟汽车满载等速行驶在平坦良好路面时的行驶阻力功率。

（3）待车速稳定后开始测量，要求测量不低于 500 m 距离的燃油消耗量。连续测量 2 次，取其算术平均值，即为等速行驶燃油消耗量，再计算等速百公里燃油消耗量。

（4）燃油消耗量的测量值按公式校正到标准状态下的数值，标准状态是指：气温 20 ℃，气压 100 kPa，汽油密度 0.72 g/mL，油密度 0.830 9 g/mL。

6.1.2.2　汽车燃油经济性的路试检测

1. 试验条件

（1）试验车辆载荷。除有特殊规定外，轿车规定乘员数的一半（取整数）；城市客车为总质量的 65%；其他车辆为满载，乘员质量及其装载要求按《道路试验方法通则》（GB/T12534—1990）的规定。

（2）试验仪器。车速测定仪和燃料流量计为 5%；计时器最小读数为 0.15。

（3）试验的一般规定。试验车辆必须清洁，关闭车窗和驾驶室通风口，只允许开动驱动车辆所必需的设备；由恒温器控制的空气流必须处于正常调整状态；试验车辆必须按规定进行磨合；其他试验条件，试验车辆准备按 GB/T12534—1990 的规定。

2. 试验项目和方法

《汽车燃料消耗量试验方法》（GB/T12545—1990）确定的试验项目有：直接挡全节气门加速燃料消耗量试验、等速燃料消耗量试验、多工况燃料消耗量试验和限定条件下的平均使用燃料消耗量试验。在此仅介绍前两项内容。

（1）直接挡全节气门加速燃料消耗量试验。试验测试路段长度为 500 m。

汽车挂直接挡（没有直接挡可用最高挡），以 30 km/h 的初速度行驶，稳定通过 50 m 的预备段，在测试路段的起点开始，节气门全开，加速通过测试路段；测量并记录通过测试段的加速时间、燃油消耗量及汽车在测试段终点时的速度。

试验往返各进行 2 次，测得同方向加速时间的相对误差不大于 5%；取测得 4 次加速时间试验结果的算术平均值作为测定值，且符合该车技术条件的规定。

（2）等速行驶燃料消耗量试验。试验测试路段长度为 500 m。

汽车常用挡位，等速行驶，通过 500 m 的测试段，测量通过该路段的时间及燃油消耗量；试验车速从 20 km/h（最小稳定车速高于 20 km/h 时，从 30 km/h）开始，以车速的 10 km/h 的整数倍均匀选取车速，直至最高车速的 90%，至少测定 5 个试验车速；同一车速往返各进行 2 次。

6.1.2.3　汽车燃油经济性检测结果分析

在汽车结构已经确定的情况下，汽车燃油经济性与汽车的使用因素有很大关系，在使用因素中，其技术状况的变化是造成汽车燃油消耗量增加的主要因素。

1. 发动机技术状况对燃油经济性的影响

汽车的燃油经济性能否达到正常范围，在很大程度上取决于汽车发动机的技术状况，其中包括发动机各机构和系统的技术状况。

（1）发动机气缸压缩压力

发动机气缸压缩压力表明了发动机曲柄连杆机构、配气机构的技术状况，气缸压缩压力在规定范围内，表明气缸活塞组、气门组、气缸垫的密封状态良好。发动机做功行程产生的有效压力越大，可燃混合气的热能转换效率越高，提高了发动机的动力性和燃油经济性。气缸压缩压力不足，说明气缸漏气，主要原因是气缸与活塞环磨损，气门与气门座不密封，气缸垫被烧坏等，因而，使发动机工作过程恶化，燃油消耗量增加。

（2）配气相位

发动机的配气机构在使用过程中产生磨损，导致配气相位变化。当气门间隙变化或调整不当，将引起发动机配气相位改变，使发动机动力性和燃油经济性下降。试验表明，气门间隙每减小 0.1 mm，燃油消耗量增加 2%～8%。

（3）燃油供给系统的技术状况

化油器式发动机对化油器的要求是按照汽车不同工况准确计时地供给相应的可燃混合气，并使燃油雾化良好，与空气混合均匀，保证及时迅速地燃烧，提高发动机的热效率。为此，化油器浮子室油面高度、各量孔、省油器及加速泵等的调整，都必须符合规定的技术要求；柴油机供给系统输油泵压力、循环供油量、各缸供油的均匀度、喷油器的喷油压力及雾化质量等，均应保持正常，否则将增加燃油消耗量。

（4）点火系统的技术状况

点火系统技术状况不良，不仅影响发动机的起动性能和动力性，也将增加发动机的油耗。试验表明，点火提前角相差 1"，油耗增加约 1%；火花塞电极间隙过大，会增加点火系统的负载，导致起动困难，高速时会发生断火现象，如果有一缸火花塞不工作，发动机燃油消耗量将大幅度增加。

（5）发动机的工作温度

一般水冷发动机冷却液的正常工作温度为 75～95 ℃，高于或低于正常工作温度，都会使发动机燃油消耗量增加。冷却液温度低，汽油不易雾化，燃烧不完全，如温度过低，热量损失大，使发动机功率下降，燃油消耗量上升。发动机冷却液温度过高，容易产生早燃和爆燃，使充气系数降低，发动机工作恶化，会导致发动机动力性和燃油经济性大幅度下降。

（6）电控燃油喷射系统技术状况

影响电控燃油喷射发动机燃油经济性的因素，主要是其进气系统、燃油系统和电控单元的各传感器、调节器和控制器等技术状况的变化。

① 空气流量计和进气歧管绝对压力传感器。在使用中，如果空气流量计或进气歧管绝对压力传感器损坏或性能发生变化，将把不能反映发动机的真实工况的错误信号发送给电控单元，影响电控单元对基本喷油量的确定，从而引起发动机燃油经济性的变化。例如，热线式空气流量计的热线脏污，当进气管空气流量增大时，被空气带走的热线热量减少，通过热线的电流并不随空气流量增大而增大，引起空气流量计输送给电控单元的电信号降低，使基本喷油量减少，出现发动机功率不足，引起燃油消耗量增加。

② 冷却液温度传感器和进气温度传感器。冷却液温度传感器和进气温度传感器出现故障，如传感器内部线路接触不良或断路、热敏元件性能变化，会出现传感器无信号或信号不准，导致发动机工作不正常，如发动机不能起动，运转不平稳，功率下降等，使油耗增加。

③ 节气门位置传感器。线性式节气门位置传感器常见故障有传感器基板上电阻体的电阻不准确，造成输出的节气门位置信号不正确，引起发动机动力不足，油耗增加。如电刷与碳膜电阻接触不良，会造成节气门位置信号时有时无，引起发动机工作性能不良、发抖、喘振、加速性能差及加速失速，也会增加油耗。

④ 爆震传感器。使用中爆震传感器出现故障，如爆震传感器一直输出爆震信号，ECU控制推迟点火提前角，造成气缸内混合气燃烧不完全，发动机功率下降，使油耗增加。

⑤ 氧传感器。使用中，氧传感器的主要故障是其内部线路断或脱落，陶瓷元件破损和电热电阻丝烧断等，出现上述故障，氧传感器不能输出排气管中氧浓度信息，ECU就不能随排气中氧浓度的变化来修整喷油量，造成发动机油耗和排气污染增加，发动机还会出现怠速不稳、缺火、喘振等。

⑥ 废气再循环阀。根据发动机结构不同，进入进气歧管的废气量一般 EGR 率控制在 6%～23%，如果 EGR 率过大，随着 EGR 率的增加，会使发动机燃烧状况恶化和油耗增加。在使用中，如果废气再循环阀漏气，使 EGR 率过大，会引起发动机燃烧状况恶化，功率不足，为提高发动机动力性，必须加大油门，造成油耗增加。

⑦ 可变配气相位机构。具有可变配气相位机构的发动机，可根据发动机转速的变化对配气相位作出相应的实时调整，使气缸的充气量同时满足发动机低转速和高转速下的不同需要，从而提高发动机的动力性和燃油经济性。如果可变配气相位机构损坏，配气相位不能随发动机转速变化而调整，特别是发动机高速时进气门迟闭角不能加大，充气效率不能增加，使高速时充气量不足，引起混合气过浓，燃烧不完全，使油耗增加。

⑧ 废气涡轮增压器。废气涡轮增压器出现故障，会引起增压压力不够，这是一种综合性的故障，其中增压器转速下降是主要原因，当轴承与转子轴磨损、涡轮或叶轮叶片变形、损坏或是转子体与壳体产生摩擦等原因，使转子体转速下降时，增压压力即随之下降；增压强进气道堵塞或进入中冷器的进气连接软管松旷、破裂，也会造成增压压力下降；发动机进气管有泄漏处也会使增压压力不足。增压压力不足，会引起充气系数下降，造成发动机动力不足，油耗增加。

⑨ 电控点火系统。在电控点火系统中，点火控制包括点火提前角控制、通电时间控制与恒流控制和防爆震控制。如果输送点火提前角主控信号和输送点火提前角修正信号的某些传感器性能发生变化或损坏，会使反馈给发动机 ECU 的信号发生变化，ECU 输出的点火控制信号将偏离最佳值，引起发动机燃烧状况变差，燃油消耗增加。另外，点火系统的一些部件损坏，如火花塞漏电、高压线漏电，引起点火能量下降，也会使发动机燃烧状况变差，燃油消耗增加。

2. 汽车底盘技术状况对燃油经济性的影响

汽车底盘技术状况主要包括传动系统的传动效率、轮胎滚动阻力、车轮定位、轮毂轴承紧度及制动器间隙等。

传动系统各配合副配合不良，将使传动效率降低，燃油消耗量增加。如离合器打滑，变速器、万向传动装置及主减速器各传动副的配合间隙过大、过小，都将使燃油消耗量增加。采用自动变速器的汽车，如果自动变速器的液力变矩器有故障，使传动效率下降，从而影响动力传递，油耗增加。传动系统轴承紧度调整不当，可使燃油超耗 7%。使用不符合要求的齿轮油也会增加传动阻力，造成油耗增加。此外，轮毂轴承、制动器、车轮定位不准、轮胎气压不足等，使滚动阻力增加，导致汽车燃油消耗大幅度增加。

汽车检测中，可用滑行性能检查底盘的技术状况，汽车的滑行性能常用滑行距离表示。如果滑行距离达不到规定要求，应根据故障现象查找原因，对故障进行诊断及排除。

3. 驾驶技术对燃油经济性的影响

正确驾驶汽车可以降低汽车油耗，不同技术水平的驾驶员，在相同条件下，驾驶相同汽车，油耗可相差 10%～30%。因此，掌握驾驶操作技术，可以明显提高汽车燃油经济性。

（1）汽车起步

发动机刚起动时，冷却液温度一般较低，此时的燃油雾化较差、燃烧不良，发动机机油黏度较高，摩擦阻力较大，此时汽车起步行驶油耗会很大。通常应在发动机运转预热使冷却液温度达到 40 ℃ 以上，再使汽车起步，才会有较好的节油效果。

汽车起步时，由于滚动阻力和加速阻力都较大，需要较大的驱动力，所以需要正确选用起步挡位，满载或上坡用 1 挡起步，轻载或在良好水平路面用 2 挡起步。如果选择挡位不正确，或起步时猛踩油门，会造成油耗增加。

（2）挡位选择

汽车行驶过程中的挡位选择，对汽车油耗有很大影响。在同一道路条件与车速下，虽然发动机发出的功率相同，但挡位越高，发动机负荷率越高，发动机比油耗越小，则汽车的百公里油耗也越小，而使用低挡位时的情况正好相反。因此，汽车在一般道路上，可使用高挡行驶，但在行驶中感到动力不足时应及时减挡。汽车上坡时，坡道不长可利用汽车惯性冲坡，若坡度较大或上长坡应及时减挡，以免发动机熄火重新起步导致油耗增加。

（3）行车速度

车速不同，油耗也不一样，经济车速运行油耗最低。车速过高，由于汽车行驶阻力加大，其百公里油耗会随车速的增加而迅速增长。汽车行驶过程中，行车速度应保持稳定，做到匀速行驶，如果经常急加速、急减速和频繁制动，会造成燃油消耗增加。

（4）行车温度

汽车的行车温度包括发动机冷却液温度、机油温度、发动机罩内温度、变速器和主减速器齿轮油温度等。合适的发动机冷却液温度应为 80～95 ℃，冷却液温度过高，则发动机温度过高，导致发动机产生早燃、爆燃等不正常燃烧，功率下降，油耗增大；冷却液温度过低，则发动机传热损失增大，燃烧速率下降，导致有效功率下降；同时，因进气温度低，燃油不易挥发，混合气变稀，使燃烧火焰传播速度减慢，导致功率下降，油耗增大；另外，冷却液温度过低，还会使机油黏度过大，润滑性能变差，摩擦阻力增大，油耗增加。

机油温度和齿轮油温度对燃油消耗的影响，在冬季表现比较突出，通过发动机预热和汽车行驶预热，使润滑油温度提高并保持合适温度。汽车行驶过程中，应经常观察仪表，出现异常及时查找原因并排除故障。

6.1.3　拓展知识

汽车燃油经济性的其他测试方法如下：

1. 碳平衡法

燃油主要是由 C、H 化合物组成的混合物，燃烧后生成 CO、CO_2、HC、H_2O、NO_x 等，不论燃烧状况如何，尾气中 CO、CO_2、HC、H_2O、NO_x 中的 C 元素的总量对应着所消耗燃油中 C 元素的量。因此，可以通过测量尾气中的 CO、CO_2、HC 的含量和排气总量，计算出尾气中单位里程（或时间）内 C 元素的量，再与所用燃油中 C 元素含量相比，就可以间接得出汽车燃油消耗量。

2. 给定路程测试法

在给定的一段路程（一般为 50～100 km 的公路或城市道路），出车前将油箱加满，记录好里程表的里程数，到达目的地后，再将油箱加满，此时的加油量即为本段路程的燃油消耗量。燃油消耗量与行驶里程之比再乘以 100，就可得出每百车公里的燃油消耗量。

3. 现代高档轿车仪表显示油耗

目前，现代高档轿车的仪表都具有显示即时油耗、平均油耗和续驶里程等信息的功能。它是发动机电控单元通过油位、车速、发动机转速等传感器信息，计算出实际的燃油消耗量，随时提醒驾驶员汽车燃油消耗情况和可以继续行驶的里程，使驾驶员一目了然，做到心中有数。此方法方便、直观，通过仪表即时显示，只是精度不高。

4. 诊断仪显示油耗

将诊断仪接在某些车辆的 16 孔诊断座上，行驶时诊断仪可直接显示车辆即时油耗。

6.1.4 学习小结

（1）汽车燃油经济性常采用每百公里燃油消耗量（L/100 km）作为评价指标，也可用汽车消耗单位量燃油所经过的行程（km/L）作为评价指标。等速百公里燃油消耗量是一种综合性的评价指标，指汽车在一定载荷（我国标准规定轿车为半载，货车为满载），以最高挡在水平良好路面上等速行驶 100 km 的燃油消耗量。

（2）汽车燃油经济性使用的检测仪器主要是油耗计。油耗计类型很多，按测量方式可分为：容积式油耗计、质量式油耗计、流量式油耗计和流速式油耗计。通常容积式油耗计和质量式油耗计应用较多。

（3）汽车等速行驶百公里油耗试验是一种在我国广泛采用的简单道理循环试验，在汽车底盘测功机上进行燃油消耗量试验是近年来发展的试验方法。

（4）乘用车和轻型商用车燃油消耗量执行《乘用车燃料消耗量限值》（GB19578—2004）和《轻型商用车辆燃料消耗量限值》（GB20997—2007）的规定；《营运车辆综合性能要求和检验方法》（GB18565—2001）规定营运车辆百公里燃油消耗量不得大于该车型规定的相应车速等速百公里燃油消耗量的 110%，作为燃油然油田消耗量限值指标。

（5）燃油消耗量可用台架试验和道路试验两种方法进行检测。台架检测是在底盘测功机上在设定车速下，测量不低于 500 m 距离的燃油消耗量，通过计算求得等速百公里燃油消耗量，并将其校正到标准状态下的数值；路试检测是在规定车速下，通过 500 m 测试路段，测量通过该路段的时间及燃油消耗量，计算汽车的百公里燃油消耗量，并将其校正到标准状态下的数值。

（6）在汽车使用过程中，发动机技术状况和底盘各系统技术状况的变化，如发动机气缸压缩压力、配气相位、燃油供给系统和点火系统的技术状况，电控燃油喷射系统各传感器和执行机构技术状况；传动系统的传动效率、轮胎滚动阻力、车轮定位、轮毂轴承紧度及制动器间隙等，都对汽车燃油经济性有很大影响，通过分析其影响因素，根据故障现象，进行故障诊断与排除。

6.1.5 任务分析

根据汽车燃油消耗量检测数据填入表 6-6 中，并进行数据分析。

表 6-6 汽车燃油消耗量的台架和路试检测

	台架检测	路试检测
测试条件		
挡 位		
车 速		
行驶里程		
燃油消耗量		
油耗分析		

试验车辆：_____ 试验日期：_____ 试验人员：_____ 填表人：_____

6.1.6 自我评估

1. 判断题

（1）减轻汽车整备质量是降低汽车燃油消耗量的最有效措施之一。 （ ）
（2）装用子午线轮胎，可明显提高汽车的节油率。 （ ）
（3）汽车发动机的压缩比提高，热效率增加，油耗也会相应增大。 （ ）
（4）汽车高于或低于技术经济车速行驶，油耗均会上升。 （ ）
（5）等速百公里燃油消耗量是一种综合性的评价指标。 （ ）
（6）汽车等速百公里燃油消耗量只能用路试方法检测。 （ ）
（7）进行汽车燃油消耗检测时，将油耗计连接到油路后，不需要排净油路中的空气。（ ）
（8）当气门间隙变化或调整不当，将引起发动机配气相位改变，但不会降低发动机动力性和燃油经济性。 （ ）
（9）汽车燃油经济性的台架检测是将汽车置于底盘测功机上，模拟道路试验条件进行等速行驶燃油消耗量检测的一种方法。 （ ）
（10）在汽车结构已经确定的情况下，汽车燃油经济性与汽车的使用因素有很大关系。
（ ）

2. 选择题

（1）电子控制燃油喷射系统，当传感器不能准确检测而向控制器传送错误电信号时，引起喷油量失准，导致（ ）。

    A. 油耗增加   B. 油耗减少   C. 油耗不变

（2）汽油 90%馏分温度和干点的高低表示汽油中所含（ ）多少。

    A. 轻质馏分   B. 重质馏分   C. 残留物质

（3）GB19578—2004 采用按质量分组的单车燃料消耗量评价体系，按照车辆整车整备质量将车辆分为（ ）个不同的质量段。

　　　　A. 15　　　　　　　　　　B. 16　　　　　　　　　　C. 17

（4）汽车燃油经济性的台架检测是将汽车置于底盘测功机上，模拟道路试验条件进行（　　　）燃油消耗量检测的一种方法。

　　　　A. 等速行驶　　　　　　　B. 加速行驶　　　　　　　C. 减速行驶

（5）《乘用车燃料消耗量限值》（GB19578—2004），于（　　　）起正式实施。

　　　　A. 2004 年 7 月 1 日　　　B. 2004 年 10 月 1 日　　　C. 2005 年 7 月 1 日

（6）等速行驶燃料消耗量试验。试验测试路段长度为（　　　）m。

　　　　A. 500　　　　　　　　　　B. 800　　　　　　　　　　C. 1 000

（7）《乘用车燃料消耗量限值》（GB19578—2004），适用于以点燃式发动机或压燃式发动机为动力，最大设计车速大于或等于 50 km/h，最大设计总质量不超过 3 500 kg 的（　　　）车辆。

　　　　A. N 类　　　　　　　　　B. M 类　　　　　　　　　C. L 类

（8）单位运输的燃料经济性作为评价整个汽车经济性指标，主要用于（　　　）。

　　　　A. 比较相同容载量的汽车燃料经济性

　　　　B. 比较不同容载量的汽车燃料经济性

　　　　C. 反映燃料消耗量与有效载荷之间的关系

（9）汽车燃油经济性检测时，在底盘测功机上设定检测车速，轿车为（　　　）km/h；其他车辆为 50 km/h。

　　　　A. 40　　　　　　　　　　B. 50　　　　　　　　　　C. 60

（10）汽车滑行性能常用滑行距离表示，在底盘测功机上检测滑行距离时，设定的初速度应为（　　　）km/h。

　　　　A. 20　　　　　　　　　　B. 30　　　　　　　　　　C. 50

3. 填空题

（1）节约燃料的正确驾驶操作方法是_____、_____、_____正确滑行。

（2）《营运车辆综合性能要求和检验方法》（GB18565—2001）中规定了汽车等速百公里燃油消耗量，可用_____和_____两种方法进行检测。

（3）影响电控燃油喷射发动机燃油经济性的因素，主要是其_____、_____和_____的各传感器、调节器和控制器等技术状况的变化。

（4）一般水冷发动机冷却液的正常工作温度为_____，高于或低于_____，都会使发动机燃油消耗量增加。

（5）汽车的行车温度包括发动机_____、_____、发动机罩内温度、变速器和主减速器齿轮油温度等。

4. 问答题

（1）汽车燃油经济性的评价指标有哪些？

（2）油耗计有哪些种类？

（3）汽车等速百公里燃油消耗量的检测方法是什么？

（4）影响汽车燃油经济性的因素有哪些？

（5）汽车燃油经济性的检测方法有哪些？

项目 7　汽车尾气与噪声检测

本项目共三个工作任务，任务一是汽油车尾气检测；任务二是柴油车尾气检测；任务三是噪声检测。通过三个工作任务的学习，熟悉汽车尾气分析仪、烟度计的结构与检测原理；掌握汽车排气污染物的检测方法和检测标准；了解汽车排气污染物的主要成分及其危害；了解噪声污染的检测方法及相关标准。并能够正确使用性能指标评价汽车性能，能够对汽车技术状况进行检测分析，能够根据检测结果对汽车技术状况进行分级与评定。

任务 7.1　汽油车尾气检测

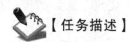

【任务描述】

一辆汽油车来检测站进行年检，其中有一项目需要对该车的尾气排放做检测，将如何完成这项任务？步骤是什么？

【任务提示】

根据国家标准 GB18285—2005《点燃式发动机汽车排气污染物排放限值及测量方法（双怠速法及简易工况法）》的规定，检测新生产汽车和在用汽车排放尾气，分析与评定尾气的成分浓度，了解汽车可能存在的故障位置。

任务目标

【知识目标】

（1）掌握汽油机主要污染物的形成及危害。
（2）了解汽油机排放污染物的排放标准。
（3）熟悉汽油机废气分析仪的基本结构与工作原理。

【能力目标】

（1）能够正确使用废气分析仪，测量分析汽油车排放尾气的浓度。

（2）能够根据检测结果对汽车技术状况进行分级与评定。

（3）理解汽车排气污染物的主要成分及其危害。

必备知识

7.1.1 基本知识

7.1.1.1 汽油机主要污染物的形成及危害

汽车的主要排放污染物有 CO、CO_2、HC、NO_x、SO_2、微粒（铅化合物、碳烟、油雾、有机物）、臭气（甲醛、丙烯醛）。在相同工况下，汽油机排放的 CO、HC 和 NO_x 排放量比柴油机大，因此，目前的排放法规对汽油机主要限制 CO、HC 和 NO_x 的排放量。

1. 一氧化碳（CO）的形成及危害

发动机在工作过程中，理论上汽油机的空燃比为 14.8 时，燃油可以实现完全燃烧，形成无害的水和二氧化碳。但是在现有的技术条件下，很难在燃烧时达到理想空燃比。即使现在很多提高燃烧效率的技术层出不穷，但是还是无法做到充分燃烧。当混合气分布不均时，会出现局部缺氧情况，不可避免就会产生 CO。即使混合均匀，燃料燃烧的高温也会使一部分 CO_2 分解成 CO 和 O_2。另外还有排气中的 H_2 和 HC 也会使排气中的部分 CO_2 还原成 CO。

CO 是燃料不完全燃烧的产物，是汽车尾气中浓度最大的有害成分，是一种无色无味的有毒气体，它进入人体后极易与血液中的血红蛋白结合，很快形成碳氧血色素，使血色素丧失了输氧能力，造成人体各部分缺氧，引起头痛、头晕、呕吐等中毒症状，严重时甚至死亡。

2. 碳氢化合物（HC）的形成及危害

汽车排气污染物中的 HC 是由发动机未燃尽的燃料分解产生的气体。另外，由于发动机气缸壁淬冷作用使缸壁表面有约 0.5 mm 厚度（称为淬冷层）的混合气无法燃烧，而由排气管排出。

HC 是发动机未燃尽的燃料分解出来的产物。当 HC 浓度较高时，使人出现头晕、恶心等中毒症状。而且，HC 和 NO_x 在强烈的太阳光作用下，能反应生成一种有害的光化学烟雾，这种光化学烟雾滞留在大气中，造成大气严重污染，对人的眼睛、呼吸道及皮肤均有强烈的刺激性。其对健康的危害主要表现为刺激眼睛，引发红眼病；刺激鼻、咽喉、气管和肺部，引发慢性呼吸系统疾病。离公路越近，公路上汽车流量越大，肺癌死亡率越高。光化学烟雾能使树木枯死，农作物大量减产，能降低大气的能见度，妨碍交通。

3. 氮氧化物（NO_x）的形成及危害

NO_x 是空气在燃烧室的高温条件下,由空气中的 N 和 O_2 反应生成。燃烧废气的温度越高，燃烧后残留的氧气浓度越大，高温维持时间越长，NO_x 的生成量越多。发动机刚排出的 NO_x 中，有少量的 NO_2，但大部分是 NO。在大气中，NO 会快速氧化成 NO_2。通常把 NO 和 NO_2 统称为 NO_x。

汽车尾气中的 NO_x 含量较少,但毒性很大,其毒性是含硫氧化物的 3 倍。NO_x 会对人的眼睛、呼吸道和肺造成危害,使纤维、塑料、橡胶、电子材料提前老化,并参与光化学反应。

7.1.1.2 汽车排放污染物的排放标准

目前,我国制定汽车排放标准主要从两方面考虑,一个是针对汽车制造厂新车定型的形式认证和生产一致性检查;另一个是针对在用车辆(营运车辆)。

根据《点燃式发动机汽车排气污染物排放限值及测量方法(双怠速法及简易工况法)》(GB18285—2005),装用点燃式发动机的新生产汽车,其形式核准和生产一致性检查的排气污染物排放限值,如表 7-1 所示;在用汽车排气污染物排放限值,如表 7-2 所示。

表 7-1 新生产汽车排气污染物排放限值(体积分数)

车型	类别			
	怠速		高怠速	
	CO/%	HC/10^{-6}	CO/%	HC/10^{-6}
2005 年 7 月 1 日起新生产的第一类轻型汽车	0.5	100	0.3	100
2005 年 7 月 1 日起新生产的第二类轻型汽车	0.8	150	0.5	150
2005 年 7 月 1 日起新生产的重型汽车	1.0	200	0.7	200

注:① 新生产汽车:本标准中指制造厂合格入库或出厂的汽车。
② 第一类轻型汽车:是指设计乘员数不超过 6 人(包括司机),且最大总质量≤2 500 kg 的 M1 类车。
③ 第二类轻型汽车:本标准适用范围内除第一类车以外的其他所有轻型汽车。
④ 重型汽车:指最大总质量超过 3 500 kg 的车辆。
⑤ 怠速与高怠速工况:怠速工况指发动机无负载运转状态。即离合器处于接合位置、变速器处于空挡位置(对于自动变速箱的车应处于"停车"或"P"挡位);采用化油器供油系统的车,阻风门应处于全开位置;油踏板处于完全松开位置。高怠速工况指满足上述(除最后一项)条件,用油门踏板将发动机转速稳定控制在 50%额定转速或制造厂技术文件中规定的高怠速转速时的工况。本标准中将轻型汽车的高怠速转速规定为(2 500±100)r/min,重型车的高怠速转速规定为(1 800±100)r/min;如有特殊规定的,按照制造厂技术文件中规定的高怠速转速。

表 7-2 在用汽车排气污染物排放限值(体积分数)

车型	类别			
	怠速		高怠速	
	CO/%	HC/10^{-6}	CO/%	HC/10^{-6}
1995 年 7 月 1 日前生产的轻型汽车	4.5	1 200	3.0	900
1995 年 7 月 1 日起生产的轻型汽车	4.5	900	3.0	900
2000 年 7 月 1 日起生产的第一类轻型汽车	0.8	150	0.3	100
2001 年 10 月 1 日起生产的第二类轻型汽车	1.0	200	0.5	150
1995 年 7 月 1 日前生产的重型汽车	5.0	2 000	3.5	1 200

车型	类别			
	怠速		高怠速	
	CO/%	HC/10^{-6}	CO/%	HC/10^{-6}
1995 年 7 月 1 日起生产的重型汽车	4.5	1 200	3.0	900
2004 年 9 月 1 日起生产的重型汽车	1.5	250	0.7	200
使用闭环控制电子燃油喷射系统和三元催化转化器技术的汽车	高怠速转速时，过量空气系数 λ 应在（1.00±0.03）或制造厂规定的范围内			

注：① 完在用汽车：指已经登记注册并取得号牌的汽车。

② 轻型汽车：指最大总质量不超过 3 500 kg 的 M$_1$ 类、M$_2$ 类和 N$_1$ 类车辆。

M$_1$ 类车指至少有 4 个车轮，或有 3 个车轮且厂定最大总质量超过 1 000 kg，除驾驶员座位外，乘客座位不超过 8 个的载客车辆。

M$_2$ 类车指至少有 4 个车轮，或有 3 个车轮且厂定最大总质量超过 1 000 kg，除驾驶员座位外，乘客座位超过 8 个，且厂定最大总质量不超过 5 000 kg 的载客车辆。

N$_1$ 类车指至少有 4 个车轮，或有 3 个车轮且厂定最大总质量超过 1 000 kg，厂定最大总质量不超过 3 500 kg 的载货车辆。

③ 第一类轻型汽车：设计乘员数不超过 6 人（包括司机），且最大总质量≤2 500 t 的 M$_1$ 类车。

④ 第二类轻型汽车：本标准适用范围内除第一类车以外的其他所有轻型汽车。

⑤ 重型汽车：指最大总质量超过 3 500 kg 的车辆。

⑥ 怠速与高怠速工况：怠速工况指发动机无负载运转状态。即离合器处于接合位置、变速器处于空挡位置（对于自动变速箱的车应处于"停车"或"P"挡位）；采用化油器供油系统的车，阻风门应处于全开位置；油踏板处于完全松开位置。高怠速工况指满足上述（除最后一项）条件，用油门踏板将发动机转速稳定控制在 50%额定转速或制造厂技术文件中规定的高怠速转速时的工况。本标准中将轻型汽车的高怠速转速规定为（2 500±100）r/min，重型车的高怠速转速规定为（1 800±100）r/min；如有特殊规定的，按照制造厂技术文件中规定的高怠速转速。

⑦ 过量空气系数 λ 是指燃烧 1 kg 燃料的实际空气量与理论上所需空气量之比。

7.1.1.3 汽油机废气分析仪的基本结构与工作原理

1. 汽油机废气分析仪基本结构

汽油机废气分析仪外部结构如图 7-1 和图 7-2 所示。

图 7-1 汽油机分析仪前部

图 7-2 汽油机分析仪后部

（1）废气取样装置

主要由探头、滤清器、导管、水分离器和气泵等组成的。

作用：通过探头、导管和泵从车辆排气管中采集废气，再用滤清器和水分离器滤掉废气中的炭渣、粉尘和少量的水，只把废气送入分析装置。

（2）废气分析装置

主要由红外线光源、气样室、旋转扇轮（截光器）、测量室和传感器等组成。

作用：按照不分光红外线分析法，从来自取样装置的混有多种成分的废气中，测量出 CO 和 HC 的浓度，并以电信号形式输送给废气浓度指示装置。

（3）浓度指示装置

由 CO 指示装置和 HC 指示装置组成。CO 的浓度以体积百分数（％）表示；HC 的浓度以正乙烷当量体积的百万分数（10^{-6}）表示。

（4）校准装置

校准装置是维持分析仪指示精度，使其能正确显示指示值的一种装置。

标准气样校准装置是把标准气样从分析仪的一个专用注入口中直接送到废气分析装置，再通过比较标准气样浓度值和仪表指示值的方法进行校准的装置。

2. 汽油机废气分析仪的工作原理

汽车排放尾气中的 CO、HC、CO_2 等气体分别具有吸收一定波长红外光的能力，其浓度与吸收量成一定的比例关系。吸收后，红外线能量的变化可确定各气体的含量。

汽车废气分析仪采用不分光红外线吸收法原理，测量汽车排放废气中的 CO、HC、CO_2 的成分用光化学电池原理测量排气中的 NO 和 O_2。汽车废气分析仪根据 GB18285—2005 标准的规定，编排了急速和双急速工况下检测的专用程序，对检测结果自动控制。

7.1.2　基本技能

1. 实训准备

（1）着实训工作服。

（2）实训设备：汽油机车辆 1 台，废气分析仪一台。

（3）耗材：标准气样 1 瓶，过滤器 1 个，过滤纸若干。

2. 实训步骤

（1）仪器测量准备

① 仪器使用前，先接通电源，预热 10 min 以上，如图 7-3 所示。

图 7-3　预热界面

② 泄漏检查。仪器预热完成后会自动进入泄漏检查界面，检查取样系统是否有泄漏，这时液晶显示屏将出现提示"用密封套堵住取样探头，然后按任意键执行检漏"，如图 7-4 所示，按任意键开始检漏以后，会出现提示："正在检漏……秒"，如图 7-5 所示。泄漏检查完毕，如有泄漏，会提示重新检查，无泄漏则显示"OK"。

图 7-4　检漏界面图

图 7-5　检漏界面

③ 自动调零。仪器检漏结束后系统将进入自动调零，显示屏上会显示"正在调零……请等待"，如果调零完成，显示屏会显示"OK"，并自动进入主菜单。

（2）气体校准

仪器使用过程中会产生漂移，电化学传感器会老化，因此，仪器使用（一般 3 ~ 6 个月）后应进行量具校准。

标准气样如图 7-6 所示。将标准气插到标准气输入口，输入标准气，如图 7-7 所示，显示器上将出现标准气输入浓度情况，校准时使用的实际校准值以标准气瓶标签上的成分标称值为准。

图 7-6　标准气样

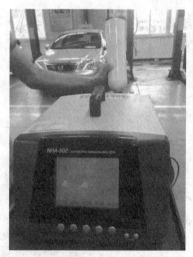
图 7-7　注入标准气

（3）数据设置

进入主菜单，进行相关设置，可以进行测量状态的选择，选择好测量状态后进行测量，并输入车牌号码到废气分析仪中，进行数据存储，检测完后便于查阅或打印。

● 高怠速工况测量：

① 发动机预热到规定的热车状态（一般冷却液温度不低于 80 ℃）。

② 把探头插入尾气排放管中并固定，深度不小于 40 cm，主菜单里点击测量按钮开始检测。

③ 发动机从怠速状态加速至 70%额定转速，运转 30 s 后降至高怠速（一般为 2 500 ± 100）r/min 状态。

④ 维持 15 s 后，由具有平均值功能的仪器读取 30 s 内的平均值，或者人工读取 30 s 内的最高值和最低值，其平均值即为高怠速污染物测量结果。

⑤ 对于使用闭环控制电子燃油喷射系统和三元催化转化器技术的汽车，还应同时读取过量空气系数λ的数值。

⑥ 检测工作结束后，把取样探头从排气管里取出来，让它吸入新鲜空气工作 5 min，以便进行下一个工况测量。

● 怠速工况测量：

发动机从高怠速降至怠速状态 15 s 后，由具有平均值功能的仪器读取 30 s 内的平均值，或者人工读取 30 s 内的最高值和最低值，其平均值即为怠速污染物测量结果。

将检测结果填入表 7-3 汽油机排放污染物的检测与分析表中，对结果进行分析。

若车辆排气管长度小于测量深度时，应使用排气加长管。

表 7-3　汽油机排放污染物的检测与分析表

排放污染物	$HC/10^{-6}$	$CO/\%$
国家标准		
检测结果		
是否合格		
超标原因分析		

注：若为多排气管时，取各排气管测量结果的算术平均值作为测量结果。

测量完毕，显示屏将显示类似，如图 7-8 所示的测量结果。

高怠速平均值

HC	0123	ppm	CO	02.34	%
CO_2	14.86	%	O_2	00.36	%
NO	0305	ppm	Rpm	0700	
T	025	℃	λ	1.03	

低怠速平均值

HC	0123	ppm	CO	02.34	%
CO_2	14.86	%	O_2	00.36	%
NO	0305	ppm	Rpm	0700	
T	025	℃	λ	1.03	

▼

退出　打印　存储

图 7-8　测量结果显示界面

（4）实训设备复位

测量工作结束后，把探头从排气管里取出来，待仪器归零后再关掉电源，收拾仪器放在原始位置，关车门车窗并锁车，清除耗材，车钥匙还给客户，废气分析仪复位。

7.1.3 拓展知识

7.1.3.1 影响汽车尾气排放的主要因素

1. 空燃比的影响

如图 7-9 所示，随着空燃比的增加，CO 的排放浓度逐渐下降，当空燃比小于 14.7：1 时（混合气变浓），由于空气量不足引起燃烧不完全，CO、HC 的排放量增大。空燃比接近理论空燃比 14.7：1，燃烧越完全，CO、HC 降低，O_2 接近于零，而 CO_2 值升高。当空燃比超过 16.2：1 时（混合气变稀），由于燃料成分减少，用通常的燃烧方式已不能正常着火，产生失火，使未燃的 HC 大量排出。混合气过浓将产生大量的 CO、HC，混合气过稀将引起失火而产生过多的 HC。

2. 点火正时的影响

如图 7-10 所示，点火提前角对 CO 的排放没有太大的影响，过分推迟点火会使 CO 没有时间完全氧化而引起 CO 排放量增加，但适度推迟点火可减小 CO 的排放。实际上当点火时间推迟时，为了维持输出功率不变需要开大节气门，这时 CO 排放量明显增加。随着点火提前角的推迟，HC 的含量降低，主要是因为增高了排气温度，促进了 CO 和 HC 的氧化。

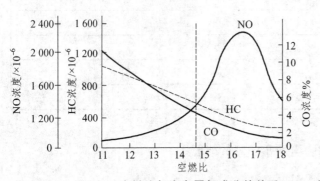

图 7-9　空燃比与汽车尾气成分的关系

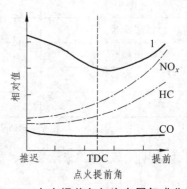

图 7-10　点火提前角与汽车尾气成分的关系

3. 点火能量的影响

火花塞电极间隙影响点火能量，HC 的排放浓度常随着火花塞电极间隙的增加而减少，而 CO 的排放浓度则随着火花塞电极间隙的增大而增加；但当火花塞电极间隙继续增大时，CO 的排放浓度则又随之降低。

4. 汽缸密封性影响

进排气门、气缸衬垫的密封性，活塞、活塞环、缸套的磨损与密封性等，都会影响汽车尾气的排放如气缸压力过低会使燃烧不良，不仅使燃油经济性下降，而且 HC 和 CO 的排放量增加。

5. 有关装置工作状况的影响

曲轴箱强制通风装置、燃油箱蒸发控制装置的工作状况与 HC 的生成有关，二次空气喷射、进气预热的工作状况与 HC、CO 有关，催化转化器的工作温度、转化效率、使用寿命则影响 HC、CO、NO_x 的生成。

7.1.3.2　不同工况下汽车尾气排放浓度值范围

经常性地对车辆进行双怠速排放检测可以及时地从尾气各种排放成分和 λ 值中了解车况，对比表 7-4 和表 7-5，并进行分析判断，当发现排放出现超标异常时，可以及时地按照汽车生产厂提供的保养手册的要求，由易及难分步检修，消除故障，保持发动机的正常运转，同时也改善车辆的动力性和经济性。

表 7-4　不同工况汽车尾气排放浓度值范围

转速	CO/%	HC/10^{-6}	CO_2/%	O_2/%
怠速	0.5 ~ 3	0 ~ 250	13 ~ 15	1 ~ 2
1 500 r/min 空负荷	0 ~ 2.0	0 ~ 200	—	1 ~ 2
2 500 r/min 空负荷	0 ~ 1.5	0 ~ 150	13 ~ 15	1 ~ 2

表 7-5　汽车尾气测试值与系统故障对应规则表

CO	HC	CO_2	O_2	系统故障
很高	很高/高	低	低	混合气浓
很低	很高/高	低	很高/高	混合气稀
高	低	正常	正常	点火过迟
低	高	正常	正常	点火过早
低	很高	低	高	间歇性失火
低	很高	低	低	气缸压力低
变化	变化	低	正常	EGR 阀泄漏
低	低	低	高	排气管漏气

7.1.4　学习小结

1. 任务重点

（1）汽油机的主要排放污染物有 CO、CO_2、HC、NO_x、SO_2、微粒（铅化合物、碳烟、油雾、有机物）、臭气（甲醛、丙烯醛）。

（2）GB18285—2005 规定新车和在用车各自排放标准。

（3）废气分析仪主要结构及作用：

① 废气取样装置主要由探头、滤清器、导管、水分离器和气泵等组成的。作用：通过探头、导管和泵从车辆排气管中采集废气，再用滤清器和水分离器滤掉废气中的炭渣、粉尘和

少量的水，只把废气送入分析装置。

② 废气分析装置主要由红外线光源、气样室、旋转扇轮（截光器）、测量室和传感器等组成。作用：按照不分光红外线分析法，从来自取样装置的混有多种成分的废气中，测量出 CO 和 HC 的浓度，并以电信号形式输送给废气浓度指示装置。

③ 浓度指示装置：由 CO 指示装置和 HC 指示装置组成。CO 的浓度以体积百分数（%）表示；HC 的浓度以正乙烷当量体积的百万分数（10^{-6}）表示。

④ 校准装置：是维持分析仪指示精度，使其能正确显示指示值的一种装置。标准气样校准装置是把标准气样从分析仪的一个专用注入口中直接送到废气分析装置，再通过比较标准气样浓度值和仪表指示值的方法进行校准的装置。

2. 注意事项

（1）仪器应按说明书的规定预热、检漏、调零、校准。

（2）受检车辆检测时发动机冷却水和润滑油温度应达到汽车使用说明书所规定的热状态。

（3）检测结束后，应把检测探头从排气管取出，放置在空气中，让仪器继续工作一会，把取样管中废气排放干净再关机。

7.1.5　任务分析

对于检测尾气成分的浓度，不仅能够了解是否符合国家标准，而且能够通过检测尾气浓度判断汽车故障位置，从而提高汽车动力性及经济性。尾气排放浓度跟很多因素相关，通过分析尾气排放的浓度，了解汽车可能存在的故障位置，进而找到故障并予以排除。

检测汽油车排放污染物，将检测结果填入表 7-6。

表 7-6　汽油车排放污染物的检测与分析

排放污染物	HC/10^{-6}	CO/%	CO$_2$	O$_2$
国家标准				
检测结果				
是否合格				
超标原因分析				

检测设备与车辆：_____　试验日期：_____　试验人员：_____　分析人：_____

7.1.6　自我评估

1. 判断题

（1）当混合气处于理想空燃比浓度的范围时，随着空燃比的提高，CO 和 HC 浓度增加，NO$_x$ 浓度下降。　　　　　　　　　　　　　　　　　　　　　　　（　　）

（2）点火时刻对 NO$_x$、HC 浓度影响很大，无论在任何转速和负荷条件下，增加点火提前角，均使 NO 的排放浓度增加。　　　　　　　　　　　　　　　　　（　　）

（3）取样管插入排气管中的深度对尾气分析仪测量的排气浓度值影响很大。 （　　）

（4）发动机开始暖机后就可以使用尾气分析仪进行尾气检测。 （　　）

（5）汽油机在怠速小负荷时，充气量少，混合气浓，温度低，燃烧速度慢，易引起不完全燃烧，使排气中的 CO、HC 含量增多。 （　　）

（6）在发动机处于冷态或预热不够充分，发动机没有达到正常工作温度的状态下测得的尾气参数，对故障没有分析价值。 （　　）

2. 选择题

（1）按《点燃式发动机汽车排气污染物限值及测量方法（双怠速法和简易工况法）》（GB18285—2005）规定，进行怠速排放测量时，应将排气分析仪取样探头插入排气管中，深度不少于（　　）mm。

　　A. 300　　　　　　　　B. 400　　　　　　　　C. 500

（2）对（　　）和装有三效催化转化器的汽车，按 GB18285—2005 规定，要进行过量空气系数的测定。

　　A. 使用闭环控制电子燃油喷射系统的汽车

　　B. 轿车

　　C 污染严重超标的汽车

（3）使用不分光红外线（NDIR）气体分析仪测量汽油车排放污染时，是在汽油机（　　）工况下测量的。

　　A. 双怠速　　　　　　B. 自由加速　　　　　　C. 全负荷

（4）当测试的一氧化碳（CO），碳氢化合物（HC）高，二氧化碳（CO_2），氧气（O_2）低时，表明发动机内的混合气（　　）。

　　A. 很稀　　　　　　　B. 很浓　　　　　　　C. 很不均匀

任务 7.2　柴油车尾气检测

任务情景

 【任务描述】

一辆轿车来检测站进行年检，其中有一项目需要对该车的排放尾气做检测，将如何完成这项任务？步骤是什么？

 【任务提示】

根据国家标准 GB3847—2005《车用压燃式发动机和压燃式发动机汽车排气烟度排放限值及测量方法》中有关规范进行检测，分析与评定尾气的成分浓度，了解柴油车可能存在的故障位置。

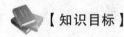
任务目标

【知识目标】

（1）掌握柴油机主要污染物的形成及危害。

（2）了解柴油机排放污染物的排放标准。

（3）熟悉柴油机烟度计的基本结构与工作原理。

【能力目标】

（1）熟悉柴油机烟度计操作程序，能够对柴油机排放污染物进行检测。

（2）能够通过烟度计测量分析柴油机车辆尾气。

必备知识

7.2.1 基本知识

7.2.1.1 柴油机主要污染物的形成及危害

汽车的主要排放污染物有 CO、CO_2、HC、NO_x、SO_2、微粒（铅化合物、碳烟、油雾、有机物）、臭气（甲醛、丙烯醛）。在相同工况下，汽油机排放的 CO、HC 和 NO_x 排放量比柴油机大。因此，目前的排放法规对汽油机主要限制 CO、HC 和 NO_x 的排放量，对柴油机主要检测碳烟。

1. 一氧化碳（CO）的形成及危害

柴油机 CO 主要源于喷注中过浓部分的不完全燃烧。只有较低负荷，温度过低以及高负荷和在喷油过程中，在高压油管内燃油波动造成的二次喷射和喷油器滴漏等不正常喷射的情况下，才会出现较高的 CO 排放值，即 CO 排放值随过量空气系数的变化呈两头高、中间低的特点。危害同汽油车一样。

2. 碳氢化合物（HC）的形成及危害

在柴油机中 HC 的形成，主要有两个原因：一是在滞燃期中，处于喷注前缘的极稀混合气，其浓度远低于燃烧极限而无法着火。其中的一部分混合气，在后续过程中，避开了缸内燃烧而被排出。滞燃期越长，滞燃期中的喷油量越多。过分稀释的混合气也越多，HC 的排放也就增多。二是喷油过程中，混合气由于混合不良导致 HC 增多。最主要的情况是燃油的喷射期过长。总体上看，柴油机低负荷时，混合气更稀，缸内温度又低，所以 HC 排放量随负荷减小而上升。危害同汽油车一样。

3. 氮氧化物（NO_x）的形成及危害

NO_x 是空气在柴油机燃烧室的高温条件下，由空气中的 N 和 O_2 反应生成。燃烧废气的温度越高，燃烧后残留的氧气浓度越大，高温维持时间越长，NO_x 的生成量越多。发动机刚排

出的 NO_x 中，有少量的 NO_2，但大部分是 NO。在大气中，NO 会很快氧化成 NO_2。通常把 NO 和 NO_2 统称为 NO_x。危害同汽油车一样。

4. 碳烟的形成及危害

相比较汽油机，柴油机排烟可分为白烟、蓝烟和黑烟 3 种。不同的烟色形成的原因不同，根据分析得出，起决定作用的是温度：在 250 ℃ 以下形成的烟通常是白色的；从 250 ℃ 到着火温度形成蓝烟；黑烟只有在着火后才出现。

（1）白　烟

一般在低温起动不久及怠速工况时发生。此时，气缸中温度较低，着火不好，未经燃烧的燃料和润滑油呈液滴状，随废气排出而形成白烟。正常的发动机在暖车后，一般就不再形成白烟。改善柴油机的起动性可减少白烟。

（2）蓝　烟

通常在柴油机尚未预热或低负荷运转时发生。此时，燃烧室温度较低，在 600 ℃ 以下，燃烧着火性能不好，部分燃料和窜入燃烧室的润滑油未能完成燃烧，形成比白烟更小的颗粒，同时有燃烧不完全的中间产物排出（如甲醛等）排出，因此蓝烟常常有刺激性臭味，如图 7-11 所示。

（3）黑　烟

通常在柴油机大负荷时发生，例如当汽车加速，爬坡及超负荷时排气就冒黑烟，如图 7-12 所示。

碳烟颗粒中对人体和大气环境危害最大的是 2.5 µm 左右的微粒，它悬浮于离地面 1～2 m 高的空气中，容易被人体吸收。对人体危害大的是碳烟颗粒上夹附的 SO_2 和多环芳香烃、苯并芘等有害物质。

图 7-11　柴油机排放的蓝烟

图 7-12　柴油机排放的黑烟

7.2.1.2　柴油机排放污染物的排放标准

根据 GB3847—2005《车用压燃式发动机和压燃式发动机汽车排气烟度排放限值及测量方法》，对标准实施前后的在用柴油车，按照生产日期规定了不同的排放限值。

（1）对于 2001 年 10 月 1 日前生产的在用汽车

自 1995 年 6 月 30 日以前生产的在用汽车和 1995 年 7 月 1 日起至 2001 年 9 月 30 日期间生产的在用汽车，应按《在用汽车自由加速试验滤纸式烟度法》的要求进行在自由加速试验，所测得的自由加速烟度排放限值，如表 7-7 所示。

表 7-7　柴油车自由加速烟度排放限值

汽车类型	烟度值/Rb
1995 年 6 月 30 日前生产的在用车	5.0
1995 年 7 月 1 日至 2001 年 9 月 30 日期间生产的在用车	4.5

（2）对于 2001 年 10 月 1 日起生产的在用汽车

自 2001 年 10 月 1 日起至 2005 年 7 月 1 日生产的在用汽车，应按标准规定的《在用汽车自由加速试验不透光烟度法》的要求进行自由加速试验，所测得的自由加速烟度排放限值，如表 7-8 所示。

表 7-8　柴油车自由加速烟度排放限值

汽车类型	排气光吸收系数/m^{-1}
自然吸气式	2.5
涡轮增压式	3.0

（3）对于 2005 年 7 月 1 日以后生产的在用汽车

自 2005 年 7 月 1 日起，按标准规定经形式核准生产的在用汽车，应按《在用汽车自由加速试验不透光烟度法》进行自由加速试验，所测得的排气光吸收系数不应大于车型核准的自由加速排气烟度排放限值，再加 0.5 m^{-1}。

7.2.1.3　柴油机烟度计基本结构与工作原理

多年来，我国一直规定采用滤纸式烟度计测量柴油车全负荷和自由加速时的烟度，为了使排放法规与国际接轨，2000 年开始实施的排放标准引入了不透光度的概念，用光吸收系数来度量可见污染物的多少，规定在全负荷稳定转速实验和自由加速实验时，对压燃式发动机和装有压燃式发动机的车辆排气可见污染物采用不透光烟度计进行测量。目前在用的车辆基本上都是 2000 年以后生产的，因此这里重点讲解不透光烟度计。

1. 不透光烟度计基本结构

NHT-1 型不透光烟度计仪器主要由测量单元，控制单元，取样探头，连接电缆等组成，如图 7-13 所示。

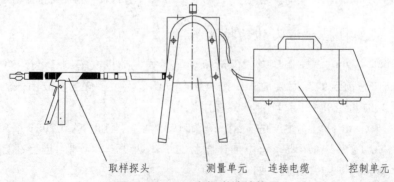

取样探头　　　测量单元　连接电缆　　　控制单元

图 7-13　不透光烟度计结构图

其主要功能特点：采用取样式（分流式）测量方式；采用"空气气幕"保护技术，使光学系统免遭排烟污染；测量室恒温控制，防止排气中水分冷凝，影响测量；具有不透光度和光吸收系数两种示值。

2. 不透光烟度计工作原理

不透光烟度计测量排烟污染程度的原理是使光束通过一段给定长度的排烟，通过测量排烟对光的吸收程度来决定排烟对环境的污染程度。

以 NHT-1 型为例，如图 7-14 所示，不透光度计测量单元的测量室是一根分为左右两部分的圆管，被测排气从中间的进气口进入，分别穿过左圆管和右圆管，从左出口和右出口排出。左右两侧装有两个凸透镜，左端装有绿色发光二极管，右端装有光电转换器，发光二极管至左透镜及光电转换器至右透镜的光程都等于透镜的焦距。因此，发光二极管发出的光通过左透镜后就成为一束平行光，再通过右透镜后，汇聚于光电转换器上，并转换成电信号。排气中含烟越多，平行光穿过测量室时光能衰减越大，经光电转换器转换的电信号就越弱。

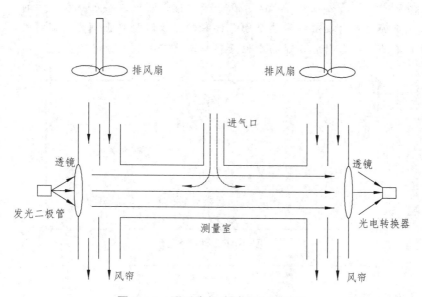

图 7-14　不透光烟度计工作原理图

排气中夹带着许多碳烟微粒，如果让排烟直接接触左右透镜的表面，碳烟微粒将会沉积在上面，吸收光能，从而影响测量结果。为使光学系统免遭烟的污染，仪器采用了"空气气幕"保护技术。图中的排风扇将外界的清洁空气吹入左右透镜与测量室出口之间的通道，使透镜表面形成"风帘"，避免其沾染上碳烟微粒。

排气中含有水分，由于排气管的温度较高，刚进入仪器时，排气中的水分仍保持在气态。如果仪器测量室管壁的温度比排气温度低很多，排气中的水蒸气就要冷凝成雾，影响测量结果。为了防止冷凝的影响，测量室管壁的温度应始终保持在 70 ℃ 以上，为此测量室装有加热及恒温控制装置。

7.2.2 基本技能

1. 实训准备

（1）着实训工作服。

（2）实训设备：柴油机车辆 1 台，不透光烟度计 1 台。

（3）耗材：打印纸若干。

2. 实训步骤

① 仪器使用前，先接通电源，预热 15 min。

安装好仪器，接通电源，出现如图 7-15 所示的界面，仪器刚进入此界面时，显示："正在检测，请稍等。"，然后开始预热，提示转换为："正在预热"，提示后面是以倒计时方式显示的"剩余预热时间"，预热时间为 15 min。在预热期间，可以使用↑↓键调整液晶显示屏的亮度。预热倒计时结束后，仪器将进行自动校准，并进入"主菜单" 界面，如图 7-16 所示。

注意：预热期间，请勿将取样探头放在车辆的排气管中，而应放在清洁的空气中，以便预热后仪器能正确地自动校准。预热期间若按 S 键，仪器将终止预热，提前进入工作状态。但是预热时间不足，将会引起仪器的零位漂移和示值误差超差。

NHT-1
不透光度计
版本 7.1

状态：正在预热。 剩余时间：××分××秒
↑↓键调整亮度，S 键退出。

图 7-15　预热界面

主菜单

→ 1. 实时测试
2. 在用车自由加速试验
3. 新生产车自由加速试验
4. 诊断
5. 参数设置
6. 报警信息
7. 版本信息

状态：↑↓键选择，K 键确认。

图 7-16　主菜单

② 实时测量校准。被测车辆在进行测试前须热车一段时间，若车辆是正在行驶，则不必热车。进入主菜单中的"实时测量"，按↓键进行校准，仪器将提示"正在校准，请稍等"，校准完成，仪器提示"校准完成"，如图 7-17 所示。

	瞬时值	最大值
转速（rpm）	0	0
N（%）	0.0	0.0
K（/m）	0.00	0.00
油温（℃）	28	

状态：↑键清除，↓键校准，K 键打印，S 键退出。

图 7-17　实时测量界面

当执行校准操作时，仪器在内部自动校准零位（0%）及满量程位（99.9%），校准过程约需 3 s。

注意：校准时须将仪器的测量单元及取样探头放于清洁空气的环境下，以便仪器自动校准准确，否则测量结果可能会失准。

③ 实时测量。校准完毕，将测量单元放于汽车排气管附近。由于测量单元在进行测量时，须吸入干净空气作为保护气幕，若吸入废气，则会影响测量结果。因此测量单元不应放置在废气扩散的方向上，应与之保持垂直，如图 7-18 所示。

在将取样管插入车辆排气管前，应先将车辆油门连续踩下 2~3 次，使发动机内的烟碳全部排出，以便测量准确。将取样探头插入所测车辆的排气管时需注意：取样探头必须插入排气管内约 30 cm（除排气管直线长度小于此长度外），在此情况下，应尽可能地插入接近此长度。

注意：不应使取样探头的管口被排气管内的弯曲处阻挡，以免影响测量结果，应保证取样探头插入方向与排气方向相一致，如图 7-19 所示。

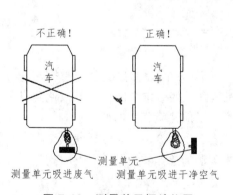

图 7-18　测量单元摆放位置

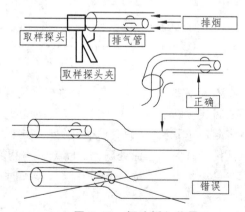

图 7-19　探头插入位置

④ 在用车自由加速试验。如图 7-20 所示，在主菜单中进入"在用车自由加速试验"菜单项，按 K 键确认后，仪器将进入在用车自由加试验界面，如图 7-21 所示。在此界面下，

可按 GB3847—2005 的规定进行 3 次自由加速试验，屏幕左边显示试验结果，右边显示瞬时值数据和测量次数，可动态观察仪器的测量状态。

按↑键开始测试，屏幕将提示"请将探头放于清洁处，准备校准。"仪器延时 4 s 后将自动进入校准操作，并提示"正在校准，请稍等"，表示仪器正在进行校准操作。

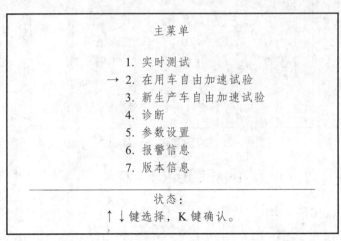

图 7-20　主菜单

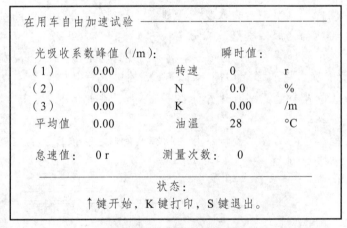

图 7-21　自由加速实验

a. 校准完成后，仪器将提示"校准完成，请插入探头并保持怠速。"此时操作者应先将车辆油门连续踩下至少 3 次，使排气系统和发动机内积累的烟碳全部排出，以便测量准确。然后将测量单元放于汽车排气管附近，如图 7-18 所示。应注意任何时候，不应使取样探头的管口被排气管内的弯曲处阻挡，以免影响测量结果，如图 7-19 所示。然后使汽车发动机转速保持在怠速状态，并按 K 键确认，仪器此时将检测车辆的怠速转速，并将此怠速显示在"怠速值"一栏中。

b. 怠速检测完成后，仪器将提示"请加速。"，见此提示后，操作者可开始进行自由加速试验，其方法为：迅速踩下车辆的油门踏板，使发动机急剧加速至最高额定转速，并保持该转速，直至屏幕提示出现"请减至怠速，并保持"为止，（操作人员在远离仪器而看不到提示的情况下，可保持最高转速约 3 s 即可），然后立即松开油门踏板，使发动机恢复至怠速状态。

仪器提示"请加速"的时间为 5 s，提示"请减至怠速，并保持"的时间为 10 s，超过 15 s 后，仪器将自动停止采样，转入数据处理程序，从采样数据中找出最大值，作为本次的测量结果，并将它显示在屏幕的左边区域。

c. 一次测试结束后会自动转入下一次测试，仪器将显示"请加速"，操作人员可重新开始另一次自由加速试验，此时可重复第 c 步操作，仪器只保存连续 3 次的测量数据，并在每次测试完成后立即显示本次的光吸收系数峰值。

d. 按照 GB3847—2005 的规定，在用车自由加速试验应重复 3 次，并将这 3 次峰值的算术平均值作为测量结果。此界面下连续试验 3 次试验完成后，屏幕中的"平均值"一栏就会有数据出现。在试验过程中可按↓键中止试验过程，此时将提示"测试中止，数据无效。"。试验结束后，可按 K 键打印 3 次试验的峰值及其平均值、怠速值。

e. 测量完成，将取样探头从车辆的排气管中取出，将测量单元放回清洁处。

⑤ 新生产车自由加速试验

在主菜单中进入"新生产车自由加速试验"菜单项，如图 7-22 所示，按 K 键确认后，仪器将进入新生产车自由加速试验界面，如图 7-23 所示。

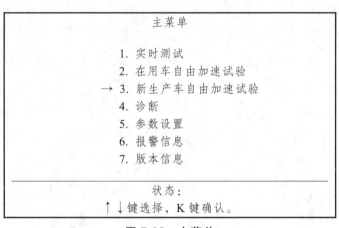

```
                    主菜单

          1. 实时测试
          2. 在用车自由加速试验
      →   3. 新生产车自由加速试验
          4. 诊断
          5. 参数设置
          6. 报警信息
          7. 版本信息
      ─────────────────────────────
              状态：
          ↑↓键选择，K 键确认。
```

图 7-22 主菜单

```
  新生产车自由加速试验 ────────────────────

     光吸收系数峰值（/m）：              瞬时值：
    （1）      0.00         转速      0        r
    （2）      0.00         N        0.0      %
    （3）      0.00         K        0.00     /m
    （4）      0.00         油温      28       ℃
     平均值    0.00

     怠速值：  0 r      测量次数：   0
    ─────────────────────────────
               状态：
        ↑键开始，K 键打印，S 键退出。
```

图 7-23 新车自由加速实验界面

按↑键开始测试，屏幕将提示"请将探头放于清洁处，准备校准。"仪器延时 4 s 后将自动进入校准操作，并提示"正在校准，请稍等"，表示仪器正在进行校准操作。

这个检测与再用车基本一样，区别在于：在测量阶段仪器提示"请减至怠速，并保持"的时间为 7 s，超过 12 s 后，仪器将自动停止采样。这里的时间与在用车有所区别。

按照 GB3847—2005 的规定，新生产车自由加速试验至少应重复 6 次，如果光吸收系数示值连续 4 次均在 0.25 m^{-1} 的带宽内，并且没有连续下降的趋势，则将这 4 次示值的算术平均值作为测量结果。本仪器在进行 6 次自由加速试验后，会自动根据以上条件判断是否结束试验。只要连续 4 次测量结果中最大值与最小值的差值小于 0.25 m^{-1}，显示屏幕中的"平均值"一栏就会有数据出现，并结束试验，否则测试须一直进行下去。此界面下最大连续试验次数为 15 次。若试验次数已达 15 次，数据还不符合结束条件，则试验结束，显示最后 4 次测量结果及其平均值，并提示"测试中止，数据无效"。实训设备复位。

7.2.3 拓展知识

1. 滤纸式烟度计

（1）基本构造

如图 7-24 所示，滤纸式烟度计主要由取样装置、烟度测量与指示装置、控制装置、校准装置等组成，其外形如图 7-25 所示。

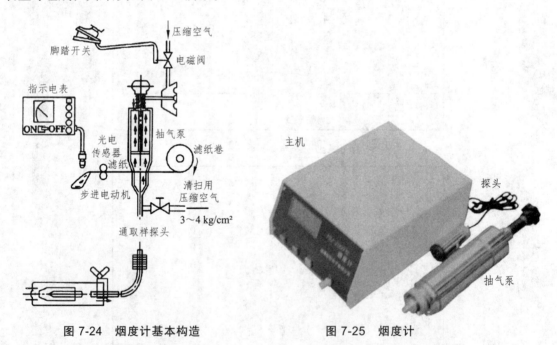

图 7-24 烟度计基本构造　　　　　图 7-25 烟度计

（2）基本检测原理

用滤纸式烟度计测试自由加速工况下柴油机烟度时，需从排气管抽取规定容积的废气，并使之通过规定面积的标准洁白滤纸，其滤纸被染黑的程度称之为烟度。

它利用吸气泵在一定时间内吸取一定量的废气，并使这部分废气通过一定面积的滤纸，使废气中的碳烟粒子吸附在滤纸上，滤纸变黑，然后用一定的光线照射滤纸，并用光电池接受反射光，再根据光电池产生的电流使仪表指针偏转，把烟度用污染度（%）的形式显示。

（3）滤纸式烟度计使用步骤

a. 测量。仪器接通电源，显示"0.00"，此时可通过键盘完成各种操作。测量前烟度计通电预热 15 min。把取样管一端接烟度计的样气进气口，另一端插入柴油汽车或柴油发动机的排气管，按键盘上"测量"键烟度计则自动完成测量，并显示结果，当完成 3 次测量后计算平均值并显示。当对柴油汽车进行测量时也可通过挂接在加速踏板上的脚踏开关起动测量。

b. 抽气。当要测量烟度计的抽气量或进行抽气操作时，先把取样管一端接烟度计的样气进气口，然后按"抽气"键，烟度计进行抽气操作。抽气操作完成后烟度计处于等待复位状态，按"复位"键使仪器重新进入待命状态。

c. 穿纸。打开仪器箱盖按"穿纸"键使压纸机构打开，把测试过滤纸穿好，再按"穿纸"键使压纸机构复位。

d. 走纸。在待命状态下按下"走纸"键，仪器走过滤纸。

e. 复位。在任何状态下按"复位"键，仪器马上复位回到待命状态。

7.2.4　学习小结

1. 任务重点

（1）柴油机的主要排放污染物有 CO、HC、NO_x、碳烟。

（2）GB3847—2005 规定的在用车排放标准，自 2005 年 7 月 1 日起，按标准规定经形式核准生产的在用汽车，应按《在用汽车自由加速试验不透光烟度法》进行自由加速试验，所测得的排气光吸收系数不应大于车型核准的自由加速排气烟度排放限值，再加 0.5 m^{-1}。

（3）柴油机测量有两种：不透光烟度计和滤纸式烟度计，不透光烟度计现在使用较多，滤纸式烟度计之前应运较多。

2. 注意事项

（1）仪器的测量单元必须进行定期的维护保养。

（2）按照仪器的要求进行检测。

3. 在用柴油车排气烟度检测结果分析

在用柴油车排气烟度检测结果超标，主要原因是柴油机供油系统调整不当所致。此外，柴油机气缸活塞组和曲柄连杆机构的技术状况及柴油的质量等对排放烟度也有影响。柴油机供油系统调整不当和相关系统技术状况的变化主要表现在柴油机冒黑烟、蓝烟及白烟故障。其中，黑烟对排放烟气检测结果的影响最大。柴油机工作时黑烟浓重，其故障多属于喷油量过大，雾化不良，各缸喷油量不均匀，喷油时刻过早，调速器失调和空气滤清堵塞等因素引起，建议做如下检查：

（1）检查个别缸喷油量用分缸停止供油和结合观察排气烟色的方法予以判别。如某缸停止供油（旋松喷油器）后，烟色减轻，即为该缸喷油量过大。

（2）检查该缸喷油泵柱塞调节齿扇固定螺钉是否松脱。

（3）检查喷油器是否良好。检查喷油器时，可将喷油器从气缸体上拆下，仍然连接高压油管，用旋具撬动该缸喷油泵柱塞弹簧座，作喷油动作，观察喷油雾化情况和有无滴油现象。若雾化不良，则应解体检查喷油器。

（4）检查调速器。若各缸喷油量均过大，应打开调速器盖，检查调节齿条的刻度是否向喷油泵体内移动过多（刻线应与喷油泵壳后端面平行），同时，还需检查调速器飞块是否卡滞而引起喷油量过大。如在柴油机冒黑烟同时，还可以听到气缸内有清脆的敲击声，则说明喷油时刻过早，应正确校准喷油正时。如检查中发现空气滤清器堵塞（滤芯脏污），应即清洗、吹净，并按规定加注新润滑油。

此外，柴油车冒黑烟还与柴油质量有关，为使着火性能良好，一般柴油机选用十六烷值为 40～45 的柴油为宜。若十六烷值超过 65，则柴油蒸发性变差，致使燃烧不彻底，工作时也可发生冒黑烟现象。

7.2.5　任务分析

1. 受检车辆检测结果分析

受检车辆需先看生产年限，在年限范围内进行对比。参照标准来进行比较分析。比如 2010年款的哈弗轿车，就要对应最新标准及 2005 年以后生产的车型来对比，如果不在标准范围内，有可能是什么原因导致的，需要结合数据做进一步分析。

2. 实训检测数据

将测量结果填入表 7-9 中，并将检测结果数据进行分析。

表 7-9　柴油车尾气检测数据分析

排放污染物	烟度值/Rb
国家标准	
检测结果	
是否合格	
超标原因分析	

检测设备与车辆：_____　试验日期：_____　试验人员：_____　分析人：_____

7.2.6　自我评估

1. 判断题

（1）对在用柴油车排放检测只进行车辆自由加速试验滤纸烟度法检测。　　　　（　　　）

（2）符合排放标准的车辆也可能存在故障。　　　　（　　　）

2. 选择题

（1）自 2001 年 10 月 1 日起至 GB3847—2005 实施之日生产的汽车，应按要求进行自由加速试验，自然吸气式发动机所测得的排气光吸收系数应小于等于（　　　）m^{-1}。

    A. 2.0　　　　　　　　　　B. 2.5　　　　　　　　　　C. 3.0

（2）按《压燃式发动机和压燃式发动机汽车排气烟度排放限值及测量方法》（GB3847—2005）的规定，2001 年 10 月 1 日前生产的柴油车的排气污染物的检测应用（　　　）进行检测。

    A. 烟度计　　　　　　　　B. 不透光烟度计　　　　　　C. 烟度计和不透光烟度计

（3）按《压燃式发动机和压燃式发动机汽车排气烟度排放限值及测量方法》（GB3847—2005）的规定装配压燃式发动机的车辆排放污染物的检测，应采用（　　　）。

    A. 急速法　　　　　　　　B. 双急速法　　　　　　　　C. 自由加速试验法

（4）采用滤纸烟度法测量柴油机烟度是在（　　　）下进行。

    A. 低速　　　　　　　　　B. 自由加速　　　　　　　　C. 全负荷

任务 7.3　汽车噪声检测

 任务情景

【任务描述】

一辆汽车来到检测站进行噪声检测，将如何完成本项检测任务？步骤是什么？

【任务提示】

根据 GB18565—2012《营运车辆综合性能要求和检验方法》中的规定，对于在用汽车，从汽车定置噪声、客车车内噪声、驾驶员耳旁噪声和喇叭声级四个方面，对汽车噪声进行控制，并规定噪声的限值和检测方法。

 任务目标

【知识目标】

（1）掌握汽车噪声污染的影响因素及危害。

（2）了解汽车噪声检测标准。

（3）熟悉声级计的基本结构与工作原理。

【能力目标】

（1）熟悉声级计正确使用方法。

（2）能够通过声级计检测分析汽车噪声污染情况。

必备知识

7.3.1　基本知识

7.3.1.1　汽车噪声污染的影响因素及危害

汽车噪声是由汽车产生的不同频率、不同声强组合在一起而形成的杂乱的声音。按照噪声产生的过程，可将汽车噪声源大致分为两类：

一类是与发动机运转有关的噪声，主要包括发动机运转时发出的燃烧噪声、机械噪声、进排气噪声和风扇噪声，以及发动机运转时所带动的各种附件（如压气机、发电机等）发出的噪声。

另一类是与汽车行驶有关的噪声，主要包括传动机构（变速器、传动轴及驱动桥）的机械噪声、轮胎在地面上滚动发出的噪声、制动器噪声、车身振动及和空气阻力作用产生的噪声。汽车的这些噪声源主要引起车外噪声和车内噪声，车外噪声是交通噪声的重要公害源，车内噪声关系到车辆乘坐的舒适性。为此，很有必要对汽车噪声的影响因素进行分析。

1. 发动机噪声的影响

（1）燃烧噪声的影响

燃料的不正常燃烧会使燃烧噪声增大。发动机燃烧噪声是混合气燃烧时，使气缸内压力急剧上升产生的动负荷和冲击波引起的高频振动，经气缸盖、气缸套、活塞、连杆、曲轴及主轴承传播而辐射出来的噪声。

汽油机的正常燃烧噪声，在发动机噪声中占次要的地位。但是，对爆震和表面点火等不正常燃烧所产生的噪声，必须给予重视。当爆震时，气缸内的气体压力急剧上升，产生"敲缸"，其主要是由于汽油品质不良和点火提前角过大等因素造成的。对于压缩比高的汽油机，由于积炭多，产生过热，引起表面点火，从而导致气缸内压力剧增，这样，就会产生"工作粗暴"，对这种现象，只要清除燃烧室积炭，即可消除。

（2）机械噪声的影响

发动机机械噪声是发动机运转过程中，由于气体压力及机件的惯性作用，使相对运动零件之间产生撞击和振动而形成的噪声。主要包括：活塞连杆组噪声（活塞、连杆、曲轴等运动件撞击气缸体产生的噪声）、配气机构噪声（气门开闭冲击声、配气机构冲击声和气门弹簧振动声）、柴油机供给系统噪声（喷油泵噪声、喷油器噪声和喷油管噪声）及其他机械噪声（发电机噪声、空气压缩机噪声，液压泵噪声）。

活塞连杆组噪声是发动机最主要的机械噪声源。其噪声大小与活塞和缸壁间隙、发动机转速、负荷、活塞与缸壁间润滑条件、活塞的结构及材料、活塞环数及张力、缸套厚度等有关。在使用中，随着发动机技术状况的变化，如因磨损使各配合副间隙增大，润滑条件变差及连接件和紧固件松动等，都会使机械噪声增大，因此，使用中加强发动机各机构的维护，保持其技术状况良好，可以避免机械噪声的增大。

（3）进、排气噪声的影响

进、排气噪声是由于发动机在进、排气过程中的气体压力波动和气体流动所引起的振动而产生的噪声。按照噪声形成的机理，都属于空气动力噪声。其中排气噪声是仅次于发动机本体噪声并与风扇噪声同等重要的噪声源，有时往往比发动机本体噪声高 10 ~ 15 dB（A）。进气噪声比排气噪声小，但是它所特有的低频成分可使车身发生共振，是产生车内噪声的原因之一。进、排气噪声主要包括从吸气、排气部位放射出的空气声，进、排气系统零件表面激发声及排气系统的漏气声。

（4）风扇噪声

在风冷发动机中，风扇噪声是重要的噪声源。特别是近年来，一些车辆由于安装隔声装置和装设车内空调系统及排气净化装置等原因，使发动机罩内温度上升，风扇负荷加大，噪声变得更加严重，如图 7-26 所示。

图 7-26　噪声污染

2. 传动机构噪声

变速器噪声主要是因齿轮振动引起的噪声，以及轴承运转声、润滑油搅拌声、发动机振动传至变速器箱体而辐射的噪声等。齿轮机构噪声是由齿轮啮合时所产生的噪声和齿轮固有振动噪声所组成。影响齿轮噪声的主要因素有：齿轮的运转状况、齿轮的设计参数、齿轮的加工精度等。选择合适的齿轮材料，设计固有的振动频率高、密封性好、隔热声性能强的齿轮箱等均可降低变速器噪声。

3. 制动噪声

制动噪声是汽车制动过程中由制动器摩擦诱发引起制动器等部件振动发出的声响，通常称为制动尖叫声。特别是制动器由热态转为冷态时更容易产生这种噪声。特别是高频噪声不仅影响汽车的舒适性，还会给驾驶员的心理造成一定的影响。

4. 轮胎噪声

轮胎噪声包括：轮胎花纹噪声、道路噪声、弹性振动噪声以及轮胎旋转时搅动空气引起的风噪声。影响轮胎噪声的主要因素有：轮胎花纹、车速及负荷、轮胎气压、传配情况、轮胎磨损程度、路面状况等。

噪声是一种杂乱无章的声音，它不仅能引起人体的生理改变和损伤，比如头晕、耳鸣、疲乏、失眠、心慌、血压升高等症状，而且能导致对心理、生活和工作的不利影响。汽车噪音损害听力、易引发心血管疾病、影响人的神经系统并使人急躁、易怒、影响睡眠，造成疲倦等，故对汽车噪声的测量及控制很有必要。

7.3.1.2 汽车噪声检测及标准限值

根据《营运车辆综合性能要求和检验方法》（GB18565—2012）中规定，对于在用汽车，从汽车定置噪声、客车车内噪声、驾驶员耳旁噪声和喇叭声级四个方面，对汽车噪声进行控制，并规定了噪声的限值和测量方法。

1. 客车车内噪声标准

根据《机动车运行安全技术条件》（GB7258—2012）规定，客车以 50 km/h 的速度匀速行驶时，客车车内噪声声级不大于 79 dB（A）。

2. 驾驶员耳边噪声

根据《机动车运行安全技术条件》（GB7258—2012）中规定，汽车驾驶员耳旁噪声声级应不大于 90 dB（A）。

3. 喇叭声级

为了使汽车喇叭起到警示功能，喇叭声级不能过低，但同时为减少喇叭噪声对城市环境的影响，喇叭声级应作适当控制，根据 GB18565—2012 的规定，喇叭声级应在 90～115 dB（A）的范围内。

（1）汽车定置噪声是指被检车辆定置（不行驶）在测量场地上，发动机处于空载运转状态，按 GB16170—1996 中规定的方法测得的噪声，其限值如表 7-10 所示。

表 7-10 汽车定置噪声限值

车辆类型	燃料种类		1998 年 1 月 1 日前出厂车辆	1998 年 1 月 1 日起出厂车辆
轿车	汽油		87	85
轻型客车、货车	汽油		90	88
轻型客车、货车、越野车	汽油	$n \leq 4\,300$ r/min	94	92
		$n > 4\,300$ r/min	97	95
	柴油		100	98
中型客车、货车、大型客车	汽油		97	95
	柴油		103	101
重型货车	柴油	$P \leq 147$ kW	101	99
		$P > 147$ kW	105	103

注：P——发动机额定功率；
　　n——发动机额定转速。

7.3.1.3 声级计的基本结构与工作原理

1. 声级计的基本结构

声级计主要由传声器、放大器、衰减器、计权网络、检波器和指示器、电源组成，其实物如图 7-27 所示。

① 传声器，是把声压信号转变为电压信号的装置，也称为话筒，常见的传声器有晶体式、驻极体式、动圈式和电容式。电容式传声器的结构示意图如图7-28所示，主要由金属膜片与电极构成平板电容的两个极板，膜片受到声压作用膜片发生变形，两个极板间距离发生变化，电容量发生变化，产生交变电压波形，在传声器线性范围内与声压级波形成比例，实现将声压信号转变为电压信号的作用。

图7-27 声级计实物图他

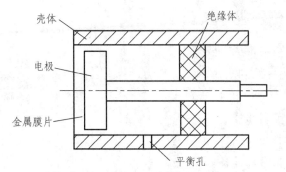

图7-28 电容式传声器结构示意图

② 放大器，电容传声需要用放大器把电信号加以放大。声级计中的放大器要求有一定的放大量、一定的动态范围、较宽的频率范围和非线性失真要小（不大于1%）。目前流行的许多国产与进口的声级计，在放大线路中都采用两级放大器，即输入放大器和输出放大器，各组放大器前都接有衰减器。

③ 衰减器，用于提高信噪比。衰减器分为输入衰减器和输出衰减器两部分，输出衰减器接在第一组放大器和第二组放大器之间，而且在一般测量时，使输出衰减器尽量处在最大衰减位置。这样，当测量较大信号时，由于输出衰减器的衰减作用，使输入衰减器的衰减量减小，加到第一组放大器的输入信号就提高了，信噪比也得到提高。

④ 计权网络，是为了模拟人耳听觉在不同频率有不同的灵敏性，在声级计内设有一种能够模拟人耳的听觉特性，把电信号修正为与听感近似值的网络。计权网络一般有 A、B、C 三种。A 计权声级是模拟人耳对 55 dB 以下低强度噪声的频率特性。B 计权声级是模拟 55 ~ 85 dB 的中等强度噪声的频率特性。C 计权声级是模拟高强度噪声的频率特性。如单位为 dB，且使用的是 A 计权网络，则应记为 dB（A）。

⑤ 检波器和指示器，检波器用来将放大器输出的交流信号检波（整流）成直流信号，以便在指示器上获得适当的指示 这个直流电压的大小要正比于输入信号的大小根据测量的需要，检波器分为峰值检波器、平均值检波器和均方根值检波器。

⑥ 电源，对于便携式声级计，为了便于现场测量，要求用电池作为电源用于供电。

2. 声级计工作原理

如图7-29所示，传声器将声音转换成电信号，再由前置放大器变换阻抗，使传声器与衰减器匹配。放大器将输出信号加到计权网络，对信号进行频率计权（或外接滤波器），然后再经衰减器及放大器将信号放大到一定的幅值，送到有效值检波器（或外按电平记录仪），在指示表头上给出噪声声级的数值。

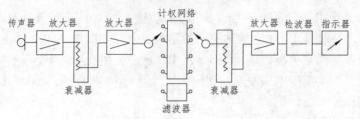

图 7-29　声级计工作原理

7.3.2　基本技能

1. 实训准备

（1）着实训工作服。

（2）实训设备：车辆1台，声级计1只。

2. 实训步骤

（1）汽车定置噪声测量

① 测量前准备。

a. 车辆尽量置于测量场地的中央，变速器挂空挡，拉紧驻车制动器，离合器接合。

b. 发动机机罩、车窗与车门应关闭，车辆的空调器及其他辅助装置应关闭。

c. 测量时，发动机冷却液温度、机油油温应符合汽车制造厂的规定。

② 测量次数。

每类试验的每个测量点重复进行试验，直到连续出现3个读数的变化范围在2 dB内为止，并取其算术平均值作为测量结果。

③ 排气管噪声测量。

排气噪声测量场地和传声器位置，如图 7-30 所示。

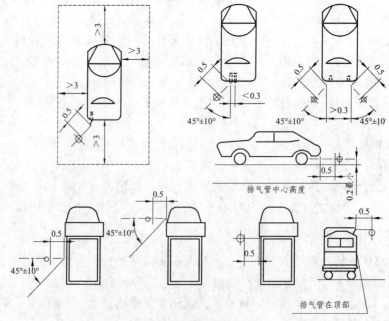

图 7-30　传感器位置

a. 传声器与排气口端等高，在任何情况下，距地面不得小于 0.2 m。

b. 传声器的参考轴应与地面平行，并和通过排气口气流方向且垂直地面的平面，呈（45°±10°）夹角。传声器朝向排气口，距排气口端 0.5 m，放在车辆外侧。

c. 车辆装有两个或更多的排气管，且排气管之间的间隔不大于 0.3 m，并连接于一个消声器时，只需取一个测量位置。传声器应选择位于最靠近车辆外侧的那个排气管。如果两个或两个以上的排气管同时在垂直于地面的直线上，则选择离地面最高的一个排气管。

d. 装有多个排气管，并且各排气管的间隔又大于 0.3 m 的车辆，对每一个排气管都要测量，并记录其最高声级。

e. 排气管垂直向上的车辆，传声器放置高度应与排气管口等高，传声器朝上，其参考轴应垂直地面。传声器应放在离排气管较近的车辆一侧，并距排气口端 0.5 m。

注：

- 发动机转速取（$0.75n\pm50$）r/min（n 为汽车制造厂家规定的发动机额定转速）。

- 在测量时，当发动机稳定在上述转速后，测量由稳定转速尽快减速到怠速过程的噪声，记录最高声级值。

④ 将声级计归位，并将车辆归位。

（2）客车车内噪声测量

① 测量前准备。

a. 试验路段应该是硬路面，必须尽可能平滑，不得有接缝、凸凹不平或类似的表面结构，道路表面必须干燥，不得有雪、污物、石块、树叶等杂物。

b. 在测量过程中，发动机的所有运行条件，如燃料、润滑油、点火正时或喷油时间等，都应该符合制造厂家的规定。

c. 在测量开始前，发动机应该稳定在正常的工作温度范围内，或以中等速度行驶一段路程。

d. 所采用的轮胎应该与制造厂家规定的型号一致，凸轮胎气压必须符合制造厂家的规定要求。

e. 车辆在测试噪声时，必须是空载（除驾驶员、测量人员和测试装备外，不得有其他负荷）。

f. 车门窗、辅助装置、可调节的座椅的进风口及出风口，如有可能，都必须关上。

② 测量点位置。

传声器的垂直坐标是（无人）座椅的表面与靠背表面的交线以上（0.75 ± 0.01）m 处，水平坐标应在座椅的中心面（或对称面）上。在驾驶人座位上，水平横坐标应在座位上，水平横坐标向右到座位中心面的距离为 $0.2_{0}^{+0.05}$ m，如图 7-31 所示。

③ 测量分类。

a. 匀速行驶。从 60 km/h 或最高车速 40%（取两者较小值）到 120 km/h 或最高车速的 80%（取两者较小值）范围内，至少以等间隔的 5 种车速进行 A 声级测量。

b. 全油门加速行驶。当汽车达到稳定的初始工作状态（变速器处于最高挡位，发动机应有一个最低的初始转速），

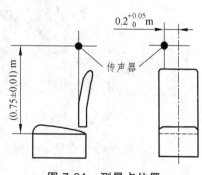

图 7-31　测量点位置

185

须尽可能快地使油门全开,同时启动记录装置开始记录,直到发动机转速达到(汽车制造厂)规定额定转速的90%或达到120 km/h车速(取两者较小值),记录停止。

c. 车辆定置。变速器置于空挡,使发动机在低速空转,然后,将油门尽可能快地完全打开,使发动机加速到最高空转,并在此位置上至少持续5 s。

④ 最后将声级计和车辆归位并清洁清扫干净。

（3）喇叭声级测量

汽车喇叭声的测点位置,如图7-32所示。测量汽车喇叭声级时,应将升级计置于汽车前2 m、离地高1.2 m处,并指向驾驶员方向,调整声级至A级。测量环境的本底噪音,按响喇叭,并发声3 s以上,则取测量值。测量次数应在2次以上,并注意监听喇叭声是否悦耳。

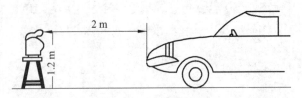

图 7-32　喇叭测量位置

注：当实测噪声值与背景噪声值的差值大于或等于10 dB（A）时,应将实测噪声值有效;为6 dB（A）～9 dB（A）时,应将实测噪声值结果减去1 dB（A）;为4 dB（A）～5 dB（A）应减去2 dB（A）;为3 dB（A）时,减去3 dB（A）;当小于3 dB（A）时,则测量无效。

7.3.3　拓展知识

发动机上的隔音棉是汽车上隔热隔音的材料,一般安装在发动机舱盖上,汽车后备箱盖上,可有效避免发动机的高温直接传至引擎盖,以此保护引擎盖表面车漆,同时避免雨天时引擎盖雾气影响驾驶视线,如图7-33和图7-34所示。

图 7-33　发动机隔音棉

图 7-34　后备箱隔音棉

发动机盖在没有安装隔音棉的情况下,依次测得车辆在怠速30 km/h、60 km/h、80 km/h、100 km/h以及加速起步时车厢内的噪音值,如图7-35所示。

图 7-35　无隔音棉测量结果

安装有隔音棉的情况下进行测试，测试结果如图 7-36 所示。

图 7-36　有隔音棉测量结果

可以看出隔音棉对车内的噪声有削减作用，但是噪声还跟其他很多因素相关，因此使用隔音棉降噪只是众多方法中的一种。

7.3.4 学习小结

1. 任务重点

（1）汽车噪声污染的危害：汽车噪声损害听力、易引发心血管疾病、影响人的神经系统并使人急躁、易怒、影响睡眠，造成疲倦等，故对汽车发动机噪声、传动机构噪声、制动噪声、轮胎噪声的测量及控制很有必要。。

（2）噪声检测标准：客车车内噪声应符合 GB7258—2012 标准的规定，客车以 50 km/h 的速度匀速行驶时，客车车内噪声声级不大于 79 dB（A）；驾驶员耳边噪声按《机动车运行安全技术条件》（CB7258—2012）中规定，汽车驾驶人耳旁噪声声级应不大于 90 dB（A）；喇叭声级为根据 GB18565—2001 的规定，喇叭声级应在 90～115 dB（A）的范围内；汽车定置噪声按 GB16170—19963 中规定的方法测量噪声并进行控制。

（3）声级计的结构及工作原理：根据所用电源分为交流式声级计和直流式声级计。声级计主要由传声器、放大器、衰减器、计权网络、检波器和指示器、电源组成；传声器将声音转换成电信号，再由前置放大器变换阻抗，使传声器与衰减器匹配。放大器将输出信号加到计权网络，对信号进行频率计权（或外接滤波器），然后再经衰减器及放大器将信号放大到一定的幅值，送到有效值检波器（或外按电平记录仪），在指示表头上给出噪声声级的数值。

（4）噪声的主要评价指标有声压与声压级、噪声频率和响度级、噪声级等。声级计是一种能把噪声以近似人耳听觉特性测定其噪声级的仪器。声级计根据测量精度分为精密声级计和普通声级计。

2. 注意事项

（1）驾驶员耳旁噪声测量时，汽车空载，处于静止状态且置变速器于空挡，发动机应处于额定转速状态，门窗紧闭。

（2）环境噪声应低于被测噪声值至少 10 dB（A）。

（3）声级计测量时应置于"A"计权、"快"挡。

（4）喇叭噪声测量时，当实测噪声值与背景噪声值的差值大于或等于 10 dB（A）时，实测噪声值有效；为 6 dB（A）~9 dB（A）时，应将实测噪声值结果减去 1 dB（A）；为 4 dB（A）~5 dB（A）（应减去 2 dB（A）；为 3 dB（A）时，减去 3 dB（A）；当小于 3 dB（A）时，则测量无效。

7.3.5 任务分析

1. 实训数据

将测量结果填入表 7-11 中，并对数据进行分析。

表 7-11　噪音检测及结果

噪声类型	测量值/dB	标准值	是否合格
定置噪声			
车内噪声			
驾驶员耳边噪声			
喇叭噪声			

检测车辆：＿＿＿＿＿　试验日期：＿＿＿＿＿　试验人员：＿＿＿＿＿　分析人：＿＿＿＿＿

2. 测量结果分析

对噪声的测量要注意测量的位置及本地噪声的多少，这样才能准确测量噪声，测量时除了驾驶员、测量人员，其他人员应尽量减少，测量时不要说话，尽量减少对测量结果的影响，如果测量结果不在范围内，应找到原因，并进行相关调整。

7.3.6　自我评估

1. 判断题

（1）车内噪声的检测方法是车辆以常用挡位、50 km/h 以上的不同车速匀速行驶，分别用声级计"慢"挡测量"A"、"C"计权声级。　　　　　　　　（　　　）

（2）汽车喇叭声级在距车前 2 m，离地高 1.2 m 处用声级计测量时，其值应为 90 ~ 115 dB。
　　　　　　　　　　　　　　　　　　　　　　　　　　　　　　（　　　）

2. 选择题

（1）根据《机动车运行安全技术条件》（GB7258—2012）规定，客车以 50 km/h 的速度匀速行驶，客车内噪声声级不大于（　　　）dB。

　　A. 75　　　　　　　　　　B. 79　　　　　　　　　　C. 85

（2）目前普遍采用（　　　）网络对噪声进行测量和评价。

　　A. A 计权　　　　　　　　B. B 计权　　　　　　　　C. C 计权

（3）车外噪声测量要求本底噪声（包括风噪声）应比所测车辆噪声至少低（　　　）dB。

　　A. 5　　　　　　　　　　B. 10　　　　　　　　　　C. 15

3. 问答题

（1）什么是汽车噪声？

（2）汽车噪声源如何分类？

项目 8 汽车前照灯和车速表检测

本项目主要学习汽车安全相关的检测项目，分为两个检测任务：任务一是汽车前照灯检测，任务二是车速表检测。通过这两个任务的学习，掌握汽车前照灯检测和车速表检测的标准和检测方法，会利用检测仪器对它们进行检测、结果分析和进行必要的调整或维修。

任务 8.1 汽车前照灯检测

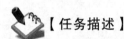 **任务情景**

【任务描述】

有一辆汽车，车主反映晚上打开前照灯，可是前照灯灯光亮度比较弱，看不清 50 m 以外的地方，而且灯光往左边偏。维修人员经初步诊断判断前照灯出现了问题，建议车主进行前照灯的检测，找出故障原因并排除。

【任务提示】

在熟悉前照灯构造原理的基础上，利用前照灯检测仪对前照灯的发光强度和光轴偏移量进行检测，对比诊断参数标准确定故障原因，并排除故障。

 任务目标

【知识目标】

（1）熟悉汽车前照灯检测的评价指标和检测项目。
（2）掌握汽车前照灯的检测标准及检测方法。
（3）了解前照灯检测仪的基本结构与工作原理。

【能力目标】

（1）学会正确使用前照灯检测仪。
（2）学会应用前照灯检测仪进行汽车前照灯发光强度和光轴偏移量的检测。
（3）能根据检测结果分析造成前照灯发光强度不足和光轴偏移量变化的原因，并诊断和排除故障。

■ 必备知识

前照灯是汽车在夜间或在能见度较低的条件下，为驾驶员提供行车道路照明的重要设备，也是驾驶员发出警示，进行联络的灯光信号装置。在行车过程中，汽车受到振动，可能引起前照灯部件的安装位置发生变动，从而改变光束的正确照射方向，同时，灯泡在使用过程中会逐步老化，反射镜也会受到污染而使其聚光效果变差，导致前照灯的亮度不足。这些变化，都会使驾驶员对前方道路情况辨认不清，或在与对面来车交会时造成对方驾驶员眩目等，从而导致事故的发生，影响行车安全，所以前照灯必须有足够的发光强度和正确的照射方向。因此，应定期对前照灯的发光强度和光束照射位置进行检测、校正。

8.1.1　基本知识

8.1.1.1　前照灯前照灯评价指标

1. 发光强度

发光强度表示光源在一定方向范围内发出的可见光辐射强弱的物理量，单位为坎德拉，简称"坎"，用符号 cd 表示。按国际标准单位 SI 的规定，若一光源在给定方向上发出频率 540×10^{12} Hz 的单色辐射，且在此方向上的辐射强度为每球面度 1/683 W 时，则此光源在该方向上的发光强度为 1 cd。

照度指受光物体被光源照明的程度，其单位为勒克斯，用符号 lx 表示。1 lx 等于 1.02 cd 的点光源在半径为 1 m 的球面上产生的光照度。在前照灯发光强度不变的情况下，被照物体离光源越远，被照明的程度越差，照度越小。若发光强度用 I（cd）表示，照度用 E（lx）表示，前照灯距物体的距离为 S（m），则三者之间的关系为

$$E = I/S$$

2. 光轴偏移量

光束的照射方向是以其最亮点的区域为中心，把前照灯光束最亮之处定义为光轴。用中心对水平和垂直坐标轴交点的偏移量来描述光轴偏移量，如图 8-1 所示。

3. 配光特性

GB 4599—2007《汽车前照灯配光性能》对国产汽车前照灯配光特性作了明确规定：前照灯远光灯配光特性是对称的椭圆形，水平方向宽，垂直方向窄，光形中心

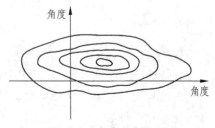

图 8-1　光束照射位置

区域最亮，如图 8-2（a）所示。而前照灯近光灯配光特性是非对称形的，有明显的明暗截止线，在明暗截止线的左上方是一个比较暗的暗区，在明暗截止线的右下方是一个比较亮的亮区。它有两种形式：一种是在配光屏幕上，在 V-V 线左边，明暗截止线是一条水平线，在 V-V 线右边，明暗截止线是一条向上倾斜 15°的斜线，如图 8-2（b）所示。另一种是明暗截止线右半边与水平线成 45°的斜线至距 V-V 线 25 cm 转向成为水平的折线，由于明暗截止

线呈 Z 字形，又称 Z 形配光，如图 8-2（c）所示。

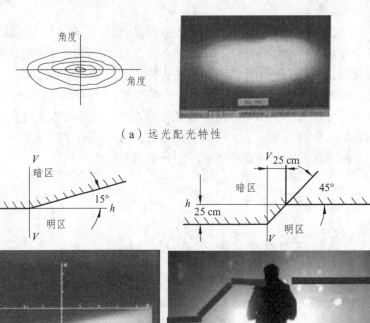

（a）远光配光特性

（b）近光非对称配光　　　（c）近光 Z 形配光

非对称配光示意图

图 8-2　配光特性

8.1.1.2　汽车前照灯检测设备

前照灯检验仪是按一定测量距离放在被检车对面，用来检验前照灯发光强度和光轴偏斜量的专用设备。

1. 前照灯检测仪的检测原理

前照灯检测仪的类型很多，但基本检测原理类似，一般均采用能把吸收的光能变成电流的光电池作为传感器，按照前照灯主光束照射光电池产生电流的大小和比例，来测量前照灯发光强度和光轴偏斜量。

（1）发光强度的检测原理

测量前照灯发光强度的电路由光度计、可变电阻和光电池等组成，如图 8-3 所示。按规定的距离使前照灯照射光电池，光电池按收光强度的大小产生相应的光电流使光度计指针摆动，指示出前照灯的发光强度。

（2）光轴偏斜量的检测原理

测量前照灯光轴偏斜量的电路，如图 8-4 所示，由两对光电池组成，左右一对光电池 $S_左$、$S_右$ 上接有左右偏斜指示计，用于检测光束中心的左右偏斜量；上下一对光电池 $S_上$、$S_下$ 上接有上下偏斜指示计，用于检测光束中心的上下偏斜量。当光电池受到前照灯光束照射时，如果光束照射方向偏斜，将分别使光电池的受光面不一致，因而产生的电流大小也不一致。光电池产生的电流差值分别使上下偏斜指示计及左右偏斜指示计的指针摆动，从而检测出光轴的偏斜方向和偏斜量。

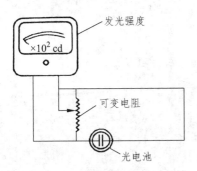

图 8-3　发光强度的检测原理图　　　　图 8-4　光轴偏斜量检测原理图

图 8-5 所示为光轴无偏斜时的情况，这时上下偏斜指示计的指针和左右偏斜指示计的指针均垂直向下，即处于零位。图 8-6 所示为光轴有偏斜时的情况，这时上下偏斜指示计的指针向"下"方向偏斜，左右偏斜指示计的指针向"左"方向偏斜。

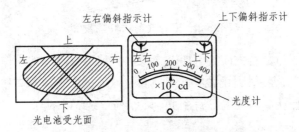

图 8-5　光轴无偏斜时的情况

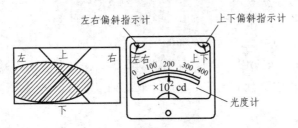

图 8-6　光轴有偏斜时的情况

若通过适当的调节机构，调整光线照射光电池的位置，使 $S_左$、$S_右$ 和 $S_上$、$S_下$ 每对光电池受到的光照度相同，此时每对光电池输出的电流相等，两偏斜指示计的指针均指向零位，其调节量反映了光束中心的偏斜量。当偏斜指示计指针处于零位时，光电池受到的光照最强，四块光电池所输出电流之和即可表明前照灯的发光强度。

2. 前照灯检测仪的类型与结构

按照前照灯检测仪的结构特征与测量方法不同，常用汽车前照灯检测仪可分为聚光式、屏幕式、投影式和自动追踪光轴式四种类型。这些不同类型的前照灯检测仪均由接受前照灯光束的受光器、使受光器与汽车前照灯对正的照准装置、前照灯发光强度指示装置、光轴偏斜方向和偏斜量指示装置及支柱、底板、导轨、汽车摆正找准装置等组成，此处主要介绍投影式前照灯检测仪。

投影式前照灯检测仪采用把前照灯光束的影像映射到投影屏上，来检测发光强度和光轴偏斜量。检测时，测试距离一般为 3 m。其构造如图 8-7 所示。

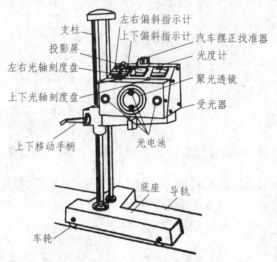

图 8-7　投影式前照灯检测仪

在聚光透镜的上下和左右方向装有四个光电池。前照灯光束的影像通过聚光透镜、光度计的光电池和反射镜后，映射到投影屏上。检测时，通过上下、左右移动受光器使光轴偏斜指示计指示为零，从而找到被测前照灯主光轴的方向，然后根据投影屏上前照灯光束影像的位置，即可得出主光轴的偏斜量，同时可从光度计的指示中读取发光强度。根据投影式前照灯检测仪光轴偏斜量的检测方法不同，有投影屏刻度检测法和光轴刻度盘检测法。

投影屏刻度检测法是在投影屏上刻有表示光轴偏斜量的刻度线，根据前照灯影像中心在投影屏上所处的位置，即可直接读出光轴的偏斜量。

光轴刻度盘检测法是转动上下与左右光轴刻度盘，使前照灯光束影像中心与投影屏坐标原点重合，然后从光轴刻度盘上光轴指示计读取光轴偏斜量。

8.1.2　基本技能

8.1.2.1　汽车前照灯的检测方法

1. 屏幕法检测

（1）准备工作

① 检查用场地应平整。

② 被检验的车辆应在空载、轮胎气压正常、允许乘坐 1 名驾驶员。

③ 在距汽车前照灯 10 m 处设一专用屏幕，屏幕与场地应垂直，如图 8-8 所示。

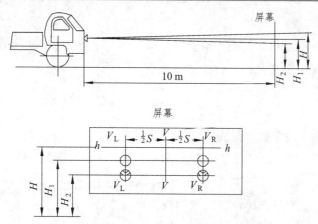

图 8-8 屏幕法检测前照灯光束照射位置

（2）屏幕画法

屏幕上画有 3 条垂直线和 3 条水平线：中间垂直线 V-V 与被检车辆的纵向中心垂直面对齐。两侧的垂直线 V_L-V_L 和 V_R-V_R 分别为被检车辆左右前照灯基准中心的垂直线。水平线中的 h-h 线与被检车辆前照灯的基准中心等高，距地面高度为 H（mm）；H 为被检车辆前照灯基准中心距地面的高度，其值视被检车型而定。中间水平线与被检车辆前照灯远光光束的中心等高，距地面高度为 H_1（mm），H_1=（0.85～0.90）H。下边水平线与被检车辆前照灯近光光束的中心等高，距地面高度为 H_2（mm），H_2=（0.60～0.80）H。

（3）检测方法

检测时，先遮盖住一边的前照灯，然后打开前照灯的近光开关，未被遮盖的前照灯的近光明暗截止线转角或光束中心应落在图中下边水平线与 V_L-V_L 或 V_R-V_R 线的交点位置上。否则，为光束照射位置偏斜。其偏斜方向和偏斜量可在屏幕上直接测量。用同样方法，检测另一边前照灯近光光束照射位置。

根据检测标准，检测调整前照灯光束的照射位置时，对远、近双光束灯应以检测调整近光光束为主。对于远光单光束前照灯，则要检测远光光束的照射位置，检测方法同前。其光束中心应落在中间水平线与 V_L-V_L 或 V_R-V_R 线的交点位置上。

用屏幕法检测前照灯简单易行，但只能检测出光束的照射位置，不能检测发光强度。而且，为适应不同车型的检测，需经常更换屏幕，检测效率低，需要占用较大场地。因此广泛采用前照灯校正仪对汽车前照灯进行检测。

2. 前照灯检测仪检测

（1）准备工作

① 前照灯检测仪的准备

a. 检查光度计和光轴偏斜量指示计是否在零位，否则调零。

b. 检查并清除聚光透镜和反射镜镜面污物。

c. 检查并清除导轨上的泥土或杂物。

d. 检查水准器中的气泡是否在红线框内，如图 8-9 所示，否则调整。

图 8-9 仪器水平调整

② 被检车辆的准备

a. 清洁前照灯，检查轮胎气压，应符合汽车制造厂的规定，汽车空载 1 人。

b. 检查前照灯开关和变光器应处于良好状态。

c. 检查蓄电池和充电系统应处于良好状态。

（2）检测方法

由于前照灯检测仪的厂牌、形式不同，其检测发光强度和光轴偏斜量的具体方法也不尽相同。这里仅就南华 NHD1050 型前照灯检测仪的检测方法作简单介绍。

① 仪器与车辆对准

将被检汽车尽可能地与前照灯检测仪的轨道保持垂直方向驶近检测仪，使前照灯与检测仪受光器相距 1 m，如图 8-10（a）所示。

用汽车摆正找准器使检测仪与被检汽车对准，如图 8-10（b）所示。否则，应重新停放车辆，或者通过旋转摆正旋钮，如图 8-10（c）所示，使光接收箱旋转一定角度，从而使仪器与车辆对准。

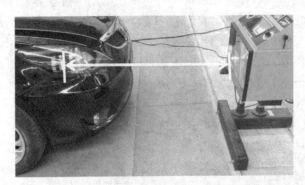

（a）仪器与车辆相聚 1 m

（b）仪器与车辆对准

（c）摆正旋扭

图 8-10　仪器与车辆对准

② 仪器与远光对准

打开前照灯远光，移动检测仪，使光束照射到受光器上，利用影像观察器，如图 8-11 所示，使仪器和被测前照灯的远光对准。注意：被测前照灯远光的光斑在影像观察器中心，如图 8-12 所示。

图 8-11　影像观察器

图 8-12　仪器与远光对准

把测量状态选择开关转至"远光高度"位置，则"光强/灯中心高"表头上绿色的高度指示灯点亮，下方显示出当前车灯的中心高，如图 8-13 所示。

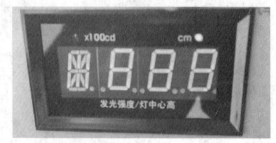

图 8-13　远光灯高测量

③ 远光检测

把测量状态选择开关转至"远光光强"位置，调整左右、上下光轴刻度盘调整旋钮，使左右、上下偏移量指示表绿灯亮，从左右、上下偏移量指示表读取偏移量，从"发光光强/灯中心高"指示表上读取发光强度，如图 8-14 所示。

图 8-14　远光检测结果显示界面

注意：对于四灯制前照灯，应将辅助灯（或主动）用黑布遮挡，单独对主灯（或辅助灯）检测，然后再对辅助灯（或主动）进行检测。左右和上下指示表指示偏移方向时，那一边偏差级别显示 LED 红色多段数码管点亮，就是提示光轴刻度盘旋钮要向这个方向旋转。远光测量时红色多段数码管点亮的段数越多，表示光轴偏差越大；绿色 LED 点亮时，表示光轴在此方向对正。

④ 近光检测

打开前照灯近光，移动检测仪，使光束照射到受光器上，利用影像观察器使仪器和被测前照灯的近光对准。注意：被测前照灯近光的光斑在影像观察器中心。把测量状态选择开关转至"近光高度"位置，则"光强/灯中心高"表头上绿色的高度指示灯点亮，下方显示出当前车灯的中心高。

把测量状态选择开关旋转至"近光光强"位置，把仪器侧面的测量转换手柄搬至近光测量位置，如图 8-15 所示。调整左右、上下光轴刻度盘调整旋钮，使明暗截止线的拐点与屏幕上的原点位置重合，从左右、上下偏移量指示表读取偏移量，从"发光光强/灯中心高"指示表上读取发光强度，如图 8-16 所示。

图 8-15　测量转换手柄图

图 8-16　近光检测结果示意图

（3）注意事项

① 停车位置要准确，车身纵向中心线要垂直于前照灯检测仪的受光面，否则会影响光束左右偏测量的准确性。

② 初检与复检时尽量由同一检验员引车操作，驾驶员体重的变化会对光束上下偏测量的准确性和重复性造成影响，尤其对微型车影响较大。

③ 前照灯检测仪正在移动或将要移动时，严禁车辆通过。

④ 检测完毕后车辆要及时驶离，车身不得长时间挡住轨道。

（4）前照灯检测仪的保养

① 仪器的立柱应保持清洁，并每天加润滑油少许，以利于滑行。

② 导轨的表面应保持洁净，去除沙粒、油泥、小石子等。严禁加油对其表面进行润滑。

③ 每年按期对前照灯检测仪进行校准。

8.1.2.2　汽车前照灯的检测标准

国家标准《机动车运行安全技术条件》（GB7258—2012）中，对机动车前照灯光束照射位置和前照灯光束发光强度作了规定。

1. 前照灯远光光束发光强度检测标准

前照灯远光光束发光强度，如表 8-1 所示。

表 8-1　前照灯远光光束发光强度检测标准　　　　　单位：cd

机动车类型		检查项目					
		新注册车			在用车		
		一灯制	二灯制	四灯制①	一灯制	二灯制	四灯制①
三轮汽车		8 000	6 000	—	6 000	5 000	—
最大设计车速小于 70 km/h 的汽车		—	10 000	8 000	—	8 000	6 000
其他汽车		—	18 000	15 000	—	15 000	12 000
普通摩托车		10 000	8 000	—	8 000	6 000	—
轻便摩托车		4 000	3 000	—	3 000	2 500	—
拖拉机运输机组	标定功率>18 kW	—	8 000	—	—	—	—
	标定功率≤18 kW	6 000②	6 000	—	5 000②	—	—

① 四灯制是指前照灯具有四个远光光束；采用四灯制的机动车其中两只对称的灯达到两灯制的要求时视为合格。

② 允许手扶拖拉机运输机组只装用一只前照灯

2. 前照灯光束偏移量检测标准

（1）检验前照灯近光光束照射位置时，前照灯照射在距离 10 m 的屏幕上，乘用车前照灯近光光束明暗截止线转角或中点的高度应为（0.7 ~ 0.9）H（H 为前照灯基准中心高度，下同），其他机动车（拖拉机运输机组除外）应为（0.6 ~ 0.8）H。机动车（装用一只前照灯的机动车除外）前照灯近光光束水平方向位置向左偏移量应小于等于 170 mm，向右偏移量应小于等于 350 mm。

（2）轮式拖拉机运输机组装用的前照灯近光光束的照射位置，按照上述方法检验时，要求在屏幕上光束中点的离地高度应小于等于 0.7H；水平位置要求，向右偏移量应小于等于 350 mm，不得向左偏移。

（3）检验前照灯远光照射位置时，对于能单独调整远光光束的前照灯，前照灯照射在距离 10 m 的屏幕上时，要求在屏幕光束中心离地高度为：对乘用车为（0.85 ~ 0.95）H（但不得低于前照灯近光光束明暗截止线转角或中点的高度），对其他机动车为（0.8 ~ 0.95）H；机动车（装用一只前照灯的机动车除外）前照灯远光光束水平位置要求，左灯向左偏移量应小于等于 170 mm，向右偏移量应小于等于 350 mm，右灯向左或向右的偏移量均应小于等于 350 mm。

8.1.2.3　汽车前照灯检测结果分析

前照灯检验不合格有以下几种情况：

1. 前照灯发光强度偏低

（1）检查前照灯反光镜的光泽是否明亮，如昏暗或镀层剥落或发黑应予以更换。

（2）检查灯泡是否老化，质量是否符合要求，如老化或质量不符合要求，光照度偏低者应予以更换。

（3）检查蓄电池端电压是否偏低，如端电压偏低，应先充足电再检测。送检汽车普遍存在蓄电池电量不足，端电压偏低的现象。如由蓄电池供电，前照灯发光强度一般很难达到标准的规定。如由发电机供电则大部分汽车前照灯发光强度增加，多数可达到标准规定。

2. 左右前照灯发光强度不一致

检查发光强度偏低的前照灯的反射镜光泽是否灰暗，灯泡是否老化，质量是否符合要求，一般故障多为搭铁线路接触不良。

3. 前照灯光束照射位置偏斜

前照灯安装位置不当或因强烈振动而错位致使光束照射位置偏斜超标，应予以调整。前照灯光束照射位置偏斜的调整可在前照灯检验仪上进行。

根据检测标准，在检测调整光束照射位置时，对远、近双光束灯以检测调整近光光束为主。如果制造质量合格的灯泡，近光调整合格后，远光光束一般也能合格；若近光光束调整合格后，经复核远光光束照射方向不合格，则应更换灯泡。

8.1.3 拓展知识

8.1.3.1 聚光式前照灯检测仪

聚光式前照灯检测仪是利用受光器的聚光透镜把前照灯的散射光束聚合起来，并导引到光电池的光照面上，根据其对光电池的照射强度，来检测前照灯的发光强度和光轴偏斜量。检测时，检测仪放在距前照灯前方 1 m 处。聚光式前照灯检测仪的结构，如图 8-17 所示。

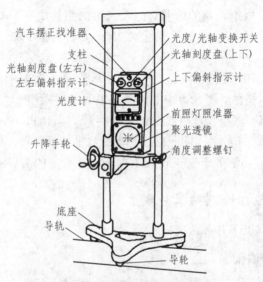

图 8-17　聚光式前照灯检测仪

8.1.3.2 屏幕式前照灯检测仪

屏幕式前照灯检测仪在固定屏幕上装有可以左右移动的活动屏幕，在活动屏幕上装有能上下移动的内部带有光电池的受光器。前照灯的光束照射到屏幕上，检测发光强度和光轴偏斜量。通常测试距离为 3 m。

屏幕式前照灯检测仪的构造，如图 8-18 所示。在固定的屏幕上装有可以左右移动的活动屏幕，在活动屏幕上装有能上下移动的内部带光电池的受光器。检验时，移动受光器和活动屏幕，根据光度计指示值为最大时的位置找到主光轴的方向，然后由固定屏幕和活动屏幕上的光轴刻度尺即可读出光轴偏斜量，同时可从光度计的指示值得出发光强度。

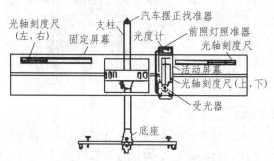

图 8-18 屏幕式前照灯检测仪

8.1.3.3 自动追踪光轴式前照灯检测仪

自动追踪光轴式前照灯检测仪采用受光器自动追踪光轴的方法检测前照灯发光强度和光轴偏斜量，一般检测距离为 3 m。其构造如图 8-19 所示。

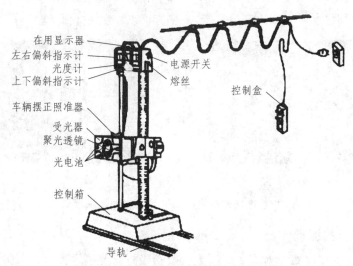

图 8-19 自动追踪光轴式前照灯检测仪

检测时，前照灯的光束照射到检测仪的受光器上。此时，若前照灯光束照射方向偏斜，则主、副受光器的上下光电池或左右光电池的受光量不等，由其电流的差值控制受光器上下移动的电动机运转，或使控制箱左右移动的电动机运转，并通过传动机构牵动受光器上下移动或驱动控制箱在轨道上左右移动,直至受光器上下、左右光电池受光量相等为止。在追踪光轴时,受光器的位移方向和位移量由光轴偏斜指示计指示,此即前照灯光束的偏斜方向和偏斜量,发光强度由光度计指示。

8.1.3.4 采用 CCD 图像传感器的全自动前照灯远近光检测仪简介

常见的检测设备有南华厂生产的 QD-1003、NHD-6101 型远近光检测仪,浙大鸣泉生产的 QDC-1B 型远近光检测仪和佛山厂生产的 FD-103 型远近光检测仪是在全自动远光检测仪基础上结合 CCD 图像传感器和先进的图像处理技术发展而来的。

南华产 NHD-6101 和佛山产 FD-103 型检测仪在透镜的前后安装有两个 CCD 摄像机,分别负责光轴的跟踪和前照灯配光性能和照射方向的分析,南华产 QD-1003 型检测仪在透镜后安装有一个 CCD 摄像机用于前照灯配光性能和照射方向的分析,而光轴的跟踪仍沿用以前的光电池方法。有的检测仪的立柱上装有扫描光电管阵列,其作用是扫描汽车前照灯的大概位置,以便光接收箱快速定位。

1. 前照灯光轴的定位原理

根据机动车前照灯远光或近光的配光特性、CCD 测量技术特点和聚光透镜的聚光特性,可以对进入仪器光接收箱未进行聚光的机动车前照灯远光光束进行拍摄,利用高性能计算机和先进的图像处理技术对整个光斑进行量化分析处理,找出前照灯的光轴中心,通过控制系统控制驱动电机,使光接收箱的光学中心和前照灯的远光(或近光)光束中心准确重合。当光接收箱的光学中心和前照灯的远光光束中心准确重合时〔见图 8-20(a)〕,上下、左右电机不动,仪器处于平衡状态;当光接收箱的光学中心和前照灯的远光光束中心不重合时〔见图 8-20(b)〕,计算机会发出指令,使上下、左右电机走动,直到光接收箱的光学中心和前照灯的远光光束中心准确重合。

 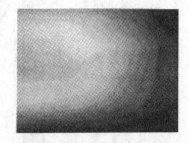

(a)重合时　　　　　　　　(b)不重合时

图 8-20 远光光束中心未进行聚光时的灰度图像

2. 偏角和光强的测量

对准光轴后,利用 CCD 对进入仪器光接收箱经过聚光镜聚光后,聚集在焦平面屏幕上的机动车前照灯远光光斑进行拍摄,利用高性能计算机和先进的图像处理技术对整个焦平面光斑进行量化分析处理,找出其光束中心,不同的偏角的光束其光学中心成像在焦平面上的位置也不同,不同光强的点,其在图像上的灰度也不同,光强越强的点,光斑越白,光强越小的点,光斑越暗。FD-103 型前照灯检测仪可以测出机动车前照灯远光的角度和光强。当机动车前照灯远光的偏角为零度时，远光（或近光）灯光束经过聚光透镜聚光后，其成像在焦平面光学中心也在焦平面的中心，其成像在焦平面的光分布图，如图 8-21（a）所示。当机动车前照灯远光的偏角不为零度时，远光灯光束经过聚光透镜聚光后，其成像在焦平面光学中心也不在焦平面的中心，其成像在焦平面的光分布图，如图 8-21（b）所示。

（a）偏角为零度时　　　　　　　　　　　（b）偏角不为零度时

图 8-21　聚光后焦平面的光分布图

8.1.4　学习小结

1. 任务重点

（1）汽车前照灯的评价指标有前照灯的发光强度和光束照射位置，是机动车运行安全检测的必检项目。

（2）汽车前照灯检测仪有聚光式前照灯检测仪、屏幕式前照灯检测仪、投影式前照灯检测仪、自动追踪光轴式前照灯检测仪，以及全自动前照灯远近光检测仪（采用 CCD、双 CCD 检测技术）。

（3）前照灯检测仪的基本检测原理，通过采用能把吸收的光能变成电流的光电池作为传感器，按照前照灯主光束照射光电池产生电流的大小和比例，来测量前照灯发光强度和光轴偏斜量。

（4）全自动前照灯远近光检测仪采用双 CCD 检测技术，用 DSP 对图像进行高速、精确处理，采用硅光电池检测发光强度，确保检测数据的准确性。

（5）前照灯检测不合格应分析查找引起前照灯不合格的原因，进行必要的调整与检修。

2. 注意事项

不同形式的检测仪有不同的使用方法，所以在使用前，用户应先仔细阅读产品的说明书及相关资料，掌握正确的使用方法。一般应注意以下几个问题：

（1）按产品说明书的要求，正确地安装设备（例如场地的要求、检测距离的要求、平行度和垂直的要求、高度的要求等）。例如前述全自动前照灯检测仪，因为底箱被安置在导轨上作左右移动，所以必须保证导轨的平直度，前后导轨的水平度，前导轨与行车方向的垂直度等，并要正确地浇灌地基基础。在导轨上安装仪器时，要保证移动灵活，无阻碍。光接收箱尾部的水准泡应指示在水平位置，并保证有仪器规定的检测距离。

（2）正确地连接电源和各种线缆。由于前照灯检测仪在检测时要在前照灯之前移动，因此，线缆应有足够的长度和适当的防护措施。在使用计算机接口时，要注意正确使用仪提供的接口信号，并正确地进行连接。

（3）在仪器使用前应检查各指示计的零位是否漂移，受光器的受光面是否蒙尘或受到污染，追踪光轴式检测仪应对仪器的跟踪性能作周期性的校准。

（4）要注意避开外来光线的影响。对于四灯制的车辆，在检测时必须将同侧的两只前照灯遮蔽住一只再进行测量，然后交换再测另一只。

（5）按产品说明书的要求，制订相应的操作规定，正确操作仪器。在采用计算机控制时，其控制软件必须正确实现这些操作规定，同时还应考虑其实时性，功能可扩展性，以及故障处理等方面的需求。

8.1.5　任务分析

1. 检测数据

根据汽车安全性能检测要求，检测实车前照灯，并将检测数据填入表 8-2。

表 8-2　前照灯检测记录表

检测仪器型号		车型	
检测内容	检测结果（左灯）	检测结果（右灯）	结论
远光发光强度/cd			
近光光束上下偏移量/cm			
近光光束水平偏移量/cm			
远光光束上下偏移量/cm			
远光光束水平偏移量/cm			

检测设备与车辆：_____　试验日期：_____　试验人员：_____　填表人：_____

2. 思考分析

（1）前照灯左灯、右灯发光强度若不一致，故障原因可能是什么？

（2）没有灯光检测仪，如何检测前照灯的照射方向？

8.1.6　自我评估

1. 判断题

（1）前照灯检测不合格有两种情况：一是前照灯发光强度偏低，二是前照灯照射位置偏斜。　　　　　　　　　　　　　　　　　　　　　　　　　　　　　　　（　　）

（2）屏幕式前照灯检测仪的测试距离通常为 1 m。   （   ）

（3）自动追踪光轴式前照灯检测仪采用受光器自动追踪光轴的方法检测前照灯发光强度和光轴偏斜量。   （   ）

（4）采用四灯制的机动车其中两只对称的灯达到两灯制的要求时视为合格。   （   ）

（5）在检测前照灯时，只要前照灯的光束照射到前照灯检测仪的受光面上就可实现准确测量。   （   ）

（6）制造质量合格的灯泡，近光调整合格后，远光光束一般也能合格。   （   ）

（7）对于常用的双丝灯泡的前照灯，当检测其光束照射位置不符合要求时，应以调整远光光束为主。   （   ）

（8）测试前照灯的远光光束发光强度时，车辆的电源系统应处于充电状态。 （   ）

2. 选择题

（1）检测前照灯发光强度的传感器主要是（   ）。

　　A. 光电池   B. 发光二极管   C. 聚光透镜

（2）用聚光式前照灯检测仪检测前照灯技术状况时，仪器应放在距前照灯前方（   ）m 处。

　　A. 0.5   B. 1.0   C. 2.0

（3）用投影式检测仪可检测前照灯的（   ）。

　　A. 防眩目能力   B. 使用寿命   C. 发光强度与光轴偏斜量

（4）在检验前照灯近光光束照射位置时，近光光束水平方向位置向左偏不允许超过（   ）mm。

　　A. 170   B. 270   C. 350

（5）最高设计时速小于 70 km/h 的四灯制在用车，其前照灯远光光束发光强度标准为（   ）cd。

　　A. 10 000   B. 8 000   C. 6 000

（6）两灯制在用车其发光强度应达到（   ）cd。

　　A. 15 000   B. 12 000   C. 10 000

（7）机动车在检验前照灯的近光光束照射位置时，前照灯在距离屏幕 10 m 处，乘用车前照灯近光光束明暗截止线转角或中点的高度应为（   ）H（H 为前照灯基准中心高度）。

　　A. 0.6 ~ 0.8   B. 0.7 ~ 0.9   C. 0.85 ~ 0.90

3. 填空题

（1）前照灯检验仪是按一定测量距离放在被检车对面，用来检验前照灯＿＿＿和＿＿＿的专用设备。

（2）按照前照灯检测仪的结构特征与测量方法不同，常用汽车前照灯检测仪可分为＿＿＿、＿＿＿、＿＿＿和＿＿＿四种类型。

（3）四灯制前照灯其远光单光束灯的调整，要求在屏幕上光束中心离地高度为＿＿＿，水平位置要求左灯向左偏不得大于＿＿＿，向右偏不得大于＿＿＿；右灯向左或向右偏均不得大于 350 mm。

4. 问答题

（1）为什么要对前照灯进行检测？

（2）若左右前照灯发光强度均偏低，应如何检修？

（3）汽车前照灯近光光束偏移量的检测标准是什么？

任务 8.2 车速表指示误差检测

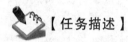

【任务描述】

有一辆汽车，车主反映车速表指示不准，导致在制动、换挡过程中出现操作不当的现象。维修人员建议车主进行车速表指示误差的检测，如何完成这个检测任务？

【任务提示】

在熟悉车速表构造原理的基础上，利用车速表试验台对车速表指示误差进行检测，对比诊断参数标准确定故障原因，并排除故障。

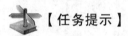

【知识目标】

（1）熟悉车速表指示误差的形成原因。

（2）掌握车速表的检测标准及检测方法。

（3）了解车速表试验台的基本结构与工作原理。

【能力目标】

（1）学会正确使用车速表试验台。

（2）学会应用车速表试验台进行车速表指示误差的检测。

（3）能根据检测结果分析车速表的状况，并进行必要的维修或调整。

8.2.1 基本知识

汽车的行驶速度关系到行车安全与运输生产率。为了提高汽车运输生产率应发挥车辆性能所能提供的尽量高的车速，但车速过高超过了汽车性能所允许的界限往往会使汽车失去操纵稳定性与制动距离过长，影响行车安全。此外，随着我国高速公路网络的不断完善，高速公路交通事故也日益增加，为确保高速公路行车安全，高速公路都进行了限速。所以驾驶员必须按照车速表的指示值，准确地控制车速，为此，要求车速表本身一定要准确可靠。为确保车速表的指示精度，必须适时对车速表进行检测、校正。

8.2.1.1 车速表误差的形成

在行车中，驾驶员通过车速表来了解、掌握车辆行驶速度，这就要求车速表应具有一定的精度，能尽量准确反映车辆的实际速度。但车速表使用时间长后有可能产生指示误差。

汽车的车速表一般是通过速度传感器将汽车行驶速度传递给车速表，使其指示车辆的行驶速度。由于传感器、车速表的制造、装配误差，以及车速表性能下降，或轮胎磨损、轮胎气压不符合规定等因素都可能引起车速表指示的车速与实际车速之间出现误差。

1. 车速表自身的原因

不论是磁电式或电子式车速表，其主轴都是由与变速器相连的软轴驱动的。磁电式车速表（车速表常与里程表做在一起），其结构和原理如图 8-22 所示。当主轴旋转时，与主轴固定连接的永久磁铁也一起旋转。其磁场会在铝罩上感应涡流，产生的涡流力矩引起铝罩偏转并带动游丝和指针偏转，最后达到涡流力矩与游丝的弹性反力矩相平衡。车速越高，涡流力矩越大，指针偏转的角度也越大。对于电子式车速表来说，主轴的转动会引起传感器产生与主轴转速成正比的脉冲信号，经电子线路放大后，送到仪表引起指针偏转或给出数字指示。当汽车长期使用后，车速表内的机械零件难免出现磨损变形，永磁元件可能退磁老化，这些因素都会造成车速表指示值误差增大。

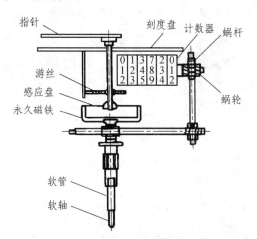

图 8-22 车速里程表的结构和原理

2. 轮胎方面的原因

车速表的转轴一般通过变速器或分动器输出轴上的蜗杆-蜗轮传动副经软轴驱动。在变速器输出轴转速不变的情况下，车速表指示值为定值，而汽车的实际行驶速度还与车轮的滚动半径有关。汽车行驶的速度相当于驱动轮的线速度，显然线速度不仅与转动速度有关，还与车轮的半径有关。

实际上，由于轮胎是一个充气的弹性体，所以汽车行驶时，轮胎在受到垂直载荷、车轮驱动力和地面阻力等作用下会发生弹性变形；另外，由于轮胎磨损、气压不符合标准（过高或不足）等原因也会影响车轮半径的变化。因此车速表指示值与实际车速就会形成误差。

出于安全考虑车厂在车速表设定会有意识允许一定误差：一般设置惯例是比实际车速大5%～8%，这就是GPS测速值往往低于车速表显示值的原因。

8.2.1.2 车速表误差的测量原理与检测设备

1. 车速表误差的测量原理

车速表误差的测量需采用滚筒式车速表检验台进行，将被测汽车车轮置于滚筒上旋转，模拟汽车在道路上的行驶状态，如图8-23所示。

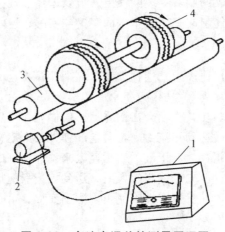

图 8-23 车速表误差的测量原理图

1—实际车速的指示仪表；2—速度传感器；3—车速表试验台滚筒；4—驱动车轮

测量时，由被测车轮驱动滚筒旋转或由滚筒驱动车轮旋转，滚筒端部装有速度传感器（测速发电机），测速发电机的转速随滚筒转速的增高而增加，而滚筒的转速与车速成正比，因此，测速发电机发出的电压也与车速成正比。

滚筒的线速度、圆周长与转速之间的关系，可表达为

$$v = Ln \times 60 \times 10^{-6}$$

式中　　v——滚筒的线速度，km/h；

　　　　L——滚筒的圆周长，mm；

　　　　n——滚筒的转速，r/min。

因车轮的线速度与滚筒的线速度相等，故上述的计算值即为汽车的实际车速值，由车速表检验台上的速度指示仪表显示，称为试验台指示值。

车轮在滚筒上转动的同时，汽车驾驶室内的车速表也在显示车速值，称为车速表指示值。将试验台指示值与车速表指示值相比较，即可得出

$$车速表指示误差 = \frac{车速表指示值 - 试验台指示值}{试验台指示值} \times 100\%$$

2. 车速表检验台

车速表检验台有 3 种类型：无驱动装置的标准型，依靠被测车轮带动滚筒旋转；有驱动装置的驱动型，由电动机驱动滚筒旋转；把车速表检验台与制动检验台或底盘测功机组合在一起的综合型。

（1）标准型车速表检验台

该检验台由速度测量装置、速度指示装置和速度报警装置等组成，如图 8-24 所示。

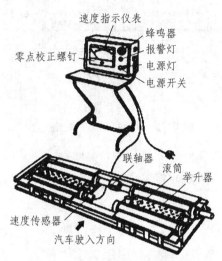

图 8-24　标准型车速表试验台

① 速度测量装置

速度测量装置主要由框架、滚筒装置、速度传感器和举升器等组成。滚筒一般为 4 个，通过滚筒轴承安装在框架上。在前、后滚筒之间设有举升器，以便汽车进出试验台，举升器与滚筒制动装置联动，举升器升起时，滚筒不会转动。速度传感器一般采用测速发电机式、差动变压器式、磁电式和光电式等多种，安装在滚筒的一端，将对应于滚筒转速发出的电信号送至速度指示装置。

② 速度指示装置

速度指示装置是根据速度传感器发出的电信号大小来工作的，能把以滚筒圆周长与滚筒转速算出的线速度，以 km/h 为单位在速度指示仪表上显示出来。

③ 速度报警装置

速度报警装置是为在测量时，便于判明车速表误差是否在合格范围之内而设置的。一般有以下 3 种形式：

a. 用试验台报警装置指示检车速表。当汽车实际车速达到某一规定值（如 40 km/h）时，报警装置的报警灯亮或蜂鸣器响，指示驾驶员车辆已达到检测车速，注意观察驾驶室车速表指示值是否在合格范围内（如合格范围为 40～48 km/h）。

b. 指示仪表上涂成绿色区域来表示车速表指示值与实际车速误差的合格范围。试验时，汽车车速表指示值达到某一检测车速（如 40 km/h）时，同时观察试验台速度表指示值是否在合格的绿色区域（32.8～40 km/h）内。

c. 同时具备上述两种装置的报警装置。

（2）驱动型车速表检验台

汽车车速表的转速信号多数取自变速器或分动器的输出端，但对于后置发动机的汽车，如车速表软轴过长，会出现传动精度和寿命方面的问题，因此转速信号取自前轮。驱动型车速表检验台就是为适应后置发动机汽车的检测而制造的，其结构如图 8-25 所示。

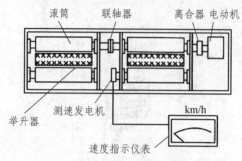

图 8-25　驱动型车速表试验台

这种检验台在滚筒的一端装有电动机，由它来驱动滚筒旋转。此外，这种检验台在滚筒与电动机之间装有离合器，若试验时将离合器分离，又可作为标准型检验台使用。

8.2.2　基本技能

车速表指示误差的检测方法通常有道路试验法和台架试验法。

8.2.2.1　道路试验法

道路试验法是汽车以不同的车速通过某一预定长度的试验路段，测定其通过该路段的时间，然后计算出实际车速，并与驾驶室内车速表的指示值相对照，即可求出不同车速下车速表的指示误差。

8.2.2.2　车速表指示误差的台架检测方法

因形式、牌号不同，不同的车速表检验台其使用方法也不同。因此在使用前一定要认真阅读试验台使用说明书，按使用说明书的规定正确使用。

1. 准备工作

（1）车速表检验台的准备

① 在滚筒处于静止状态检查指示仪表是否在零点上，否则应调零。

② 检查滚筒上是否沾有油、水、泥、砂等杂物。若有，应清除干净。

③ 检查举升器的升降动作是否自如。若动作阻滞或有漏气部位，应予修理。

④ 检查导线的连接情况，若有接触不良或断路，应予修理或更换。

（2）被测车辆的准备

① 按汽车制造厂的规定检查并补充轮胎气压。

② 轮胎上沾有水、油、泥等或轮胎花纹沟槽内嵌有小石子时，应清除干净。

2. 检测方法

（1）接通检验台电源。

（2）升起滚筒间的举升器。

（3）将被检车辆开上试验台，使输出车速信号的车轮尽可能与滚筒成垂直状态地停放在试验台上，如图8-26所示。

图 8-26 车轮垂直停放试验台

（4）降下滚筒间的举升器，直到轮胎与举升器托板完全脱离为止，如图8-27所示。

图 8-27 降下滚筒间的举升器

（5）用挡块抵住位于检验台滚筒之外的一对车轮，防止汽车在测试时滑出检验台，如图8-28所示。

图 8-28 用挡块抵住滚筒之外的一对车轮

（6）使用标准型检验台时应作如下操作：

① 起动汽车，待汽车的驱动轮在滚筒上稳定后，挂入最高挡，松开驻车制动器，踩下加速踏板使驱动轮带动滚筒平稳地加速运转。

② 当汽车车速表的指示值达到规定检测车速（40 km/h）时，读出试验台速度指示仪表的指示值，如图8-29所示；或当检验台速度指示仪表的指示值达到检测车速时，读取车速表的指示值。

图8-29　读出试验台指示值

（7）使用驱动型检验台时应作如下操作：

① 接合检验台离合器，使滚筒与电动机连在一起。

② 将汽车的变速器挂入空挡，松开驻车制动器，起动电动机，使电动机驱动滚筒旋转。

③ 当汽车车速表的指示值达到检测车速时，读取检验台速度指示仪表的指示值；或当检验台速度指示仪表达到检测车速时，读取汽车车速表的指示值。

（8）测试结束后，轻轻踩下汽车制动踏板，使滚筒停止转动。对于驱动型检验台，必须先关断电动机电源，再踩制动踏板。

（9）升起举升器，去掉挡块，汽车驶离检验台。

（10）切断检验台电源。

8.2.2.3　汽车车速表检测结果分析

1. 车速表检测标准

国家标准《机动车运行安全技术条件》（GB7258—2012）中规定，车速表指示误差（最高设计车速不大于40 km/h的机动车除外：车速表指示车速 v_1 与实际车速 v_2 之间应符合如下关系式：

$$0 \leqslant v_1 - v_2 \leqslant (v_2/10) + 4$$

将被测机动车的车轮驶上车速表检验台的滚筒上使之旋转，当该机动车车速表的指示值（v_1）为40 km/h时，车速表检验台速度指示仪表的指示值（v_2）为32.8～40 km/h范围内为合格。当车速表检验台速度指示仪表的指示值（v_2）为40 km/h时，读取该机动车车速表的指示值（v_1），v_1 的读数在40～48 km/h范围内为合格。

2. 检测结果分析

车速表经检测出现误差，其主要原因是由于长期使用过程中车速表本身出现了故障、损坏以及汽车轮胎磨损。

车速表内有转动的活动盘、转轴、轴承、齿轮、游丝等零件和磁性元件，这些构件在工作过程中产生的磨损和性能变化会造成车速表的指示误差。对于产生磨损的应予更换。磁力式车速表的磁铁磁力退化，也会引起指针指示值失准，应更换磁铁进行修复。

汽车轮胎在使用过程中由于磨损，其半径逐渐减小。在变速器输出轴转速不变的条件下，汽车行驶速度因轮胎半径的变化而变化，而车速表的软轴是与变速器输出轴相连的，因此车速表指示值与实际车速形成误差。

为消除车速表机件磨损和轮胎磨损形成的指示误差，应借助于车速表检验台适时地对车速表进行检测。

8.2.3　拓展知识

8.2.3.1　电子式车速里程表

1. 组　成

电子式车速里程表由车速传感器、信号处理电路、车速表和里程表组成。车速传感器有光电式、霍尔效应式、磁阻式及舌簧开关式等多种类型，其作用是产生一个能反映变速器输出轴转速高低的电压脉冲信号。

2. 工作原理

电子式车速里程表通过安装在变速器处的传感器获得反映汽车行驶速度的脉冲信号，再通过电子电路的信号处理后驱动指示表。

（1）信号处理

信号处理电路由单稳态触发电路、恒流电路、64分频电路、功率放大电路以及电源稳压等电子电路组成。

汽车运行时，它将车速传感器输入的脉冲信号，整形和处理转变为电流信号，并加以放大，以驱动车速表指示车速；同时它还将脉冲信号经分频和功率放大，转变为一定频率的脉冲信号，以驱动里程表步进电机的轴转动，记录汽车的行驶里程。

（2）车速表

车速表以一个磁电式电流表作为指示表。汽车以不同的车速运行时，信号处理电路将车速传感器输入的脉冲信号，转变为与车速成比例的电流信号，使电流表的指针偏转，指示出相应的车速。

（3）里程表

里程表由步进式电动机、六位十进制计数器及内传动齿轮等组成。

汽车运行时车速传感器输出的脉冲信号，经信号处理电路分频和功率放大，转变为一定频率的脉冲信号，作用于步进电动机的电磁线圈。步进电机将这一脉冲信号转变为角位移信号，使电动机轴转动，驱动里程表十进制计数器的六个计数轮依次转动，记录汽车行驶的总里程和单程行驶里程。当需要消除短程里程时，只需按一次复位杆，短里程表就会归零。

8.2.3.2 《机动车运行安全技术条件》GB7258-2012 对车速的规定

《机动车运行安全技术条件》GB7258—2012 对于特殊车辆的规定如下：

1. 超速报警和限速功能

车长大于等于 6 m 的客车应具有超速报警功能，当行驶速度超过允许的最大行驶速度（允许的最大行驶速度应小于等于 100 km/h）时，能通过视觉或声觉信号报警。公路客车、旅游客车和危险货物运输车及车长大于 9 m 的未设置乘客站立区的公共汽车应具有限速功能，否则应配备限速装置。限速功能或限速装置应符合 GB/T 24545 的要求，且限速功能或限速装置调定的最大车速对公路客车、旅游客车和未设置乘客站立区的公共汽车不得大于 100 km/h，对危险货物运输车不得大于 80 km/h。专用校车应安装符合 GB/T 24545 要求的限速装置，且调定的最大车速不得大于 80 km/h。

2. 车速受限车辆的特殊要求

低速汽车、轻便摩托车、正三轮摩托车、拖拉机运输机组等车速受限车辆应在设计及技术特性上确保其实际最大行驶速度在满载状态下不会超过其最大设计车速，在空载状态下不会超过其最大设计车速的 110%。

实际最大行驶速度是指车辆在平坦良好路面行驶时能达到的最大速度。

8.2.4 学习小结

1. 任务重点

（1）车速表检验台有 3 种类型：无驱动装置的标准型，由被测车轮带动滚筒旋转；有驱动装置的驱动型，由电动机驱动滚筒旋转；把车速表试验台与制动试验台或底盘测功试验台组合在一起的综合型。标准型车速表检验台由速度测量装置、速度指示装置和速度报警装置等组成。

（2）国家标准《机动车运行安全技术条件》（GB7258—2012）中规定，车速表指示误差（最高设计车速不大于 40 km/h 的机动车除外）：车速表指示车速 v_1 与实际车速 v_2 之间应符合关系式

$$0 \leqslant v_1 - v_2 \leqslant (v_2/10) + 4$$

将被测机动车的车轮驶上车速表检验台的滚筒上使之旋转，当该机动车车速表的指示值（v_1）为 40 km/h 时，车速表检验台速度指示仪表的指示值（v_2）为 32.8 ~ 40 km/h 范围内为合格。当车速表检验台速度指示仪表的指示值（v_2）40 km/h 时，读取该机动车车速表的指示值（v_1），v_1 的读数在 40 ~ 48 km/h 范围内时为合格。

（3）汽车车速表的误差往往会随汽车使用时间的延长而逐渐增大，造成车速表失准。车速表经检测出现误差，其主要原因是由于长期使用过程中车速表本身出现了故障、损坏，或

者汽车轮胎磨损严重。为消除车速表机件磨损和轮胎磨损形成的指示误差，应借助于车速表检验台适时地对车速表进行检测。

2. 注意事项

（1）检查汽车的轴荷，以保证待检汽车轴荷在检验台允许载荷范围。

（2）轮胎表面应清洁干净，胎压正常。

（3）对于前轮驱动汽车，应在低速情况下操纵转向盘确保汽车处于直线行驶状态，然后再加速到检测车速。切忌汽车一上检验台就迅速加速。

（4）对于电机驱动型车速表试验台，要注意滚筒所能驱动的车轮负荷，严禁超载；在不用驱动装置进行测试时，务必分离离合器，使滚筒与电动机脱开。

（5）车速表检验台仪表部分应注意避免潮湿和振动。

（6）车速表检验台滚筒表面应经常保持清洁、干燥，防止泥、水、油污等进入车速表检验台。

（7）车速表检验台不检测时，严禁在检测台上停放车辆和堆积杂物。

（8）测速时车辆前、后方及驱动轮两旁不准站立人员。

（9）检验结束后，检验员不可采取任何紧急制动措施使滚筒停止转动。

（10）对于不能在车速表检验台上检验的车辆，只需在底盘动态检验时定性判断其车速表工作是否正常即可。

8.2.5　任务分析

1. 检测数据

根据汽车安全性能检测要求，检测实车车速表，并将检测数据填入表 8-3。

表 8-3　车速表指示误差检测记录表

仪器型号	车　型	v_1	v_2

检测设备与车辆：＿＿＿＿＿　试验日期：＿＿＿＿＿　试验人员：＿＿＿＿＿　填表人：＿＿＿＿＿

2. 思考分析

（1）车速表试验台的检测原理是什么？

（2）没有车速表试验台，如何进行车速表指示误差检测？

8.2.6 自我评估

1. 判断题

（1）使用车速表试验台检测车速表时，汽车驶上试验台后应迅速加速。   （   ）

（2）在变速器输出轴转速不变的条件下，汽车行驶速度因轮胎半径的变化而变化。（   ）

2. 选择题

（1）检测车速表时，汽车车速表的指示值达到规定（   ）km/h 时，读取试验台速度指示仪表的指示值。

      A. 30   B. 40   C. 50

（2）当汽车实际车速为 40 km/h 时，汽车车速表指示值应为（   ）km/h。

      A. 36 ~ 42   B. 32.8 ~ 40   C. 40 ~ 48

（3）以下不属于车速表误差形成原因的是（   ）。

      A. 轮胎磨损   B. 轮胎气压过高   C. 车速过快

3. 填空题

（1）车速表误差的形成主要有_____和_____两方面原因。

（2）车速表检验台有三种类型：_____，依靠_____旋转；_____，由_____旋转；把车速表试验台与制动试验台或底盘测功试验台组合在一起的综合型。

4. 问答题

（1）车速表误差的形成原因有哪些？

（2）为什么要检测汽车车速表？

（3）检测汽车车速表指示误差的方法有哪些？

附　录

GB

中华人民共和国国家标准

GB7258—2012
代替　GB 7258-2004

机动车运行安全技术条件

Safety specifications for power-driven vehicles operating on roads

2012-05-11发布　　　　　　　　2012-09-01实施

中华人民共和国国家质量监督检验检疫总局
中国国家标准化管理委员会　发布

目　次

前　言

本标准的附录 A 和附录 B 为推荐性的，其余为强制性的。

本标准按照 GB/T 1.1—2009 给出的规则起草。

本标准代替 GB 7258—2004《机动车运行安全技术条件》。与 GB 7258—2004 相比，除编辑性修改外主要技术变化如下：

——修改了第 1 章的适用范围（见第 1 章）。

——修改了第 3 章的机动车、汽车、乘用车、客车、公共汽车（城市客车）、货车、半挂牵引车、专项作业车、两用燃料汽车、双燃料汽车、挂车、牵引杆挂车、中置轴挂车、半挂车、汽车列车、铰接列车、摩托车、轻便摩托车、轮式专用机械车的定义，增加了载客汽车、公路客车（长途客车）、旅游客车、校车、幼儿校车、小学生校车、中小学生校车、专用校车、低速汽车、危险货物运输车、纯电动汽车、插电式混合动力汽车、燃料电池汽车、教练车、残疾人专用汽车、普通摩托车、两轮普通摩托车、边三轮摩托车、正三轮摩托车、两轮轻便摩托车、正三轮轻便摩托车、特型机动车的定义，删除了卧铺客车（2004 年版的 3.2.2.1）、电动汽车（2004 年版的 3.2.9）的定义；将汽车分为载客汽车、载货汽车和专项作业车三大类，将 2004 年版中的摩托车（2004 年版的 3.5）及轻便摩托车（2004 年版的 3.6）合称为摩托车（见 3.5），将 2004 年版中的摩托车（2004 年版的 3.5）改称为普通摩托车（见 3.5.1）。

——修改了第 4 章的部分机动车产品标牌需标识的内容（见 4.1.2）和车辆识别代号的打刻要求（见 4.1.3），增加了纯电动汽车、插电式混合动力汽车、燃料电池汽车和电动摩托车应打刻电动机型号、编号的要求及标识的视认性和永久保持性的要求（见 4.1.4）。

——增加了乘用车和总质量小于等于 3500 kg 的货车（低速汽车除外）应在靠近风窗立柱的位置设置能永久保持的车辆识别代号标识的要求，以及乘用车应具有能读取车辆识别代号的电子数据接口、在后备箱（或行李区）的合适位置标示车辆识别代号，且应在至少 5 个主要部件上标示车辆识别代号或零部件编号的要求（见 4.1.5 和 4.1.6），修改了危险货物运输车的标志要求（见 4.1.7），增加了对机动车进行改装或修理时不得对车辆识别代号等整车标志进行遮盖（遮挡）、打磨、挖补、垫片等处理及凿孔、钻孔等破坏性操作的要求（见 4.1.8）。

——修改了车长小于 16 m 的发动机后置的铰接客车的后悬要求（见 4.3），增加了铰接列车的半挂车的总质量不得大于半挂牵引车的最大允许牵引质量的要求（见 4.5.1.5），修改了载客汽车乘员数的核定要求（见 4.5.2 和 4.5.3），增加了乘员数核定的特殊规定（见 4.5.6）。

——修改了客车、罐式汽车和罐式挂车的侧倾稳定角要求（见 4.7.1），增加了旅居车和旅居挂车旅居室内的专用装备设施应明示安全使用规定（见 4.8.4）、所有货车和专项作业车应喷涂总质量、栏板货车和自卸车应喷涂栏板高度、罐式车辆应喷涂灌体容积及允许装运货物的种类、部分货车及所有挂车应标识放大号、部分客车应喷涂座位数、专用校车车身外观标识和校车标牌（见 4.8.6～4.8.9）及教练车应喷涂"教练车"字样和机动车外部喷涂标志图案和安装灯具的原则规定（见 4.8.11、4.8.12），删除了专门用于运输易燃和易爆物品的危险货物运输车应在车身两侧喷涂"禁止烟火"的要求（2004 年版的 4.8.5）。

——增加了机动车环保要求的原则规定（见 4.15）和机动车产品使用说明书的相关规定（见 4.16）。

——增加了轮式专用机械车的外廓尺寸、轴荷及质量参数、转向系、制动系、外部照明和信号装置等要求按土方机械相关强制性标准实施的规定（见 4.17.2）。

——增加了有驾驶室的正三轮摩托车使用方向盘转向时的相关规定（见 6.1），修改了机动车方向盘的最大自由转动量要求（见 6.4）和转向力测试的要求（见 6.8），增加了专用校车应采用转向助力装置（见 6.9）及前轴采用双转向轴时转向轮的横向侧滑量不作要求的规定（见 6.11）。

——修改了三轴及三轴以上汽车的制动完全释放时间要求（见 7.1.6）和应安装防抱死制动装置的机动车类型（见 7.2.11），增加了部分汽车的前轮应装备盘式制动器（见 7.2.6）、教练车（三轮汽车除外）应装备有副制动踏板（见 7.2.12）、部分汽车应装备辅助制动装置（见 7.5）及气压制动系应安装保持压缩空气干燥、油水分离的装置的要求（见 7.7.4）。

——修改了路试检验时的列车的行车制动距离要求（见 7.10.2.1）和充分发出的平均减速度要求（见 7.10.2.2）、驻车制动性能检验要求（见 7.10.4）及台试检验时的制动力要求和制动力平衡要求（见 7.11.1.1 和 7.11.1.2），增加了台试检验汽车、汽车列车行车制动性能的合格判定要求（见 7.11.1.5），修改了检验结果的复核要求（见 7.11.3）。

——增加了机动车不得安装遮挡外部照明和信号装置透光面的装置、用户不得对外部照明和信号装置进行改装或加装强制性标准以外的外部照明和信号装置的要求（见 8.1.2 和 8.1.3），修改了外部灯具闪烁的相关规定（见 8.1.2），增加了部分货车、专项作业车和挂车后部照明和信号装置的透光面面积要求（见 8.2.1）、校车应配备统一的校车标志灯和停车指示标志的要求（见 8.2.7）、某一转向灯发生故障（短路除外）时的要求（见 8.3.8）和部分货车和挂车、低速车辆应设置车辆尾部标志板的要求（见 8.4.1），修改了车身反光标识设置及车身反光标识材料的相关规定（见 8.4.1～8.4.5），增加了柔性车身反光标识的相关规定（见 8.4.6），删除了附加的灯具、反射器或附属装置不允许影响本标准规定安装的灯具和信号装置的性能且不应对其他的道路使用者造成不利影响的要求（2004 年版的 8.2.10）。

——增加了打开所有前照灯（远光）时总的远光发光强度要求及两灯制轻便摩托车的远光光束发光强度最小值要求（见 8.5.2），修改了前照灯远光照射位置的检验要求（见 8.5.3.3），删除了前照灯远、近光布置的要求（2004 年版的 8.4.3）。

——增加了教练车（三轮汽车除外）应设置辅助喇叭开关的要求（见 8.6.1）、客车电器导线的阻燃要求和乘员舱外部接插件的防水要求（见 8.6.2），修改了机动车应装备仪表或显示信息的相关规定（见 8.6.3），增加了专用校车应设置电源总开关和车长大于等于 6 m 的客车应设置电磁式电源总开关的相关规定（见 8.6.4），修改了应安装行驶记录仪的汽车车型要求，增加了显示、数据接口布置的规定、行驶记录功能符合要求的卫星定位装置视同行驶记录仪的规定及专用校车和卧铺客车还应安装车内外录像监控系统的规定（见 8.6.5）及汽车装备、加装电气设备的原则性要求（见 8.6.6），修改了无轨电车的特殊要求（见 8.6.7）。

——修改了不得装用翻新的轮胎的车轮范围（见 9.1.2），增加了机动车使用的翻新胎应符合相关标准的规定（见 9.1.2）、专用校车和卧铺客车应装用无内胎子午线轮胎、危险货物运输车和车长大于 9 m 的其他客车应装用子午线轮胎（见 9.1.5）、空气弹簧应无裂损、变形及漏气、控制系统应齐全有效（见 9.3.3）和三轴公路客车的随动轴应具有随动转向或主动转向功能的要求（见 9.4.4）。

——增加了自动变速器的相关规定（见 10.2.1）及部分车型应具有超速报警和限速功能（或装备限速装置）的要求（见 10.5）。

——增加了车身外部不应产生明显的镜面反光（见 11.1.1）、客车上部结构强度要求的相关规定、专用校车车身结构的特殊要求及车长大于 11 m 的公路客车和旅游客车和所有卧铺客车应采用全承载整体式框架结构车身的要求（见 11.2.1）、幼儿专用校车乘客区应采用平地板结构的要求（见 11.2.3）、专用校车的踏步高要求（见 11.2.4）和行李架（舱）设置要求（见 11.2.5）、专用校车前部应设置碰撞安全结构的要求（见 11.2.6）及校车侧窗下边缘的高度要求（见 11.2.7）。

——增加了集装箱运输车和集装箱运输半挂车的构造应保证集装箱运输过程中始终安全、稳妥地固定在车辆上的要求（见 11.3.2）、货车和挂车的载货部分不得设置乘客座椅且不得设计成可伸缩的结构（见 11.3.3、11.3.4）及货车驾驶区座椅布置的相关规定（见 11.3.5），增加了摩托车外部凸出物和扶手的相关规定（见 11.4.2、11.4.3）。

——增加了乘用车车门的相关规定（见 11.5.2），修改了客车乘客门的相关规定（见 11.5.3~11.5.5），增加了击碎玻璃式应急窗的安全玻璃类型和厚度要求（见 11.5.6），公路客车、旅游客车、校车所有车窗玻璃的可见光透射比均应大于等于 50% 的要求（见 11.5.7）及厢式货车和封闭式货车的货箱部位不得设置车窗的要求（见 11.5.8）。

——修改了载客汽车座椅布置的规定（见 11.6.2~11.6.6）和卧铺布置的规定（见 11.6.7），增加了校车照管人员座位的设置及专用校车座椅及其固定件的强度要求（见 11.6.8）、专用校车靠近通道的学生座椅的扶手要求（见 11.6.9）及正三轮摩托车乘客座椅的布置要求（见 11.6.10）。

——修改了客车内饰材料的阻燃要求，增加了发动机舱隔热防火的相关规定（见 11.7.1、11.7.2），增加了号牌板（架）应有号牌安装孔的要求（见 11.8.2）、乘用车（三厢车除外）行李区的纵向长度要求（见 11.9.2）及自卸车液压举升装置的相关规定（见 11.9.6）。

——修改了应装备汽车安全带的座椅范围（见 12.1.1），增加了安全带的形式要求（见 12.1.2 和 12.1.3）、乘用车驾驶人座位应装备汽车安全带佩戴提示装置（见 12.1.5）及乘用车儿童座椅固定的要求（见 12.1.6）。

——增加了总质量大于 7500 kg 的货车和货车底盘改装的专项作业车应在右侧设置广角后视镜和补盲后视镜的要求（见 12.2.1），修改了外后视镜的视野要求（见 12.2.2），增加了专用校车驾驶人视野、汽车列车必要时应加装后视镜加长架（见 12.2.2）及教练车应加装辅助后视镜的要求（见 12.2.7）。

——增加了应设置应急门的情形（见 12.4.1.2），修改了应急门的尺寸和开启要求、应急门引道要求（见 12.4.2.1、12.4.2.3、12.4.2.5）及应急锤的相关规定（见 12.4.3.2），增加了设有乘客站立区的公共汽车的应急窗均应为推拉式应急窗或外推式应急窗的要求（见 12.4.3.2）。

——增加了不准许用户改动燃料管路（见 12.5.1）、发动机后置的公路客车和旅游客车燃料箱的前端面应位于前轴之后（见 12.5.5）、每一个钢瓶阀出口端都应安装高压过流保护装置（见 12.6.1）、不准许用户改动或加装钢瓶（见 12.6.3）、钢瓶安装在车上后钢瓶编号应易见（见

12.6.4）及气体燃料车辆应安装泄露报警装置的要求（见 12.6.15），修改了气体燃料专用装置通气接口的相关规定（见 12.6.9）。

——修改了客车灭火器布置的相关规定（见 12.9.2），增加了所有专用校车和发动机后置的其他客车应装备发动机舱自动灭火装置（见 12.9.3）和危险货物运输车的特殊安全防护要求（见 12.11），删除了专门用于运送易燃和易爆物品的危险货物运输车应在驾驶室上方安装红色标志灯的要求（2004 年版的 12.10）。

——修改了应装备三角警告牌、保险杠和前风窗玻璃除雾除霜装置的汽车范围（见 12.13.2、12.13.3、12.13.4）和机动车发动机的排气管口布置要求（见 12.13.7），增加了校车应配备急救箱的要求及汽车安全气囊系统的原则性规定（见 12.13.5 和 12.13.6）。

——增加了残疾人专用汽车的附加要求（见第 14 章）。

——删除了车速表指示误差检验方法、转向轮横向侧滑量检验方法、制动性能检验方法、前照灯光束照射位置检验方法、气密性检验方法（2004 年版的附录 A ~ 附录 E）及四种类型机动车技术条件要求对应一览表（2004 年版的附录 G），增加了典型车型车身反光标识粘贴示例及要求的相关说明（见附录 B）。

本标准由公安部道路交通管理标准化技术委员会归口。

本标准负责起草单位：公安部交通管理科学研究所、交通运输部公路科学研究院、中国汽车技术研究中心。

本标准参加起草单位：成都市公安局交通管理局车辆管理所、上海浦江出入境检验检疫局、中国公路学会客车分会、天津摩托车技术中心、中国农业机械化科学研究院、洛阳拖拉机研究所。

本标准主要起草人：应朝阳、周天佑、耿磊、罗跃、王凡、刘雪梅、孟秋、龚标、何勇、王学平、王冬梅、吴云强、刘欣、张炳荣、张咸胜、尚项绳、秦煜麟、孙巍、裴志浩。

GB 7258—2004 的历次版本发布情况为：

——GB 7258—1987、GB 7258—1997。

引　言

国家标准《机动车运行安全技术条件》（以下简称"GB 7258"）是我国机动车运行安全管理最基本的技术标准，是进行注册登记检验和在用机动车检验、机动车查验、事故车检验的主要技术依据，同时也是我国机动车新车定型强制性检验、新车出厂检验及进口机动车检验的重要技术依据之一。

GB 7258—2004 自 2004 年 10 月 1 日起实施以来，在加强机动车运行安全管理、提高机动车运行安全水平等方面起到了积极的作用。但是，随着我国经济社会的持续快速发展和机动化步伐的不断加快，广大人民群众对安全出行的期待越来越高，机动车运行安全管理不断遇到新情况、新问题。特别是当前我国大型客货车辆的安全技术要求仍较低，与车辆安全性能相关的重特大道路交通事故比例较高。为此，根据我国道路交通实际情况修订 GB 7258—2004，提高机动车（特别是大型客货车辆）运行安全技术要求，严密机动车运行安全管理技术依据，已十分必要。

本次 GB7258 修订工作的修订原则主要有：

（1）从 GB7258 是我国机动车运行安全管理最基本的技术标准这一属性出发，根据道路交通发展实际情况，进一步明确 GB7258 的适用范围，提出特型机动车、教练车、残疾人专用汽车等各类机动车的定义和运行安全管理的技术依据，严密机动车运行安全管理主要环节。

（2）根据 GB7258—2004 执行过程中暴露出来的问题，采用与管理要求相适应的机动车分类标准，提高标准的可操作性。

（3）提高重点车辆的安全装置配备要求和结构安全要求，加严卧铺客车的安全技术要求，提高道路运行机动车的整体安全技术性能。

（4）进一步明确公共汽车运行安全技术要求，为加强公共汽车运行安全管理提供技术依据。

需要说明的是：

（1）鉴于轮式专用机械车的种类繁多、功能各异，本标准未对其外廓尺寸、轴荷及质量参数、转向性能、制动性能、外部照明和信号装置及电气设备、车身、安全防护装置等参数和要求作出具体规定。

（2）叉车不属于道路车辆，鉴于其外形和结构的特殊性，不适于在道路上行驶和使用。

机动车运行安全技术条件

1 范 围

本标准规定了机动车的整车及主要总成、安全防护装置等有关运行安全的基本技术要求，以及消防车、救护车、工程救险车和警车及残疾人专用汽车的附加要求。

本标准适用于在我国道路上行驶的所有机动车，但不适用于有轨电车及并非为在道路上行驶和使用而设计和制造、主要用于封闭道路和场所作业施工的轮式专用机械车。

注：有轨电车是指以电动机驱动，架线供电，有轨道承载的道路车辆。

2 规范性引用文件

下列文件对于本文件的应用是必不可少的。凡是注日期的引用文件，仅注日期的版本适用于本文件。凡是不注日期的引用文件，其最新版本（包括所有的修改单）适用于本文件。

GB 1589   道路车辆外廓尺寸、轴荷及质量限值

GB/T 2408—2008   塑料 燃烧性能的测定 水平法和垂直法

GB/T 3181   漆膜颜色标准

GB 4094   汽车操纵件、指示器及信号装置的标志

GB 4599   汽车用灯丝灯泡前照灯

GB 4785   汽车及挂车外部照明和光信号装置的安装规定

GB 5948   摩托车白炽丝光源前照灯配光性能

GB 8108   车用电子警报器

GB/T 8196   机械安全 固定式和活动式防护装置设计与制造一般要求

GB 8410—2006   汽车内饰材料的燃烧特性

GB 9656   汽车安全玻璃

GB 10396   农林拖拉机和机械、草坪和园艺动力机械 安全标志和危险图形 总则

GB 11567.1   汽车和挂车侧面防护要求

GB 11567.2   汽车和挂车后下部防护要求

GB/T 12428   客车装载质量计算方法

GB 12268   危险货物品名表

GB 12676   汽车制动系统 结构、性能和试验方法

GB 13057   客车座椅及其车辆固定件的强度

GB 13365   机动车排气火花熄灭器

GB 13392   道路运输危险货物车辆标志

GB/T 13594   机动车和挂车防抱制动性能和试验方法

GB 13954   警车、消防车、救护车、工程救险车标志灯具

GB/T 14172   汽车静侧翻稳定性台架试验方法

GB 15084   机动车辆后视镜的性能和安装要求

GB 15365   摩托车和轻便摩托车操纵件、指示器及信号装置的图形符号

GB 16735   道路车辆   车辆识别代号（VIN）

GB 17352   摩托车和轻便摩托车后视镜的性能和安装要求

GB/T 17578   客车上部结构强度的规定

GB/T 17676   天然气汽车和液化石油气汽车   标志

GB 18100.1   摩托车照明和光信号装置的安装规定 第 1 部分：两轮摩托车

GB 18100.2   摩托车照明和光信号装置的安装规定 第 2 部分：两轮轻便摩托车

GB 18100.3   摩托车照明和光信号装置的安装规定 第 3 部分：三轮摩托车

GB/T 18411   道路车辆   产品标牌

GB 18447.1   拖拉机   安全要求   第 1 部分：轮式拖拉机

GB 18564.1   道路运输液体危险货物罐式车辆 第 1 部分：金属常压罐体技术要求

GB 18564.2   道路运输液体危险货物罐式车辆 第 2 部分：非金属常压罐体技术要求

GB 18565   营运车辆综合性能要求和检验方法

GB/T 18697—2002   声学   汽车车内噪声测量方法

GB/T 19056   汽车行驶记录仪

GB 19151   机动车用三角警告牌

GB 19152   轻便摩托车前照灯配光性能

GB 20074   摩托车和轻便摩托车外部凸出物

GB 20075   摩托车乘员扶手

GB 20300   道路运输爆炸品和剧毒化学品车辆安全技术条件

GB 21259   汽车用气体放电光源前照灯

GB 23254   货车及挂车   车身反光标识

GB 24315   校车标识

GB 24406   专用校车学生座椅系统及其车辆固定件的强度

GB 24407   专用校车安全技术条件

GB/T 24545   车辆车速限制系统技术要求

GB/T 25978   道路车辆   标牌和标签

GB 25990   车辆尾部标志板

GB 25991   汽车用 LED 前照灯

GA 524   2004 式警车汽车类外观制式涂装规范

GA 525   2004 式警车摩托车类外观制式涂装规范

3   术语和定义

下列术语和定义适用于本文件。

3.1

机动车   power-driven vehicle

由动力装置驱动或牵引，上道路行驶的供人员乘用或用于运送物品以及进行工程专项作

业的轮式车辆，包括汽车及汽车列车、摩托车、拖拉机运输机组、轮式专用机械车、挂车。

3.2

汽车 motor vehicle

由动力驱动，具有四个或四个以上车轮的非轨道承载的车辆，主要用于：

——载运人员和/或货物（物品）；

——牵引载运货物（物品）的车辆或特殊用途的车辆；

——专项作业。

本术语还包括：

a）与电力线相连的车辆，如无轨电车；

b）整车整备质量超过 400 kg 的不带驾驶室的三轮车辆；

c）整车整备质量超过 600 kg 的带驾驶室的三轮车辆。

3.2.1

载客汽车 passenger vehicle

设计和制造上主要用于载运人员的汽车，包括装置有专用设备或器具但以载运人员为主要目的的汽车。

3.2.1.1

乘用车 passenger car

设计和制造上主要用于载运乘客及其随身行李和/或临时物品的汽车，包括驾驶人座位在内最多不超过 9 个座位。它也可以牵引一辆中置轴挂车。

3.2.1.2

客车 bus

设计和制造上主要用于载运乘客及其随身行李的汽车，包括驾驶人座位在内座位数超过 9 个。

3.2.1.2.1

公路客车 interurban bus

长途客车 interurban bus

为城间（城乡）运输乘客设计和制造、专门从事旅客运输的客车，包括卧铺客车，即设计和制造供全体乘客卧睡的客车。

3.2.1.2.2

旅游客车 touring bus

为旅游设计和制造、专门用于运载游客的客车。

3.2.1.2.3

公共汽车 public bus

城市客车 public bus

为城市内运输乘客设计和制造的客车，根据是否设有乘客站立区可分为：

a）设有乘客站立区的公共汽车，即最大设计车速小于 70 km/h、设有座椅及乘客站立区，并有足够的空间供频繁停站时乘客上下车走动，有固定的线路和车站，主要在城市建成区运营的客车；也包括无轨电车，即以电动机驱动，与电力线相连的客车。

b）未设置乘客站立区的公共汽车，即未设置乘客站立区，有固定的线路和车站，主要在城市道路运营的客车。

3.2.1.3
校车　school bus
用于有组织地接送 3 周岁以上学龄前幼儿或接受义务教育的学生上下学的 7 座以上的载客汽车。

3.2.1.3.1
幼儿校车　school bus for infants
接送 3 周岁以上学龄前幼儿上下学的校车。

3.2.1.3.2
小学生校车　school bus for primary student
接送小学生上下学的校车。

3.2.1.3.3
中小学生校车　school bus for junior middle school student
接送九年制义务教育阶段学生（小学生和初中生）上下学的校车。

3.2.1.3.4
专用校车　special school bus
设计和制造上专门用于运送 3 周岁以上学龄前幼儿或义务教育阶段学生的校车。

3.2.2
载货汽车　goods vehicle
货车　　　goods vehicle
设计和制造上主要用于载运货物或牵引挂车的汽车，包括装置有专用设备或器具但以载运货物为主要目的的汽车。

3.2.2.1
半挂牵引车　semi-trailer towing vehicle
装备有特殊装置用于牵引半挂车的汽车。

3.2.2.2
低速汽车　low-speed vehicle
三轮汽车和低速货车的总称。

3.2.2.2.1
三轮汽车　tri-wheel vehicle
最大设计车速小于等于 50 km/h 的，具有三个车轮的货车。

3.2.2.2.2
低速货车　　　low-speed goods vehicle
低速载货汽车　low-speed goods vehicle
最大设计车速小于 70 km/h 的，具有四个车轮的货车。

3.2.2.3
危险货物运输车　road transportation vehicle of dangerous goods
专门用于运输符合 GB 12268 等相关标准规定的危险货物的货车。

3. 2. 3

专项作业车　special motor vehicle

专用作业车　special motor vehicle

装置有专用设备或器具，在设计和制造上用于专项作业的汽车，如汽车起重机、消防车、混凝土泵车、清障车、高空作业车、扫路车、吸污车、钻机车、仪器车、检测车、监测车、电源车、通信车、电视车、采血车、医疗车、体检医疗车等，但不包括以载运人员或货物为主要目的的汽车。

3. 2. 4

气体燃料汽车　gaseous fuel vehicle

装备以石油气、天然气或煤气等气体为燃料的发动机的汽车。

3. 2. 5

两用燃料汽车　bi-fuel vehicle

具有两套相互独立的燃料供给系统，一套供给天然气或液化石油气，另一套供给其他燃料，两套燃料供给系统可分别但不可同时向燃烧室供给燃料的汽车，如汽油/压缩天然气两用燃料汽车、汽油/液化石油气两用燃料汽车等。

3. 2. 6

双燃料汽车　dual-fuel vehicle

具有两套燃料供给系统，一套供给天然气或液化石油气，另一套供给其他燃料，两套燃料供给系统按预定的配比向燃烧室供给燃料，在缸内混合燃烧的汽车，如柴油-压缩天然气双燃料汽车，柴油-液化石油气双燃料汽车等。

3. 2. 7

纯电动汽车　batery electric vehicle

由电动机驱动，且驱动电能来源于车载可充电蓄电池或其他能量储存装置的汽车。

[GB/T 19596—2004 的 3.1.1.1.1]

3. 2. 8

插电式混合动力汽车　plug-in hybrid electric vehicle

具有一定的纯电驱动行驶里程，且在正常使用情况下可从非车载装置中获取电能量的混合动力汽车。

3. 2. 9

燃料电池汽车　fuel cell electric vehicle

以燃料电池作为动力电源的汽车。

[GB/T 19596—2004 的 3.1.1.1.3]

3. 2. 10

教练车　driving school training vehicle

专门从事驾驶技能培训的汽车。

3. 2. 11

残疾人专用汽车　vehicle for handicapped driving

在采用自动变速器的乘用车上加装符合标准和规定的驾驶辅助装置，专门供特定类型的肢体残疾人驾驶的汽车。

3.3

挂车   trailer

设计和制造上需由汽车或拖拉机牵引,才能在道路上正常使用的无动力道路车辆,包括牵引杆挂车、中置轴挂车和半挂车,用于:

——载运货物;

——专项作业。

3.3.1

牵引杆挂车   draw-bar-trailer

全挂车   draw-bar-trailer

至少有两根轴的挂车,具有:

———一轴可转向;

——通过角向移动的牵引杆与牵引车连接;

——牵引杆可垂直移动,连接到底盘上,因此不能承受任何垂直力。

3.3.2

中置轴挂车   centre axle trailer

均匀受载时挂车质心紧靠车轴位置,牵引装置相对于挂车不能垂直移动,与牵引车连接时只有较小的垂直载荷作用于牵引车的挂车。

3.3.3

半挂车   semi-trailer

均匀受载时挂车质心位于车轴前面,装有可将垂直力和/或水平力传递到牵引车的连接装置的挂车。

3.4

汽车列车   combination vehicles

由汽车(低速汽车除外)牵引挂车组成的机动车,包括乘用车列车、货车列车和铰接列车。

3.4.1

乘用车列车   passenger/car trailer combination

乘用车和中置轴挂车的组合。

3.4.2

货车列车   goods road train

货车和牵引杆挂车或中置轴挂车的组合。

3.4.2.1

牵引杆挂车列车   draw-bar trailer combination

全挂拖斗车   draw-bar trailer combination

全挂汽车列车   draw-bar trailer combination

货车和牵引杆挂车的组合。

3.4.2.2

中置轴挂车列车   centre axle trailer combination

货车和中置轴挂车的组合。

3.4.3

铰接列车　　　articulated vehicle

半挂汽车列车　articulated vehicle

　　半挂牵引车和半挂车的组合。

3.5

摩托车　motorcycle and moped

由动力装置驱动的,具有两个或三个车轮的道路车辆,但不包括:

（1）整车整备质量超过 400 kg 的不带驾驶室的三轮车辆;

（2）整车整备质量超过 600 kg 的带驾驶室的三轮车辆;

（3）最大设计车速、整车整备质量、外廓尺寸等指标符合相关国家标准和规定的,专供残疾人驾驶的机动轮椅车;

（4）电驱动的,最大设计车速不大于 20 km/h,具有人力骑行功能,且整车整备质量、外廓尺寸、电动机额定功率等指标符合相关国家标准规定的两轮车辆。

3.5.1

普通摩托车　motorcycle

无论采用何种驱动方式,其最大设计车速大于 50 km/h,或如使用内燃机,其排量大于 50 mL,或如使用电驱动,其电动机最大输出功率总和大于 4 kW 的摩托车,包括两轮普通摩托车、边三轮摩托车和正三轮摩托车。

3.5.1.1

两轮普通摩托车　motorcycle with two wheels

装有一个从动轮和一个驱动轮的普通摩托车。

3.5.1.2

边三轮摩托车　motorcycle with sidecar

在两轮普通摩托车的右侧装有边车的摩托车。

3.5.1.3

正三轮摩托车　right three-wheeled motorcycle

装有与前轮对称分布的两个后轮的普通摩托车,且如设计和制造上允许装载货物或载运乘员,其最大设计车速小于 70 km/h。

3.5.2

轻便摩托车　moped

无论采用何种驱动方式,其最大设计车速不大于 50 km/h 的摩托车,且:

——如使用内燃机,其排量不大于 50 mL;

——如使用电驱动,其电动机最大输出功率总和不大于 4 kW。

3.5.2.1

两轮轻便摩托车　moped with two wheels

装有一个从动轮和一个驱动轮的轻便摩托车。

3.5.2.2

正三轮轻便摩托车　right three-wheeled moped

装有与前轮对称分布的两个后轮的轻便摩托车。

3.6

拖拉机运输机组 tractor towing trailer for transportation

由拖拉机牵引一辆挂车组成的用于载运货物的机动车，包括轮式拖拉机运输机组和手扶拖拉机运输机组。

注①：本标准所指的拖拉机是指最高设计车速不大于 20 km/h、牵引挂车方可从事道路货物运输作业的手扶拖拉机，和最高设计车速不大于 40 km/h、牵引挂车方可从事道路货物运输作业的轮式拖拉机。

注②：手扶拖拉机运输机组还包含手扶变型运输机，即发动机 12 h 标定功率不大于 14.7 kW，采用手扶拖拉机底盘，将扶手把改成方向盘，与挂车连在一起组成的折腰转向式运输机组。

3.7

轮式专用机械车 wheeled mobile machinery for special purpose

有特殊结构和专门功能，装有橡胶车轮可以自行行驶，最大设计车速大于 20 km/h 的轮式机械，如装载机、平地机、挖掘机、推土机等，但不包括叉车。

3.8

特型机动车 special size vehicle

质量参数和/或尺寸参数超出 GB 1589 规定的汽车、挂车、汽车列车。

4 整 车

4.1 整车标志

4.1.1 机动车在车身前部外表面的易见部位上应至少装置一个能永久保持的商标或厂标。

4.1.2 机动车应至少装置一个能永久保持的产品标牌，该标牌的固定、位置及型式应符合 GB/T 18411 的规定；如采用标签标示，则标签应符合 GB/T 25978 规定的标签一般性能、防篡改性能及防伪性能要求。改装车应同时具有改装后的整车产品标牌及改装前的整车（或底盘）产品标牌。

机动车均应在产品标牌上标明品牌、整车型号、制造年月、生产厂名及制造国，各类机动车产品标牌应标明的其他项目见表 1。产品标牌上标明的内容应规范、清晰耐久且易于识别，项目名称均应有中文名称。

表 1 各类机动车产品标牌应补充标明的项目

机动车类型		应补充标明的项目
汽车①	载客汽车②	车辆识别代号、发动机型号、发动机最大净功率、最大允许总质量（以下简称为"总质量"）、乘坐人数（乘员数）
	载货汽车③	车辆识别代号、发动机型号、发动机最大净功率、总质量（半挂牵引车除外）、整车整备质量（以下简称为"整备质量"）、最大允许牵引质量（无牵引功能的货车除外）
	专项作业车	车辆识别代号、发动机型号、发动机最大净功率、总质量、专用功能主要技术参数

机动车类型	应补充标明的项目
挂车	车辆识别代号④、总质量、整备质量
摩托车⑤	车辆识别代号、发动机型号、发动机实际排量或最大净功率、整备质量
轮式专用机械车	车架号（或产品识别代码、车辆识别代号）、发动机型号、发动机标定功率、整备质量、最大设计车速
组成拖拉机运输机组的拖拉机	出厂编号、发动机标定功率、使用质量
特型机动车	车辆识别代号（或车架号）、发动机型号、发动机最大净功率、总质量、整备质量、外廓尺寸

① 非插电式混合动力汽车还应标明电动动力系统最大输出功率；纯电动汽车、插电式混合动力汽车、燃料电池汽车还应标明主驱动电机型号和功率，动力电池工作电压和容量（安时数），储氢容器形式、容积、工作压力（燃料电池汽车）；纯电动汽车不标发动机相关信息。
② 乘用车还应标明发动机排量，具备牵引功能时还应标明最大允许牵引质量。
③ 半挂牵引车还应标明牵引座最大设计静载荷。
④ 牵引杆挂车在未采用统一的车辆识别代号之前应标明车架号。
⑤ 电动摩托车应标明车辆识别代号、电动机型号、电动机最大输出功率、额定电压、整备质量；正三轮摩托车还应标明装载质量或乘坐人数，两轮普通摩托车及两轮轻便摩托车可不标车辆识别代号。

4.1.3 汽车、摩托车、半挂车和中置轴挂车应具有唯一的车辆识别代号，其内容和构成应符合 GB 16735 的规定；应至少有一个车辆识别代号打刻在车架（无车架的机动车为车身主要承载且不能拆卸的部件）能防止锈蚀、磨损的部位上。

乘用车的车辆识别代号应打刻在发动机舱内能防止替换的车辆结构件上，或打刻在车门立柱上，如受结构限制没有打刻空间时也可打刻在右侧除后备箱（后行李区）外的车辆其他结构件上；其他汽车、半挂车和中置轴挂车的车辆识别代号应打刻在前部右侧，如受结构限制也可打刻在右侧其他车辆结构件上。其他机动车应在相应的易见位置打刻整车型号和出厂编号，型号在前，出厂编号在后，在出厂编号的两端应打刻起止标记。

打刻车辆识别代号（或整车型号和出厂编号）的部件不得采用打磨、挖补、垫片等方式处理，从上（前）方观察时打刻区域周边足够大面积的表面不应有任何覆盖物；如有覆盖物，该覆盖物的表面应明确标示"车辆识别代号"或"VIN"字样，且覆盖物在不使用任何专用工具的情况下能直接取下（或揭开）及复原，以方便地观察到足够大的包括打刻区域的表面。

打刻的车辆识别代号（或整车型号和出厂编号）从上（前）方应易拓印。打刻的车辆识别代号的字母和数字的字高应大于等于 7.0 mm、深度应大于等于 0.3 mm（乘用车深度应大于等于 0.2 mm），但摩托车字高应大于等于 5.0 mm、深度应大于等于 0.2 mm。打刻的整车型号和出厂编号字高应为 10.0 mm，深度应大于等于 0.3 mm。

车辆识别代号（或整车型号和出厂编号）一经打刻不得更改、变动，并符合 GB 16735 的规定。同一辆机动车的车架（无车架的机动车为车身主要承载且不能拆卸的部件）上，不得既打刻车辆识别代号，又打刻整车型号和出厂编号。同一辆车上标识的所有车辆识别代号内容应相同。

注：打刻区域周边足够大面积的表面（足够大的包括打刻区域的表面）是指打刻车辆识别代号的部件的全部表面；但所暴露表面能满足查看打刻车辆识别代号的部件有无挖补、重新焊接、粘贴等痕迹的需要时，也应视为满足要求。

4.1.4　发动机型号和出厂编号应打刻（或铸出）在气缸体上且应能永久保持，在出厂编号的两端应打刻起止标记（没有打刻起止标记的空间时不打刻）；摩托车应在发动机的易见部位铸出商标或厂标，发动机出厂编号应打刻在曲轴箱易见部位，在出厂编号的两端应打刻起止标记（没有打刻起止标记的空间时不打刻）；如打刻（或铸出）的发动机型号和出厂编号不易见，则应在发动机易见部位增加能永久保持的发动机型号和出厂编号的标识。

纯电动汽车、插电式混合动力汽车、燃料电池汽车和电动摩托车应在主驱动电动机壳体上打刻电动机型号和编号；如打刻的电动机型号和编号被覆盖，应留出观察口，或在覆盖件上增加能永久保持的电动机型号和编号的标识。

增加的标识应易见，且非经破坏性操作不能被完整取下。

4.1.5　乘用车和总质量小于等于 3 500 kg 的货车（低速汽车除外）应在靠近风窗立柱的位置设置能永久保持的车辆识别代号标识；该标识从车外应能清晰地识读，且非经破坏性操作不能被完整取下。对具有发动机电子控制单元（ECU）的乘用车，其 ECU 应记载有车辆识别代号等特征信息，且记载的特征信息应能被读取；但如乘用车至少有一处电子数据接口，且通过读取工具能够获得车辆识别代号等特征信息的，应视为满足要求。

4.1.6　除按照本标准 4.1.2、4.1.3、4.1.5 标示车辆识别代号之外，乘用车还应在后备箱（或行李区）从车外无法观察但打开后能直接观察的合适位置标示车辆识别代号，并至少在 5 个主要部件上标示车辆识别代号；但如制造厂家使用了能从零部件编号溯及车辆识别代号等车辆唯一性信息的生产管理系统，主要部件上可标示零部件编号。

车辆识别代号或零部件编号应直接打刻或采用能永久保持的标签粘贴在制造厂家规定主要部件的目标区域内，其字码高度应保证内容能清晰确认。

4.1.7　危险货物运输车的标志应符合 GB 13392 的规定；其中，罐式危险货物运输车还应按照 GB 18564.1 或 GB 18564.2 在罐体上喷涂装运货物的名称，道路运输爆炸品和剧毒化学品车辆还应符合 GB 20300 的规定。

4.1.8　对机动车进行改装或修理时，不得对车辆识别代号（或整车型号和出厂编号）、发动机型号和出厂编号、零部件编号、产品标牌、发动机标识等整车标志进行遮盖（遮挡）、打磨、挖补、垫片等处理及凿孔、钻孔等破坏性操作。

4.2　外廓尺寸

汽车及汽车列车、挂车的外廓尺寸应符合 GB 1589 的规定，摩托车、拖拉机运输机组的外廓尺寸限值见表 2。

表 2　摩托车、拖拉机运输机组外廓尺寸限值　　　单位：m

机动车类型		长	宽	高
摩托车	两轮普通摩托车	≤2.50	≤1.00	≤1.40
	边三轮摩托车	≤2.70	≤1.75	≤1.40
	正三轮摩托车	≤3.50	≤1.50	≤2.00
	两轮轻便摩托车	≤2.00	≤0.80	≤1.10
	正三轮轻便摩托车	≤2.00	≤1.00	≤1.10
拖拉机运输机组	轮式拖拉机运输机组	≤10.00 [a]	≤2.50	≤3.00 [①]
	手扶拖拉机运输机组	≤5.00	≤1.70	≤2.20
[①] 对标定功率大于 58 kW 的轮式拖拉机运输机组长度限值为 12.00 m，高度限值为 3.50 m				

233

4.3 后悬

客车及封闭式车厢（或罐体）的机动车后悬应小于等于轴距的 65%。专项作业车和轮式专用机械车，在保证安全的情况下，后悬可按客车后悬要求核算，其他机动车后悬应小于等于轴距的 55%。车长小于 16 m 的发动机后置的铰接客车，在保证安全的情况下，后悬可不超过轴距的 70%。机动车的后悬均应小于等于 3.5 m。

注： 多轴机动车的轴距按第一轴至最后轴的距离计算（对铰接客车按第一轴至第二轴的距离计算），后悬从最后一轴的中心线往后计算。客车的后悬以车身外蒙皮尺寸计算，如后保险杠突出于后背外蒙皮，则以后保险杠尺寸计算，不计后尾梯。

4.4 轴荷和质量参数

4.4.1 汽车及汽车列车、挂车的轴荷和质量参数应符合 GB 1589 的规定。

4.4.2 机动车在空载和满载状态下，整备质量和总质量应在各轴之间合理分配，轴荷应在左右车轮之间均衡分配。

4.4.3 边三轮摩托车处于空载及满载状态时，边车车轮轮荷应分别为整备质量及总质量的 35% 以下。

4.5 核载

4.5.1 质量参数核定

4.5.1.1 机动车最大允许总质量依据发动机功率、最大设计轴荷、轮胎的承载能力及正式批准的技术文件进行核算后，从中取最小值核定。

4.5.1.2 机动车在空载和满载状态下，转向轴轴荷（或转向轮轮荷）分别与该车整备质量和总质量的比值应大于等于：

　　　　——乘用车　30%；

　　　　——三轮汽车、正三轮摩托车　18%；

　　　　——其他机动车　20%。

铰接列车应在空载和满载状态下对牵引车部分进行核算，铰接客车和铰接式无轨电车应在空载和满载状态下对前车进行核算。

4.5.1.3 清障车在托举状态下，转向轴轴荷应大于等于总质量的 15%。

4.5.1.4 汽车或汽车列车驱动轴的轴荷应大于等于汽车或汽车列车总质量的 25%。

4.5.1.5 货车列车的挂车的最大允许装载质量应小于等于货车的最大允许装载质量。

4.5.1.6 铰接列车的半挂车的总质量应小于等于半挂牵引车的最大允许牵引质量。

4.5.1.7 轮式拖拉机运输机组的挂拖质量比（挂车最大允许总质量与拖拉机使用质量之比）应小于等于 3。

4.5.2 乘用车乘坐人数核定

4.5.2.1 前排座位按乘客舱内部宽度（系指驾驶人两侧门窗下缘，并在车门后支柱内侧量取）大于等于 1 200 mm 时核定 2 人，大于等于 1 650 mm 时核定 3 人，但每名前排乘员的座垫宽和座垫深均应大于等于 400 mm，且不得作为学生座位核定乘坐人数。

4.5.2.2 除前排座位外的其他排座位，在能保证与前一排座位的间距大于等于 600 mm 且座垫深度大于等于 400 mm（对第二排以后的可折叠座椅座间距大于等于 570 mm 且座垫深度大于等于 350 mm）时，按座垫宽每 400 mm 核定 1 人；但作为学生座位使用时，对幼儿校车按每 280 mm 核定 1 人，对小学生校车按每 350 mm 核定 1 人，对中小学生校车按 380 mm 核定 1

人。单人座椅座垫宽大于等于 400 mm 时核定 1 人。

　　注1： 学生座位（椅）是指幼儿校车上专门供幼儿乘坐的座位（椅）、小学生校车上专门供小学生乘坐的座位（椅）及中小学生校车上专门供义务教育阶段学生使用的座位（椅）。

　　注2： 可折叠座椅是指靠背、座垫铰接且折叠在一起后能完全收起的座椅。

　　注3： 座间距是指靠背座垫和靠背均未被压陷、驾驶人座椅和前排乘员座椅处于滑轨中间位置、靠背角度可调式座椅的靠背角度及座椅其他调整量处于制造厂规定的正常使用位置时，在通过（单人）座椅中心线的垂直平面内，在座垫上表面最高点所处平面与地板上方 620 mm 高度范围内水平测量所得的座椅间距数值。

　　4.5.2.3　旅居车的核定乘员数应小于等于 9 人。

　　4.5.2.4　车长大于等于 6 m 的乘用车设置的侧向座椅不核定乘坐人数。

　　4.5.3　客车乘员数核定

　　4.5.3.1　按乘员质量核定：按 GB/T 12428 确定。

　　4.5.3.2　按座垫宽和站立乘客有效面积核定：长条座椅（指座垫靠背均为条形的供两人或多人乘坐的座椅）按座垫宽每 400 mm 核定 1 人，但作为学生座位使用时，对幼儿校车按每 280 mm（对幼儿专用校车按每 330 mm）核定 1 人，对小学生校车按每 350 mm 核定 1 人，对中小学生校车按 380 mm 核定 1 人；单人座椅座垫宽大于等于 400 mm（对学生座椅为 380 mm）时核定 1 人。设有乘客站立区的公共汽车，按 GB/T 12428 确定的站立乘客有效面积计算，每 0.125 m² 核定站立乘客 1 人；双层客车的上层及其他客车不核定站立人数。

　　4.5.3.3　按卧铺铺位核定：卧铺客车的每个铺位核定 1 人，驾驶人座椅核定 1 人，乘客座椅（包括车组人员座椅）不核定乘坐人数。

　　4.5.3.4　可折叠的单人座椅及驾驶人座椅 R 点所处的横向垂直平面之前的座椅不得作为学生座位（椅）核定人数。

　　4.5.3.5　幼儿校车、小学生校车和中小学生校车按 4.5.3.2 和 4.5.3.4 核定乘员数，其他客车以 4.5.3.1、4.5.3.2 及 4.5.3.3 计算的乘员数取最小值核定乘员数。幼儿校车的核定乘员数应小于等于 45 人，其他校车的核定乘员数应小于等于 56 人。二轴卧铺客车的核定乘员数应小于等于 36 人，三轴卧铺客车的核定乘员数应小于等于 40 人。

　　4.5.4　有驾驶室机动车的驾驶室乘坐人数核定（摩托车除外）

　　4.5.4.1　驾驶室的前排座位，按驾驶室内部宽度（系指驾驶室门窗下缘，并在车门后支柱内侧量取）大于等于 1 200 mm 时核定 2 人，大于等于 1 650 mm 时核定 3 人，但每名前排乘员的座垫宽和座垫深均应大于等于 400 mm。

　　4.5.4.2　双排座位驾驶室的后排座位，按座垫中间位置测量的车身内部宽度，在能保证与前排座位的间距大于等于 650 mm 且座垫深度大于等于 400 mm 时，每 400 mm 核定 1 人。

　　4.5.4.3　带卧铺的货车，卧铺铺位不核定乘坐人数。

　　4.5.4.4　有驾驶室的拖拉机运输机组和使用方向盘转向的三轮汽车，除驾驶人外可再核定一名乘员，但其座垫宽应大于等于 350 mm，座椅深应大于等于 300 mm，且座椅不应增加拖拉机运输机组或三轮汽车的外廓尺寸；不具备上述条件时，只准许乘坐驾驶人 1 人。

　　4.5.4.5　货车核定乘坐人数应小于等于 6 人。

　　4.5.5　摩托车乘坐人数核定

　　4.5.5.1　两轮普通摩托车除驾驶人外，有固定座位的可再核定乘坐 1 人。

4.5.5.2 边三轮摩托车除驾驶人外，主车和边车有固定座位的各核定乘坐 1 人。

4.5.5.3 正三轮摩托车驾驶室核定乘坐驾驶人 1 人；车厢在有纵向布置（与机动车前进方向相同）的固定座椅（该固定座椅的座垫深度大于等于 400 mm 且与驾驶人座椅的间距大于等于 650 mm）时，按座垫宽度每 400 mm 核定 1 人，但最多为 2 人；不具备上述条件时，车厢不核定乘坐人数。

4.5.5.4 轻便摩托车核定乘坐驾驶人 1 人。

4.5.6 特殊规定

4.5.6.1 装备有残疾人轮椅固定装置的残疾人汽车、装备有担架的救护车等用于载运特定乘客的载客汽车的乘坐人数，以及医疗车、体检医疗车等专项作业车的乘坐人数，参照 4.5.2、4.5.3 和 4.5.4 核定。

4.5.6.2 旅居半挂车不核定乘坐人数。

4.5.6.3 货车驾驶室（区）以外部位设置的座椅和卧铺不核定乘坐人数。

4.6 比功率

低速汽车及拖拉机运输机组的比功率应大于等于 4.0 kW/t，除无轨电车外的其他机动车的比功率应大于等于 5.0 kW/t。

注：比功率为发动机最大净功率（或 0.9 倍的发动机额定功率或 0.9 倍的发动机标定功率）与机动车最大允许总质量之比。

4.7 侧倾稳定角及驻车稳定角

4.7.1 按 GB/T 14172 规定的方法，客车在乘客区满载、行李舱空载的情况下测试时，向左侧和右侧倾斜最大侧倾稳定角均应大于等于 28°（对专用校车均应大于等于 32°）；且除定线行驶的双层（公共）汽车外，在空载、静态条件下，向左侧和右侧倾斜最大侧倾稳定角均应大于等于 35°。

注：铰接客车和铰接式无轨电车按前车考核。

4.7.2 罐式汽车和罐式挂车在满载、静态状态下，向左侧和右侧倾斜最大侧倾稳定角应大于等于 23°。

4.7.3 其他机动车在空载、静态状态下，向左侧和右侧倾斜最大侧倾稳定角应大于等于：
——三轮机动车（包括三轮汽车和三轮摩托车，下同） 25°；
——总质量为整备质量的 1.2 倍以下的机动车 30°；
——总质量不小于整备质量的 1.2 倍的专项作业车和轮式专用机械车 32°；
——其他机动车（特型机动车、两轮普通摩托车及轻便摩托车除外） 35°。

4.7.4 两轮普通摩托车和两轮轻便摩托车在用撑杆支撑时，向左、向右、向前的驻车稳定角分别应大于等于 9°、5°、6°；在用停车架支撑时，向左、向右、向前的驻车稳定角均应大于等于 8°。

4.8 图形和文字标志

4.8.1 汽车(三轮汽车和装用单缸柴油机的低速货车除外)、摩托车应分别按照 GB 4094 和 GB 15365 的规定设置操纵件、指示器及信号装置的图形标志。

4.8.2 三轮汽车和装用单缸柴油机的低速货车的变速杆、手柄和开关等操纵机构，除作用非常明确的外，应在操纵机构上或其附近用耐久性标志明确标明其功能、操作方向等。标志用操作符号应与背景有明显的色差。

4.8.3 机动车标注的警告性文字应有中文。

4.8.4 旅居车和旅居挂车旅居室内的专用装备设施应明示相应的安全使用规定。

4.8.5 低速汽车和拖拉机运输机组应对需要提醒人们注意的安全事项设置相应的安全标志。安全标志应符合 GB 10396 的规定。

4.8.6 所有货车和专项作业车均应在驾驶室（区）两侧喷涂总质量（半挂牵引车为最大允许牵引质量）；其中，栏板货车和自卸车还应在驾驶室两侧喷涂栏板高度，罐式汽车和罐式挂车还应在罐体上喷涂罐体容积及允许装运货物的种类。栏板挂车应在车厢两侧喷涂栏板高度。喷涂的中文及阿拉伯数字应清晰，高度应大于等于 80 mm。

4.8.7 总质量大于等于 4 500 kg 的货车（半挂牵引车除外）、所有挂车均应在车厢后部喷涂或粘贴放大的号牌号码，放大的号牌号码字样应清晰。

4.8.8 所有客车（专用校车和设有乘客站立区的公共汽车除外）应在乘客门附近车身外部易见位置，用高度大于等于 100 mm 的中文及阿拉伯数字标明该车提供给乘员（包括驾驶人）的座位数。

4.8.9 专用校车车身外观标识应符合 GB 24315 规定。校车运送学生时，应在前风窗玻璃右下角和后风窗玻璃适当位置各放置一块可以从车外清楚识别的校车标牌；但专门用于接送学生上下学的非专用校车，车身外观标识还应符合专用校车相关规定。

注：非专用校车是指除专用校车外的其他校车。

4.8.10 气体燃料汽车、两用燃料汽车和双燃料汽车应按 GB/T 17676 的规定标注其使用的气体燃料类型。

4.8.11 教练车应在车身两侧及后部喷涂高度大于等于 100 mm 的"教练车"等字样。

4.8.12 警车、消防车、救护车和工程救险车以外的机动车，不得喷涂和安装与警车、消防车、救护车和工程救险车相同或相类似的标志图案和灯具。

4.9 外 观

4.9.1 机动车外观应整洁，各零部件应完好，连接牢固，无缺损。

4.9.2 车体应周正，车体外缘左右对称部位高度差应小于等于 40 mm。

4.9.3 两轮普通摩托车和轻便摩托车的方向把和导流板等左右对称的零部件离地面高度差应小于等于 10 mm；正三轮摩托车的驾驶室和车厢等左右对称的零部件离地面高度差应小于等于 20 mm。

4.10 漏水检查

在发动机运转及停车时，散热器、水泵、缸体、缸盖、暖风装置及所有连接部位均不得有明显渗漏现象。

4.11 漏油检查

机动车连续行驶距离不小于 10 km，停车 5 min 后观察，不得有明显渗漏现象。

4.12 车速表指示误差（最大设计车速不大于 40 km/h 的机动车除外）

车速表指示车速 v_1（单位：km/h）与实际车速 v_2（单位：km/h）之间应符合下列关系式：

$$0 \leqslant v_1 - v_2 \leqslant (v_2/10) + 4$$

4.13 行驶轨迹

汽车列车和轮式拖拉机运输机组在平坦、干燥的路面上直线行驶时，挂车后轴中心相对于牵引车前轴中心的最大摆动幅度，铰接列车、乘用车列车和中置轴挂车列车应小于等于110 mm，牵引杆挂车列车和轮式拖拉机运输机组应小于等于220 mm。

4.14 驾驶人耳旁噪声要求

汽车（低速汽车除外）驾驶人耳旁噪声声级应小于等于90 dB（A），其检验方法见附录A。

4.15 环保要求

机动车的排气污染物排放及噪声控制应符合国家环保标准的规定。

4.16 产品使用说明书

4.16.1 机动车的产品使用说明书应用文字标明与车型（整车型号）相一致的以下结构参数和技术特征，必要时还应用图案辅助说明：

——整车产品标牌、按4.1.3规定打刻的车辆识别代号（或整车型号和出厂编号）、打刻（或铸出的）发动机型号和出厂编号（或电动机型号和编号）、标有发动机型号和出厂编号（或电动机型号和编号）的标识等标志的具体位置；

——长、宽、高等整车外廓尺寸参数；

——轴荷、整备质量、最大允许总质量等质量参数；

——发动机主要技术参数（如发动机最大净功率、额定功率/转速、额定扭矩/转速）；

——罐体容积及允许装运货物的种类；

——燃料种类及标号；

——机动车整车出厂时所达到的排放水平；

——指定试验条件下的整车燃料消耗量；

——最大设计车速、最大爬坡度等动力性能参数；

——起步气压的具体数值；

——可以使用的轮胎规格、备胎规格，以及轮胎气压等使用注意事项；

——钢板弹簧的形式和规格；

——侧面及后下部防护装置的材质、结构、尺寸、连接部位和形式、外形；

——封闭式货车隔离装置的承受能力及装载货物注意事项；

——电动转向助力装置等电气设备的安全使用要求及注意事项；

——最大设计车速大于100 km/h的机动车的车轮动平衡要求；

——车轮定位值；

——制动踏板自由行程的合理范围；

——制动摩擦副的合理使用范围；

——涉及安全使用车辆的其他事项。

注： 对发动机最大净功率、额定功率/转速等发动机主要技术参数，以及车轮动平衡要求、车轮定位值、制动踏板自由行程的合理范围、制动摩擦副的合理使用范围等主要用于车辆维修的技术参数，在其他随车正式文件上有说明，也视为满足要求。

4.16.2 汽车的产品使用说明书应对其装备的安全气囊、电子稳定控制系统、防抱死制动装置等安全装置的功能、用法和注意事项等加以说明；装备有安全气囊的汽车，还应在产品使用说明书中明确安全气囊展开的条件和情形。

4.16.3 乘用车的产品使用说明书应对适合安装的儿童座椅的类型及固定方法加以说明。

4.16.4　旅居挂车的产品使用说明书应明示车辆行驶过程中旅居室内不得载人。

4.16.5　三轮汽车和装用单缸柴油机的低速货车的产品使用说明书应明示所有操纵机构的操作说明。

4.16.6　轮式专用机械车、特型机动车的产品使用说明书应明示其制造时所执行的相关国家标准和/或行业标准的标准顺序号和年号。

4.16.7　机动车的产品使用说明书的所有文字性内容均应有中文。

4.17　其他要求

4.17.1　专项作业车和轮式专用机械车的特殊结构和专用装置不得影响机动车的安全运行。

4.17.2　轮式专用机械车的外廓尺寸、轴荷及质量参数、转向系、制动系、外部照明和信号装置及电气设备、车身、安全防护装置等要求按土方机械相关强制性标准实施。

5　发动机

5.1　发动机应动力性能良好，运转平稳，怠速稳定，无异响，机油压力和温度正常。发动机功率应大于等于标牌（或产品使用说明书）标明的发动机功率的 75%。

5.2　发动机应有良好的起动性能。汽车（三轮汽车和装用单缸柴油机的低速货车除外）发动机应能由驾驶人在座位上起动。

5.3　柴油机停机装置应灵活有效。

5.4　发动机点火、燃料供给、润滑、冷却和进排气等系统的机件应齐全，性能良好。

6　转向系

6.1　汽车（三轮汽车除外）的方向盘应设置于左侧，其他机动车的方向盘不得设置于右侧；专项作业车、教练车按需要可设置左右两个方向盘。有驾驶室的正三轮摩托车如使用方向盘转向，则方向盘中心立柱距车辆纵向中心平面的水平距离应小于等于 200 mm；其他摩托车不得使用方向盘转向。

6.2　机动车的方向盘（或方向把）应转动灵活，操纵方便，无卡滞现象。机动车应设置转向限位装置。转向系统在任何操作位置上，不得与其他部件有干涉现象。

6.3　机动车（摩托车、三轮汽车、手扶拖拉机运输机组除外）正常行驶时，转向轮转向后应有一定的回正能力（允许有残余角），以使机动车具有稳定的直线行驶能力。

6.4　机动车方向盘的最大自由转动量应小于等于：

（1）最大设计车速大于等于 100 km/h 的机动车　15°；

（2）三轮汽车　35°；

（3）其他机动车　25°。

6.5　汽车（三轮汽车除外）应具有适度的不足转向特性。

6.6　三轮汽车、摩托车的转向轮向左或向右转角应小于等于：

（1）三轮汽车、三轮摩托车、正三轮轻便摩托车　45°；

（2）两轮普通摩托车、两轮轻便摩托车　48°。

6.7　机动车在平坦、硬实、干燥和清洁的道路上行驶不应跑偏，其方向盘（或方向把）不应有摆振、路感不灵或其他异常现象。

6.8　机动车在平坦、硬实、干燥和清洁的水泥或沥青道路上行驶，以 10 km/h 的速度在 5 s 之内沿螺旋线从直线行驶过渡到外圆直径为 25 m 的车辆通道圆行驶，施加于方向盘外缘的最大切向力应小于等于 245 N。

6.9　专用校车应采用转向助力装置；其他机动车转向轴最大设计轴荷大于 4 000 kg 时，也应采用转向助力装置。装有转向助力装置的机动车，转向时其转向助力功能不得出现时有时无的现象，且转向助力装置失效时仍应具有用方向盘控制机动车的能力。装有电动转向助力装置的汽车，在产品使用说明书规定的正常使用状态下，应保证转向助力装置的电能供应。

6.10　汽车和汽车列车（不计具有作业功能的专用装置的突出部分）、轮式拖拉机运输机组应能在同一个车辆通道圆内通过，车辆通道圆的外圆直径 D_1 为 25.00 m，车辆通道圆的内圆直径 D_2 为 10.60 m。汽车和汽车列车、轮式拖拉机运输机组由直线行驶过渡到上述圆周运动时，任何部分超出直线行驶时的车辆外侧面垂直面的值（外摆值）应小于等于 0.80 m（对铰接客车和铰接式无轨电车外摆值应小于等于 1.20 m），其试验方法见 GB 1589。

6.11　汽车（三轮汽车除外）的车轮定位应与该车型的技术要求一致。对前轴采用非独立悬架的汽车（前轴采用双转向轴时除外），其转向轮的横向侧滑量，用侧滑台检验时侧滑量值应在 ±5 m/km 之间。

6.12　转向节及臂，转向横、直拉杆及球销不得有裂纹和损伤，并且转向球销不应松旷。对机动车进行改装或修理时横、直拉杆不得拼焊。

6.13　三轮汽车、摩托车的前减振器、上下联板和方向把不应有变形和裂损。

7　制动系

7.1　基本要求

7.1.1　机动车应设置足以使其减速、停车和驻车的制动系统或装置，且行车制动的控制装置与驻车制动的控制装置应相互独立。

7.1.2　制动系统的机构和装置应经久耐用，不得因振动或冲击而损坏。

7.1.3　制动踏板（包括教练车的副制动踏板）及其支架、制动主缸及其活塞、制动总阀、制动气室、轮缸及其活塞、制动臂及凸轮轴总成之间的连接杆件等零部件应易于维修。

7.1.4　制动系统的各种杆件不得与其他部件在相对位移中发生干涉、摩擦，以防杆件变形、损坏。

7.1.5　制动管路应为专用的耐腐蚀的高压管路，安装应保证具有良好的连续功能、足够的长度和柔性，以适应与之相连接的零件所需要的正常运动，而不致造成损坏；制动管路应有适当的安全防护，以避免擦伤、缠绕或其他机械损伤，同时应避免安装在可能与机动车排气管或任何高温源接触的地方。制动软管不得与其他部件干涉且不应有老化、开裂、被压扁等现象。其他气动装置在出现故障时不得影响制动系统的正常工作。

7.1.6　汽车制动完全释放时间（从松开制动踏板到制动消除所需要的时间）对两轴汽车应小于等于 0.80 s，对三轴及三轴以上汽车应小于等于 1.2 s。

7.1.7　机动车在运行过程中不得有自行制动现象，但属于设计和制造上为保证车辆安全运行的除外。当挂车（由轮式拖拉机牵引的装载质量 3 000 kg 以下的挂车除外）与牵引车意外脱离后，挂车应能自行制动，牵引车的制动仍应有效。

7.2　行车制动

7.2.1　机动车（总质量小于等于 750 kg 的挂车除外）应具有完好的行车制动系，其中汽车（三轮汽车除外）的行车制动应采用双回路或多回路。

7.2.2　行车制动应保证驾驶人在行车过程中能控制机动车安全、有效地减速和停车。行车制动应是可控制的，且除残疾人专用汽车外，应保证驾驶人在其座位上双手无须离开方向盘（或方向把）就能实现制动。

7.2.3　行车制动应作用在机动车（三轮汽车、拖拉机运输机组及总质量不大于 750 kg 的挂车除外）的所有车轮上。

7.2.4　行车制动的制动力应在各轴之间合理分配。

7.2.5　机动车（边三轮摩托车除外）行车制动的制动力应在同一车轴左右轮之间相对机动车纵向中心平面合理分配。

7.2.6　汽车（三轮汽车除外）、摩托车（边三轮摩托车除外）、挂车（总质量不大于 750 kg 的挂车除外）的所有车轮应装备制动器。其中，所有专用校车和危险货物运输车的前轮及车长大于 9 m 的其他客车的前轮应装备盘式制动器。

7.2.7　制动器应有磨损补偿装置。制动器磨损后，制动间隙应易于通过手动或自动调节装置来补偿。制动控制装置及其部件以及制动器总成应具备一定的储备行程，当制动器发热或制动衬片的磨损达到一定程度时，在不必立即作调整的情况下，仍应保持有效的制动。

7.2.8　制动踏板的自由行程应与该车型的技术要求一致。

7.2.9　行车制动在产生最大制动效能时的踏板力或手握力应小于等于：

——乘用车和正三轮摩托车　500 N；

——摩托车（正三轮摩托车除外）　350 N（踏板力）或 250 N（手握力）；

——其他机动车　700 N。

7.2.10　汽车列车行车制动系的设计和制造应保证挂车最后轴制动动作滞后于牵引车前轴制动动作的时间小于等于 0.2 s。

7.2.11　车长大于 9 m 的公路客车、旅游客车和未设置乘客站立区的公共汽车，所有专用校车、危险货物运输车和半挂牵引车，总质量大于等于 12 000 kg 的货车和专项作业车及总质量大于 10 000 kg 的挂车应安装符合 GB/T 13594 规定的防抱死制动装置。

注：本条中半挂车的总质量是指半挂车在满载并且和牵引车相连的情况下，通过半挂车的所有车轴垂直作用于地面的静载荷，不包括转移到牵引车牵引座的静载荷。

7.2.12　教练车（三轮汽车除外）的行车制动应装备有副制动踏板。副制动踏板应安装牢固、动作可靠，保证教练员在行车过程中能有效地控制机动车减速和停车。

7.3　应急制动

7.3.1　汽车（三轮汽车除外）应具有应急制动功能。

7.3.2　应急制动应保证在行车制动只有一处失效的情况下，在规定的距离内将汽车停住。

7.3.3　应急制动可以是行车制动系统具有应急特性或是与行车制动分开的系统。

7.3.4　应急制动应是可控制的，其布置应使驾驶人容易操作，驾驶人在座位上至少用一只手握住方向盘的情况下（对乘用车为双手不离开方向盘的情况下），就可以，实现制动。它的控制装置可以与行车制动的控制装置结合，也可以与驻车制动的控制装置结合。

7.3.5　采用助力制动系的行车制动系，当助力装置失效后，仍应能保持规定的应急制动性能。

7.4　驻车制动

7.4.1　机动车（两轮普通摩托车、边三轮摩托车和两轮轻便摩托车除外）应具有驻车制动装置。

7.4.2　驻车制动应能使机动车即使在没有驾驶人的情况下，也能停在上、下坡道上。驾驶人应在座位上就可以实现驻车制动。对于汽车列车和轮式拖拉机运输机组，如挂车与牵引车脱离，挂车（由轮式拖拉机牵引的装载质量 3 000 kg 以下的挂车除外）应能产生驻车制动。挂车的驻车制动装置应能由站在地面上的人实施操纵。

7.4.3　驻车制动应通过纯机械装置把工作部件锁止，并且驾驶人施加于操纵装置上的力：

——手操纵时，乘用车应小于等于 400 N，其他机动车应小于等于 600 N；

——脚操纵时，乘用车应小于等于 500 N，其他机动车应小于等于 700 N。

7.4.4　驻车制动控制装置的安装位置应适当，操纵装置应有足够的储备行程（开关类操作装置除外），一般应在操纵装置全行程的 2/3 以内产生规定的制动效能；驻车制动机构装有自动调节装置时允许在全行程的 3/4 以内达到规定的制动效能。驻车制动使用电子控制装置时，锁止装置应为纯机械装置，发生断电情况锁止装置仍应保持持续有效。棘轮式制动操纵装置应保证在达到规定的驻车制动效能时，操纵杆往复拉动的次数不得超过三次。

7.4.5　采用弹簧储能制动装置做驻车制动时，应保证在失效状态下能方便地解除驻车状态；如需使用专用工具，应随车配备。

7.5　辅助制动

车长大于 9 m 的客车（对专用校车为车长大于 8 m）、总质量大于等于 12 000 kg 的货车和专项作业车、所有危险货物运输车，应装备缓速器或其他辅助制动装置。辅助制动装置的性能要求应使汽车能通过 GB 12676 规定的 Ⅱ 型或 Ⅱ A 型试验。

7.6　液压制动的特殊要求

7.6.1　采用液压制动的机动车，制动管路不应存在渗漏（包括外泄和内泄）现象，在保持踏板力为 700 N（摩托车为 350 N）达到 1 min 时，踏板不得有缓慢向前移动的现象。

7.6.2　液压行车制动在达到规定的制动效能时，踏板行程应小于等于踏板全行程的 3/4，制动器装有自动调整间隙装置的机动车踏板行程应小于等于踏板全行程的 4/5，且乘用车应小于等于 120 mm，其他机动车应小于等于 150 mm。

注：踏板全行程是指在无制动液状态下制动踏板从完全释放状态到不能踩动的行程。

7.6.3　液压行车制动系不得因制动液对制动管路的腐蚀或由于发动机及其他热源的作用形成气阻而影响行车制动系的功能。

7.7　气压制动的特殊要求

7.7.1　采用气压制动的机动车，在气压升至 600 kPa 且不使用制动的情况下，停止空气压缩机工作 3 min 后，其气压的降低值应小于等于 10 kPa。在气压为 600 kPa 的情况下，停止空气压缩机工作，将制动踏板踩到底，待气压稳定后观察 3 min，气压降低值对汽车应小于等于 20 kPa，对汽车列车、铰接客车及铰接式无轨电车、轮式拖拉机运输机组应小于等于 30 kPa。

7.7.2　采用气压制动的机动车，发动机在 75% 的额定转速下，4 min（汽车列车为 6 min，铰接客车和铰接式无轨电车为 8 min）内气压表的指示气压应从零开始升至起步气压。

注：起步气压是指车辆制造厂家标明的车辆（起步后）能够满足正常（制动）工作要求的贮气筒最小压力。

7.7.3　气压制动系统应装有限压装置，以确保贮气筒内气压不超过允许的最高气压。

7.7.4　气压制动系应安装保持压缩空气干燥、油水分离的装置。

7.8　贮气筒

7.8.1　装备贮气筒或真空罐的机动车应采用单向阀或相应的保护装置，以保证在筒（罐）与压缩空气（真空源）连接失效或漏损的情况下，筒（罐）内的压缩空气（真空度）不致全部丧失。

7.8.2　贮气筒的容量应保证在调压阀调定的最高气压下，且在不继续充气的情况下，机动车在连续五次踩到底的全行程制动后，气压不低于起步气压。

7.8.3　贮气筒应有排污阀。

7.9　制动报警装置

7.9.1　采用液压制动的机动车，其储液器的加注口应易于接近，从结构设计上应保证在不打开容器的条件下就能很容易地检查液面。如不能满足此条件，则应安装制动液面过低报警装置。

7.9.2　采用液压制动的汽车（三轮汽车和装用单缸柴油机的低速货车除外），如液压传能装置任一部件失效，应通过红色报警信号灯警示驾驶人。只要失效继续存在且点火开关处在开（运行）的位置，该信号灯应保持发亮。报警信号灯即使在白天也应很醒目，驾驶人在其座位上应能很容易地观察报警信号灯工作是否正常。报警装置的失效不应导致制动系统完全丧失制动效能。

7.9.3　采用气压制动的机动车，当制动系统的气压低于起步气压时，报警装置应能连续向驾驶人发出容易听到或看到的报警信号。

7.9.4　安装具有防抱死制动装置的汽车，当防抱死制动装置失效时，报警装置应能连续向驾驶人发出容易听到或看到的报警信号。

7.10　路试检验制动性能

7.10.1　基本要求

7.10.1.1　机动车行车制动性能和应急制动性能检验应在平坦、硬实、清洁、干燥且轮胎与地面间的附着系数大于等于 0.7 的混凝土或沥青路面上进行。

7.10.1.2　检验时发动机应与传动系统脱开，但对于采用自动变速器的机动车，其变速器换挡装置应位于驱动挡（"D"挡）。

7.10.2　行车制动性能检验

7.10.2.1　用制动距离检验行车制动性能

机动车在规定的初速度下的制动距离和制动稳定性要求应符合表3的规定。对空载检验的制动距离有质疑时，可用表3规定的满载检验制动距离要求进行。

制动距离：是指机动车在规定的初速度下急踩制动时，从脚接触制动踏板（或手触动制动手柄）时起至机动车停住时止机动车驶过的距离。

制动稳定性要求：是指制动过程中机动车的任何部位（不计入车宽的部位除外）不超出规定宽度的试验通道的边缘线。

表 3　制动距离和制动稳定性要求

机动车类型	制动初速度（km/h）	空载检验制动距离要求（m）	满载检验制动距离要求（m）	试验通道宽度（m）
三轮汽车	20	≤5.0		2.5
乘用车	50	≤19.0	≤20.0	2.5
总质量不大于 3 500 kg 的低速货车	30	≤8.0	≤9.0	2.5
其他总质量不大于 3 500 kg 的汽车	50	≤21.0	≤22.0	2.5
铰接客车、铰接式无轨电车、汽车列车	30	≤9.5	≤10.5	3.0
其他汽车	30	≤9.0	≤10.0	3.0
两轮普通摩托车	30	≤7.0		—
边三轮摩托车	30	≤8.0		2.5
正三轮摩托车	30	≤7.5		2.3
轻便摩托车	20	≤4.0		—
轮式拖拉机运输机组	20	≤6.0	≤6.5	3.0
手扶变型运输机	20	≤6.5		2.3

7.10.2.2　用充分发出的平均减速度检验行车制动性能

汽车、汽车列车在规定的初速度下急踩制动时充分发出的平均减速度及制动稳定性要求应符合表 4 的规定，且制动协调时间对液压制动的汽车应小于等于 0.35 s，对气压制动的汽车应小于等于 0.60 s，对汽车列车、铰接客车和铰接式无轨电车应小于等于 0.80 s。对空载检验的充分发出的平均减速度有质疑时，可用表 4 规定的满载检验充分发出的平均减速度进行。

充分发出的平均减速度 MFDD：

$$MFDD = \frac{v_b^2 - v_e^2}{25.92(s_e - s_b)}$$

式中：MFDD——充分发出的平均减速度，m/s^2；

v_o——试验车制动初速度，单位为千米每小时（km/h）；

v_b——0.8v_o，试验车速，km/h；

v_e——0.1v_o，试验车速，km/h；

s_b——试验车速从 v_o 到 v_b 之间车辆行驶的距离，m；

s_e——试验车速从 v_o 到 v_e 之间车辆行驶的距离，m。

制动协调时间：是指在急踩制动时，从脚接触制动踏板（或手触动制动手柄）时起至机动车减速度（或制动力）达到表 4 规定的机动车充分发出的平均减速度（或表 6 所规定的制动力）的 75%时所需的时间。

表4　制动减速度和制动稳定性要求

机动车类型	制动初速度（km/h）	空载检验充分发出的平均减速度（m/s²）	满载检验充分发出的平均减速度（m/s²）	试验通道宽度（m）
三轮汽车	20	≥3.8		2.5
乘用车	50	≥6.2	≥5.9	2.5
总质量不大于3 500 kg的低速货车	30	≥5.6	≥5.2	2.5
其他总质量不大于3 500 kg的汽车	50	≥5.8	≥5.4	2.5
铰接客车、铰接式无轨电车、汽车列车	30	≥5.0	≥4.5	3.0
其他汽车	30	≥5.4	≥5.0	3.0

7.10.2.3　制动踏板力或制动气压要求

进行制动性能检验时的制动踏板力或制动气压应符合以下要求：

（1）满载检验时

气压制动系：气压表的指示气压　≤额定工作气压；

液压制动系：踏板力，乘用车　≤500 N；

　　　　　　　　其他机动车　≤700 N。

（2）空载检验时

气压制动系：气压表的指示气压　≤600 kPa；

液压制动系：踏板力，乘用车　≤400 N；

　　　　　　　　其他机动车　≤450 N。

摩托车（正三轮摩托车除外）检验时，踏板力应小于等于350 N，手握力应小于等于250 N。

正三轮摩托车检验时，踏板力应小于等于500 N。

三轮汽车和拖拉机运输机组检验时，踏板力应小于等于600 N。

7.10.2.4　合格判定要求

汽车、汽车列车在符合7.10.2.规定的制动踏板力或制动气压下的路试行车制动性能如符合7.10.2.1或7.10.2.2，即为合格。

7.10.3　应急制动性能检验

汽车（三轮汽车除外）在空载和满载状态下，按表5所列初速度进行应急制动性能检验，应急制动性能应符合表5的要求。

表5　应急制动性能要求

机动车类型	制动初速度（km/h）	制动距离（m）	充分发出的平均减速度（m/s²）	允许操纵力应小于等于（N）	
				手操纵	脚操纵
乘用车	50	≤38.0	≥2.9	400	500
客车	30	≤18.0	≥2.5	600	700
其他汽车（三轮汽车除外）	30	≤20.0	≥2.2	600	700

7.10.4　驻车制动性能检验

在空载状态下，驻车制动装置应能保证机动车在坡度为 20%（对总质量为整备质量的 1.2 倍以下的机动车为 15%）、轮胎与路面间的附着系数大于等于 0.7 的坡道上正、反两个方向保持固定不动，时间应大于等于 5 min。检验汽车列车时，应使牵引车和挂车的驻车制动装置均起作用。检验时操纵力按 7.4.3 规定。

注1：在规定的测试状态下，机动车使用驻车制动装置能停在坡度值更大且附着系数符合要求的试验坡道上时，应视为达到了驻车制动性能检验规定的要求。

注2：在不具备试验坡道的情况下，在用车可参照相关标准使用符合规定的仪器测试驻车制动性能。

7.11　台试检验制动性能

7.11.1　行车制动性能检验

7.11.1.1　制动力百分比要求

汽车、汽车列车在制动检验台上测出的制动力应符合表 6 的要求。对空载检验制动力有质疑时，可用表 6 规定的满载检验制动力要求进行检验。使用转鼓试验台检测时，可通过测得制动减速度值计算得到最大制动力。

摩托车的前、后轴制动力应符合表 6 的要求，测试时只准许乘坐一名驾驶人。

检验时制动踏板力或制动气压按 7.10.2.3 的规定。

表 6　台试检验制动力要求

机动车类型	制动力总和与整车重量的百分比		轴制动力与轴荷[①]的百分比	
	空载	满载	前轴[②]	后轴[②]
三轮汽车	—	—	—	≥60[③]
乘用车、其他总质量不大于 3 500 kg 的汽车	≥60	≥50	≥60[③]	≥20[③]
铰接客车、铰接式无轨电车、汽车列车	≥55	≥45	—	—
其他汽车	≥60	≥50	≥60 c	≥50[④]
普通摩托车	—	—	≥60	≥55
轻便摩托车	—	—	≥60	≥50

① 用平板制动检验台检验乘用车时应按左右轮制动力最大时刻所分别对应的左右轮动态轮荷之和计算。
② 机动车（单车）纵向中心线中心位置以前的轴为前轴，其他轴为后轴；挂车的所有车轴均按后轴计算；用平板制动试验台测试并装轴制动力时，并装轴可视为一轴。
③ 空载和满载状态下测试均应满足此要求。
④ 满载测试时后轴制动力百分比不做要求；空载用平板制动检验台检验时应大于等于 35%；总质量大于 3 500 kg 的客车，空载用反力滚筒式制动试验台测试时应大于等于 40%，用平板制动检验台检验时应大于等于 30%。

7.11.1.2　制动力平衡要求（两轮、边三轮摩托车和轻便摩托车除外）

在制动力增长全过程中同时测得的左右轮制动力差的最大值，与全过程中测得的该轴左右轮最大制动力中大者（当后轴及其他轴，制动力小于该轴轴荷的 60% 时为与该轴轴荷）之比，对新注册车和在用车应分别符合表 7 的要求。

表 7　台试检验制动力平衡要求

	前轴	后轴（及其他轴）	
		轴制动力大于等于该轴轴荷 60% 时	制动力小于该轴轴荷 60% 时
新注册车	≤20%	≤24%	≤8%
在　用　车	≤24%	≤30%	≤10%

7.11.1.3　制动协调时间要求

汽车的制动协调时间，对液压制动的汽车应小于等于 0.35 s，对气压制动的汽车应小于等于 0.60 s；汽车列车和铰接客车、铰接式无轨电车的制动协调时间应小于等于 0.80 s。

7.11.1.4　车轮阻滞率要求

进行制动力检验时，汽车、汽车列车各车轮的阻滞力均应小于等于轮荷的 10%。

7.11.1.5　合格判定要求

台试检验汽车、汽车列车行车制动性能时，检验结果同时满足 7.11.1.1～7.11.1.4 的，方为合格。

7.11.2　驻车制动性能检验

当采用制动检验台检验汽车和正三轮摩托车驻车制动装置的制动力时，机动车空载，乘坐一名驾驶人，使用驻车制动装置，驻车制动力的总和应大于等于该车在测试状态下整车重量的 20%，但总质量为整备质量 1.2 倍以下的机动车应大于等于 15%。

7.11.3　检验结果的复核

对机动车台架检验制动性能结果有异议的，在空载状态下按 7.10 复检。对空载状态复检结果有异议的，以满载路试复检结果为准。

8　照明、信号装置和其他电气设备

8.1　基本要求

8.1.1　机动车的灯具应安装牢靠、完好有效，不得因机动车振动而松脱、损坏、失去作用或改变光照方向；所有灯光的开关应安装牢固、开关自如，不得因机动车振动而自行开关。开关的位置应便于驾驶人操纵。

8.1.2　机动车不得安装遮挡外部照明和信号装置透光面的装置。除转向信号灯、危险警告信号、紧急制动信号、校车标志灯及消防车、救护车、工程救险车和警车安装使用的标志灯具外，其他外部灯具不得闪烁。

8.1.3　用户不得对外部照明和信号装置进行改装，也不得加装强制性标准以外的外部照明和信号装置。

8.2　照明和信号装置的数量、位置、光色和最小几何可见度

8.2.1　汽车（三轮汽车和装用单缸柴油机的低速货车除外）及挂车的外部照明和信号装置的数量、位置、光色、最小几何可见度应符合 GB 4785 的规定。总质量大于等于 4 500 kg 的货车、专项作业车和挂车的每一个后位灯、后转向信号灯和制动灯，透光面面积应大于等于一个 80 mm 直径圆的面积；如属非圆形的，透光面的形状还应能将一个 40 mm 直径的圆包含在内。

8.2.2　摩托车的照明和信号装置及其安装应分别符合 GB 18100.1、GB 18100.2 和 GB

18100.3 的规定。

8.2.3 三轮汽车、装用单缸柴油机的低速货车及拖拉机运输机组应设置前照灯、前位灯（手扶拖拉机运输机组除外）、后位灯、制动灯、后牌照灯、后反射器和前、后转向信号灯，其光色应符合 GB 4785 相关规定。

8.2.4 机动车应装置后反射器。挂车及车长大于等于 6 m 的机动车应安装侧反射器和侧标志灯。反射器应与机动车牢固连接，且后反射器应能保证夜间在机动车正后方 150 m 处，用符合本标准规定的汽车前照灯照射时，在照射位置就能确认其反射光。

8.2.5 宽度大于 2 100 mm 的机动车均应安装示廓灯。

8.2.6 牵引杆挂车应在挂车前部的左右各装一只前白后红的标志灯，其高度应比牵引杆挂车的前栏板高出 300 ~ 400 mm，距车厢外侧应小于 150 mm。

8.2.7 校车应配备统一的校车标志灯和停车指示标志。

8.3 照明和信号装置的一般要求

8.3.1 机动车（手扶拖拉机运输机组除外）的前位灯、后位灯、示廓灯、侧标志灯、挂车标志灯、牌照灯和仪表灯应能同时启闭，当前照灯关闭和发动机熄火时仍应能点亮。汽车和挂车的电路连接应保证前位灯、后位灯、示廓灯、侧标志灯和牌照灯只能同时打开或关闭，但前位灯、后位灯、侧标志灯作为驻车灯使用（复合或混合）的除外。

8.3.2 机动车的前、后转向信号灯、危险警告信号及制动灯白天在距其 100 m 处应能观察到其工作状况，侧转向信号灯白天在距 30 m 处应能观察到其工作状况；前、后位置灯、示廓灯、挂车标志灯夜间能见度良好时在距其 300 m 处应能观察到其工作状况；后牌照灯夜间能见度良好时在距其 20 m 处应能看清号牌号码。制动灯的发光强度应明显大于后位灯。

8.3.3 对称设置、功能相同的灯具的光色和亮度不应有明显差异。

8.3.4 机动车照明和信号装置的任一条线路出现故障，不得干扰其他线路的正常工作。

8.3.5 驾驶区的仪表板应采用不反光的面板或护板，车内照明装置及其在风窗玻璃、视镜、仪表盘等处的反射光线不应使驾驶人眩目。

8.3.6 仪表板上应设置仪表灯。仪表灯点亮时，应能照清仪表板上所有的仪表且不应眩目。

8.3.7 汽车（三轮汽车和装用单缸柴油机的低速货车除外）仪表板上应设置蓝色远光指示信号和与行驶方向相适应的转向指示信号。

8.3.8 汽车（三轮汽车除外）和轮式拖拉机运输机组均应具有危险警告信号装置，其操纵装置不应受灯光总开关的控制。对于牵引挂车的汽车，危险警告信号控制开关也应能打开挂车上的所有转向信号灯，即使在发动机不工作的情况下，仍应能发出危险警告信号。危险警告信号和转向信号灯的闪光频率应为（1.5 ± 0.5）Hz，起动时间应小于等于 1.5 s。如某一转向灯发生故障（短路除外）时，其他转向灯应继续工作，但闪光频率可以不同于上述规定的频率。

8.3.9 客车应设置车厢灯和门灯。车长大于 6 m 的客车应至少有两条车厢照明电路，仅用于进出口处的照明电路可作为其中之一。当一条电路失效时，另一条仍应能正常工作，以保证车内照明。车厢灯和门灯不应影响本车驾驶人的视线和其他机动车的正常行驶。

8.4 车身反光标识和车辆尾部标志板

8.4.1 总质量大于等于 12 000 kg 的货车（半挂牵引车除外）和货车底盘改装的专业作

业车、车长大于 8.0 m 的挂车及所有最大设计车速小于等于 40 km/h 的汽车和挂车，应设置符合 GB 25990 规定的车辆尾部标志板；半挂牵引车应在驾驶室后部上方设置能体现驾驶室的宽度和高度的车身反光标识，其他货车、货车底盘改装的专项作业车和挂车（设置有符合规定的车辆尾部标志板的除外）应在后部设置车身反光标识。后部的车身反光标识应能体现机动车后部的高度和宽度，对厢式货车和挂车应能体现货厢轮廓。

8.4.2　所有货车（半挂牵引车除外）、货车底盘改装的专项作业车和挂车应在侧面设置车身反光标识。侧面的车身反光标识长度应大于等于车长的 50%，对三轮汽车应大于等于 1.2 m，对侧面车身结构无连续平面的专项作业车应大于等于车长的 30%，对货厢长度不足车长 50% 的货车应为货厢长度。

8.4.3　道路运输爆炸品和剧毒化学品车辆，除应按 8.4.1、8.4.2 设置车身反光标识外，还应在后部和两侧粘贴能标示出车辆轮廓、宽度为（150±20）mm 的橙色反光带。

8.4.4　拖拉机运输机组应按照相关标准的规定在车身上粘贴反光标识。

8.4.5　货车、专项作业车和挂车（组成拖拉机运输机组的挂车除外）的车身反光标识材料应符合 GB 23254 的规定，其中厢式货车和厢式挂车应装备反射器型车身反光标识。典型车型车身反光标识粘贴式样见附录 B，但对使用反射器型车身反光标识材料的，车身反光标识设置符合 GB 23254 相关规定时，应视为满足要求。

8.4.6　货车和挂车（组成拖拉机运输机组的挂车除外）设置的车身反光标识被遮挡的，应在被遮挡的车身后部和侧面至少水平固定一块 2 000 mm×150 mm 的柔性反光标识。

8.5　前照灯

8.5.1　基本要求

8.5.1.1　机动车装备的前照灯应有远、近光变换功能；当远光变为近光时，所有远光应能同时熄灭。同一辆机动车上的前照灯不得左、右的远、近光灯交叉开亮。

8.5.1.2　所有前照灯的近光均不应眩目，汽车（三轮汽车和装用单缸柴油机的低速货车除外）、摩托车装用的前照灯应分别符合 GB 4599、GB 21259、GB 25991、GB 5948 及 GB 19152 的规定。

8.5.1.3　机动车前照灯光束照射位置在正常使用条件下应保持稳定。

8.5.2　远光光束发光强度要求

机动车每只前照灯的远光光束发光强度应达到表 8 的要求；并且，同时打开所有前照灯（远光）时，其总的远光光束发光强度应符合 GB 4785 的规定。测试时，电源系统应处于充电状态。

表 8　前照灯远光光束发光强度最小值要求　　　　　　单位：cd

机动车类型	检查项目					
	新注册车			在用车		
	一灯制	二灯制	四灯制[①]	一灯制	二灯制	四灯制[①]
三轮汽车	8 000	6 000	—	6 000	5 000	—
最大设计车速小于 70 km/h 的汽车	—	10 000	8 000	—	8 000	6 000
其他汽车	—	18 000	15 000	—	15 000	12 000

续表 8

机动车类型		检查项目					
		新注册车			在用车		
		一灯制	二灯制	四灯制①	一灯制	二灯制	四灯制①
普通摩托车		10 000	8 000	—	8 000	6 000	—
轻便摩托车		4 000	3 000	—	3 000	2 500	—
拖拉机运输机组	标定功率 > 18 kW	—	8 000	—	—	6 000	—
	标定功率 ≤ 18 kW	6 000②	6 000	—	5 000②	5 000	—

① 四灯制是指前照灯具有四个远光光束;采用四灯制的机动车其中两只对称的灯达到两灯制的要求时视为合格。

② 允许手扶拖拉机运输机组只装用一只前照灯。

8.5.3 光束照射位置要求

8.5.3.1 检验前照灯近光光束照射位置时,前照灯照射在距离 10 m 的屏幕上,乘用车前照灯近光光束明暗截止线转角或中点的高度应为 $0.7H \sim 0.9H$(H 为前照灯基准中心高度,下同),其他机动车(拖拉机运输机组除外)应为 $0.6H \sim 0.8H$。机动车(装用一只前照灯的机动车除外)前照灯近光光束水平方向位置向左偏应小于等于 170 mm,向右偏应小于等于 350 mm。

8.5.3.2 轮式拖拉机运输机组装用的前照灯近光光束的照射位置,按照上述方法检验时,要求在屏幕上光束中点的离地高度应小于等于 $0.7H$;水平位置要求,向右偏移应小于等于 350 mm,不得向左偏移。

8.5.3.3 检验前照灯远光照射位置时,对于能单独调整远光光束的前照灯,前照灯照射在距离 10 m 的屏幕上时,要求在屏幕光束中心离地高度,对乘用车为 $0.85H \sim 0.95H$(但不得低于前照灯近光光束明暗截止线转角或中点的高度),对其他机动车为 $0.8H \sim 0.95H$;机动车(装用一只前照灯的机动车除外)前照灯远光光束水平位置要求,左灯向左偏应小于等于 170 mm,向右偏应小于等于 350 mm,右灯向左或向右偏均应小于等于 350 mm。

8.6 其他电气设备和仪表

8.6.1 机动车(手扶拖拉机运输机组除外)应设置具有连续发声功能的喇叭,喇叭声级在距车前 2 m、离地高 1.2 m 处测量时,发动机最大净功率(或电动机最大输出功率总和)为 7 kW 以下的摩托车为 80 dB(A)~ 112 dB(A),其他机动车为 90 dB(A)~ 115 dB(A)。教练车(三轮汽车除外)还应设置辅助喇叭开关,其工作应可靠。

8.6.2 发电机技术性能应良好。蓄电池应能保持常态电压。电器导线应具有阻燃性能;客车发动机舱内和其他热源附近的线束应采用耐温不低于 125 ℃ 的阻燃电线,其他部位的线束应采用耐温不低于 105 ℃ 的阻燃电线,波纹管应达到 GB/T 2408-2008 的表 1 规定的 V-o 级。所有电器导线均应捆扎成束、布置整齐、固定卡紧、接头牢固并在接头处装设绝缘套,在导线穿越孔洞时应装设阻燃耐磨绝缘套管。电子元件应连接可靠,乘员舱外部的接插件应有防水要求。

8.6.3 摩托车应装有车速里程表。三轮汽车、装用单缸柴油机的低速货车和轮式拖拉机运输机组应装有水温表(蒸发式水冷却系统除外)、机油压力表或机油压力指示器、电流表或充电指示器；其他汽车应装有燃料表（气体燃料汽车为气量显示装置，纯电动汽车、插电式混合动力汽车和燃料电池汽车为可充电储能系统[RESS]低电量显示装置），并能显示水温或水温报警信息、机油压力或油压报警信息、电流或电压或充电指示信息、车速、里程等信息；采用气压制动的机动车，还应能显示气压。机动车装备的仪表应完好，规定信息的显示功能应有效、内容应准确。

8.6.4　专用校车应设置电源总开关，车长大于等于 6 m 的客车应设置电磁式电源总开关；但如在蓄电池端对所有供电线路均设置了保险装置，或车辆用电设备由电子控制单元直接驱动且具有负载监控功能、电子控制单元供电线路和个别直接供电的线路均设置有保险装置时，可不设电磁式电源总开关。车长大于等于 6 m 的客车，还应设置能切断蓄电池和所有电路连接的手动机械断电开关。

8.6.5　所有校车、公路客车和旅游客车、未设置乘客站立区的公共汽车、危险货物运输车、半挂牵引车和总质量大于等于 12 000 kg 的货车应安装具备记录、存储、显示、打印或输出车辆行驶速度、时间、里程等车辆行驶状态信息的行驶记录仪；行驶记录仪的显示部分应易于观察，数据接口应便于移动存储介质的插拔；安装数字式电子记录装置，其技术要求应符合 GB/T 19056 相关规定。安装具有行驶记录功能的卫星定位装置，如行驶记录功能的技术要求符合本标准及 GB/T 19056 相关规定，应视为满足要求。专用校车和卧铺客车还应安装车内外录像监控系统。

8.6.6　汽车装备以及加装的所有电气设备不得影响本标准规定的制动、转向、照明和信号装置等运行安全要求。

8.6.7　无轨电车的特殊要求

8.6.7.1　周围空气相对湿度在 75%～90%时，无轨电车的总绝缘电阻值应大于等于 3 MΩ；相对湿度在 90%以上时应大于等于 1 MΩ。

8.6.7.2　集电头自由升起的最大高度，距地面应小于等于 7 m，且在最高点应有弹性限位。当集电头距地面高度在 4.2～6.0 m 范围内时，集电器应能正常工作。

8.6.7.3　线网在标准高度时，集电头对触线网的压力应能在 80～130 N 范围内调节，行驶中集电头在触线上滑行不应产生火花；经分、并线器及交叉器等时，不应产生严重火花。

8.6.7.4　车门踏步和车门扶手以及人站在地面上能接触到的车门口周边的扶手，应和车体金属结构绝缘或用绝缘材料制成，使用 1 000 V 兆欧表测量时绝缘电阻应大于等于 0.6 MΩ，或在车门打开操作时实现整车高压电路系统与供电线网的断路互锁。

8.6.7.5　各车门均应设有与车身导电良好的接地链。车门处于开启状态时，接地链应与地面可靠接触。

8.6.7.6　高压电气总成应具备过流保护、短路保护、过压保护、欠压保护等功能。

8.6.7.7　集电头应具备防挂线网防护或挂线后的防护装置。

8.6.7.8　集电杆与集电头之间的电气绝缘应具备面耐水性。自集电头沿集电杆向下至 2.5 m 处的集电杆表面，应具有绝缘防护层。集电杆与集电头之间应有带绝缘结构的安全绳，安全绳的牵引断裂负荷不低于 10 kN。

8.6.7.9　无轨电车在允许的偏线距离内行驶时，当集电杆拉紧弹簧断裂后，集电杆在车辆左右偏线位置自由下降，在其最低高度距地面 2.5 m 的位置应有限位装置。

8.6.7.10　无轨电车上的电源接通程序，至少应经过两次有意识的不同的连续动作，才能完成从"电源切断"状态到"可行驶"状态。

8.6.7.11 无轨电车应装备漏电检测报警器，车辆一旦到达漏电临界值，报警器能发出明显的光或声的报警信号。

9 行驶系

9.1 轮胎

9.1.1.1 机动车所装用轮胎的速度级别不应低于该车最大设计车速的要求，但装用雪地轮胎时除外。

9.1.1.2 公路客车、旅游客车和校车的所有车轮及其他机动车的转向轮不得装用翻新的轮胎；其他车轮如使用翻新的轮胎，应符合相关标准的规定。

9.1.2 同一轴上的轮胎规格和花纹应相同，轮胎规格应符合整车制造厂的出厂规定。

9.1.3 乘用车用轮胎应有胎面磨耗标志。乘用车备胎规格与该车其他轮胎不同时，应在备胎附近明显位置（或其他适当位置）装置能永久保持的标识，以提醒驾驶人正确使用备胎。

9.1.4 专用校车和卧铺客车应装用无内胎子午线轮胎，危险货物运输车及车长大于9 m 的其他客车应装用子午线轮胎。

9.1.5 乘用车、摩托车和挂车轮胎胎冠上花纹深度应大于等于 1.6 mm，其他机动车转向轮的胎冠花纹深度应大于等于 3.2 mm；其余轮胎胎冠花纹深度应大于等于 1.6 mm。

9.1.6 轮胎胎面不得因局部磨损而暴露出轮胎帘布层。轮胎不得有影响使用的缺损、异常磨损和变形。

9.1.7 轮胎的胎面和胎壁上不得有长度超过 25 mm 或深度足以暴露出轮胎帘布层的破裂和割伤。

9.1.8 轮胎负荷不应大于该轮胎的额定负荷，轮胎气压应符合该轮胎承受负荷时规定的压力。具有轮胎气压自动充气装置的汽车，其自动充气装置应能确保轮胎气压符合出厂规定。

9.1.9 双式车轮的轮胎的安装应便于轮胎充气，双式车轮的轮胎之间应无夹杂的异物。

9.2 车轮总成

9.2.1 轮胎螺母和半轴螺母应完整齐全，并应按规定力矩紧固。

9.2.2 车轮总成的横向摆动量和径向跳动量，总质量小于等于 3 500 kg 的汽车应小于等于 5 mm，摩托车应小于等于 3 mm，其他机动车应小于等于 8 mm。

9.2.3 最大设计车速大于 100 km/h 的机动车，车轮的动平衡要求应与该车型的技术要求一致。

9.3 悬架系统

9.3.1 悬架系统各球关节的密封件不得有切口或裂纹，稳定杆应连接可靠，结构件不得有变形或残损。

9.3.2 钢板弹簧不得有裂纹和断片现象，同一轴上的弹簧形式和规格应相同，其弹簧形式和规格应符合产品使用说明书中的规定。中心螺栓和 U 形螺栓应紧固、无裂纹且不得拼焊。钢板弹簧卡箍不得拼焊或残损。

9.3.3 空气弹簧应无裂损、变形及漏气，控制系统应齐全有效。

9.3.4　减振器应齐全有效，减振器不得有明显渗漏油现象。

9.3.5　最大设计车速大于等于 100 km/h 且轴荷小于等于 1 500 kg 的乘用车，悬架特性应符合 GB 18565 相关规定。

9.4　其他要求

9.4.1　车架不应有变形、锈蚀和裂纹，螺栓和铆钉不应缺少或松动。

9.4.2　前、后桥不应有变形和裂纹。

9.4.3　车桥与悬架之间的各种拉杆和导杆不应变形，各接头和衬套不应松旷或移位。

9.4.4　三轴公路客车的随动轴应具有随动转向或主动转向的功能。

10　传动系

10.1　离合器

10.1.1　机动车的离合器应接合平稳，分离彻底，工作时不应有异响、抖动或不正常打滑等现象。

10.1.2　踏板自由行程应与该车型的技术要求一致。

10.1.3　离合器彻底分离时，踏板力应小于等于 300 N（拖拉机运输机组应小于等于 350 N），手握力应小于等于 200 N。

10.2　变速器和分动器

10.2.1　换挡时齿轮应啮合灵便，互锁、自锁和倒挡锁装置应有效，不得有乱挡和自行跳挡现象；运行中应无异响；换挡杆及其传动杆件不应与其他部件干涉。采用自动变速器的机动车，应通过设计保证只有当变速器换挡装置处于驻车挡（P 挡）或空挡（N 挡）时方可起动发动机（具有自动起停功能时在驱动挡[D 挡]也可起动发动机）；变速器换挡装置换入或经过倒车挡（R 挡），以及由驻车挡（P 挡）位置换入其他挡位时，应通过驾驶人的不同方向的两个动作完成。

10.2.2　在换挡装置上应有驾驶人在驾驶座位上即可容易识别变速器和分动器挡位位置的标志。如换挡装置上难以布置，则应布置在换挡杆附近易见部位或仪表板上。

10.2.3　有分动器的机动车，应在挡位位置标牌或产品使用说明书上说明连通分动器的操作步骤。

10.2.4　如果电动汽车是通过改变电机旋转方向来实现倒车行驶，且前进和倒车两个行驶方向的转换仅通过驾驶人的一个操作动作来完成，应通过设计保证只有在车辆静止或低速时才能够实现转换。

10.3　传动轴

传动轴在运转时不得发生振抖和异响，中间轴承和万向节不得有裂纹和/或松旷现象。发动机前置后驱动的客车的传动轴在车厢地板的下面沿纵向布置时，应有防止传动轴滑动连接（花键或其他类似装置）脱落或断裂等故障而引起危险的防护装置。

10.4　驱动桥

驱动桥壳、桥管不得有变形和裂纹，驱动桥工作应正常且不得有异响。

10.5　超速报警和限速功能

车长大于等于 6 m 的客车应具有超速报警功能，当行驶速度超过允许的最大行驶速度（允许的最大行驶速度应小于等于 100 km/h）时，能通过视觉或声觉信号报警。公路客车、旅游客车和危险货物运输车及车长大于 9 m 的未设置乘客站立区的公共汽车应具有限速功能，否则应配备限速装置。限速功能或限速装置应符合 GB/T 24545 的要求，且限速功能或限速装置调定的最大车速对公路客车、旅游客车和未设置乘客站立区的公共汽车不得大于 100 km/h，对危险货物运输车不得大于 80 km/h。专用校车应安装符合 GB/T 24545 要求的限速装置，且调定的最大车速不得大于 80 km/h。

10.6　车速受限车辆的特殊要求

低速汽车、轻便摩托车、正三轮摩托车、拖拉机运输机组等车速受限车辆应在设计及技术特性上确保其实际最大行驶速度在满载状态下不会超过其最大设计车速，在空载状态下不会超过其最大设计车速的 110%。

注：实际最大行驶速度是指车辆在平坦良好路面行驶时能达到的最大速度。

11　车　身

11.1　基本要求

11.1.1　车身的技术状况应能保证驾驶人有正常的工作条件和客货安全，其外部不应产生明显的镜面反光。

11.1.2　机动车驾驶室应保证驾驶人的前方视野和侧方视野。

11.1.3　车身和驾驶室应坚固耐用，覆盖件无开裂和锈蚀。车身和驾驶室在车架上的安装应牢固，不得因机动车振动而引起松动。

11.1.4　车身外部和内部乘员可能触及的任何部件、构件都不应有任何可能使人致伤的尖锐凸起物（如尖角、锐边等）。

11.2　客车的特殊要求

11.2.1　客车的上部结构应具有足够的强度和刚度，专用校车、公路客车、旅游客车和未设置乘客站立区的公共汽车的上部结构强度应符合 GB/T 17578 的规定。车长大于 6 m 的专用校车必须为车身骨架结构，同一横截面上的顶梁、立柱和底架主横梁应形成封闭环（轮罩与顶风窗处除外），从侧窗上纵梁到底横梁之间的车身立柱应采用整体结构，中间不得通过拼焊连接；车长小于等于 6 m 的专用校车未采用上述结构的，应采用覆盖件与加强梁共同承载。车长大于 11 m 的公路客车和旅游客车及所有卧铺客车，车身应为全承载整体式框架结构。

11.2.2　客车车身及地板应密合并有足够强度，座椅及其车辆固定件的强度应符合 GB 13057 的规定。

11.2.3　客车应设置乘客通道或无障碍通路，并保证在不拆卸或手动翻转任何部件的情况下，符合规定的通道测量装置能顺利通过。幼儿专用校车乘客区应采用平地板结构。

11.2.4　车长大于等于 6 m 的公共汽车的乘客门的一级踏步高应小于等于 400 mm；如采用钢板悬架，则后乘客门的一级踏步高应小于等于 430 mm。车长大于等于 6 m 的其他客车乘客门的一级踏步高应小于等于 430 mm。对专用校车，在空载状态下，第一级踏步离地高应小于等于 350 mm（允许使用伸缩踏步达到要求），其他各级踏步的高度应小于等于 250 mm。

11.2.5　车长大于 7.5 m 的客车和所有校车不得设置车外顶行李架。其他客车需设置车外顶行李架时，行李架高度应小于等于 300 mm、长度不得超过车长的 1/3。专用校车如有行李舱体，则行李舱体顶部离地面高度应小于等于 1 000 mm。

11.2.6　专用校车前部应设置碰撞安全结构。若为前横置发动机，则发动机曲轴中心线应位于前风窗玻璃最前点以前；若为前纵置发动机，则发动机第一缸和第二缸的中心线应位于前风窗玻璃最前点以前；对车长大于 6 m 的专用校车，若其前部碰撞性能不低于前两种结构，可以不限定发动机布置形式。

11.2.7　幼儿校车、小学生校车的侧窗下边缘距其下方座椅上表面的高度应大于等于250 mm，否则应加装防护装置。

11.3　货运机动车的特殊要求

11.3.1　货箱应安装牢固可靠，货箱的栏板和底板应规整且具有足够的强度。

11.3.2　货箱或其他载货装置，其构造应保证安全、稳妥地装载货物。集装箱运输车和集装箱运输半挂车的构造应保证集装箱运输过程中始终安全、稳妥地固定在车辆上。

11.3.3　货车和挂车的载货部分不得设置乘客座椅。

11.3.4　货车和挂车的载货部分不得设计成可伸缩的结构。

11.3.5　货车驾驶室（区）最后一排座位后平面（前后位置可调座椅应处于滑轨中间位置，靠背角度可调式座椅的靠背角度及座椅其他调整量应处于制造厂规定的正常使用位置）与驾驶室后壁（驾驶区隔板）平面的间距对带卧铺的货车应小于等于950 mm，对其他货车应小于等于450 mm。

11.4　摩托车的特殊要求

11.4.1　两轮普通摩托车、两轮轻便摩托车的前后轮和边三轮摩托车的主车前后轮中心平面允许偏差应小于等于10 mm。

11.4.2　摩托车外部不应有朝外的尖锐零件，车身上其他道路使用者有可能接触到的外部零部件布置应符合 GB 20074 的规定。

11.4.3　两轮普通摩托车和边三轮摩托车主车的客座应设座垫、扶手（或拉带）和脚蹬。两轮普通摩托车扶手应符合 GB 20075 的规定。

11.5　车门和车窗

11.5.1　车门和车窗应启闭轻便，不得有自行开启现象，门锁应牢固可靠。门窗应密封良好，无漏水现象。

11.5.2　除设计上专门用于运送特定类型的人员且使用上有特殊需求的乘用车外，乘用车应保证每个乘员至少能从两个不同的车门上下车；并且，当乘用车静止时，所有供乘员上下车的车门（安装的儿童锁锁止时除外）均应能从车内开启。

11.5.3　客车除驾驶人门和应急门外，不得在车身左侧开设车门。但对只在沿道路中央车道设置的公共汽车专用道上运营使用的公共汽车，由于公交站台位置的原因须在车身左侧上下乘客时，允许在车身左侧开设乘客门；此类公共汽车不得在车身右侧开设乘客门。对既在沿道路中央车道设置的公共汽车专用道上运营，同时又在普通道路上运营使用的公共汽车，允许在车身左右两侧均开设乘客门，但在设计和制造上应保证车身的强度和刚度达到使用要求，并且一侧乘客门开启时，另一侧乘客门应同时可靠锁止。

11.5.4　当客车静止时，乘客门应易于从车内开启。在正常使用情况下，乘客门向车内开启时，其结构应保证开启运动不致伤害乘客，必要时应装有适当的防护装置；紧急情况下，乘客门还应能从车外开启。车外开门装置离地高度应小于等于1 800 mm。车长大于 9 m 的公路客车、旅游客车和未设置乘客站立区的公共汽车，应设置两个乘客门；但如其车身两侧所有应急窗均为外推式应急窗，也可只设一个乘客门。

11.5.5 客车采用动力开启的乘客门，在有故障或意外的情况下，仍应能通过车门应急控制器简便地从车内打开；车门应急控制器应能让临近车门的乘客容易看见并清楚识别，并应有醒目的标志和使用方法。公共汽车及车长大于等于 6 m 的其他客车，还应在驾驶人座位附近驾驶人易于操作部位设置乘客门应急开关。

11.5.6 机动车的门窗应使用符合 GB 9656 规定的安全玻璃。汽车和有驾驶室的正三轮摩托车的前风窗玻璃应采用夹层玻璃或塑玻复合材料，不以载人为目的的机动车（如货车）可使用区域钢化玻璃，最大设计车速小于 40 km/h 时可使用钢化玻璃；其他车窗可采用夹层玻璃、钢化玻璃、中空安全玻璃或塑玻复合材料，但作为击碎玻璃式应急窗的车窗应使用厚度小于等于 5 mm 的钢化玻璃或每层厚度不超过 5 mm 的中空钢化玻璃。

11.5.7 前风窗玻璃及风窗以外玻璃用于驾驶人视区部位的可见光透射比应大于等于70%。所有车窗玻璃不得张贴镜面反光遮阳膜。公路客车、旅游客车和校车所有车窗玻璃的可见光透射比均应大于等于 50%，且不得张贴有不透明和带任何镜面反光材料的色纸或隔热纸。

注：风窗以外玻璃驾驶人视区部位是指驾驶人驾驶时用于观察后视镜的部位。

11.5.8 对于厢式货车和封闭式货车，驾驶室（区）两旁应设置车窗，货厢部位不得设置车窗（但驾驶室[区]内用于观察货物状态的观察窗除外）。

11.5.9 装有电动窗的机动车，其控制装置应确保车窗玻璃在上升过程中能在任意位置可靠停住或遇障碍可自动下降。

11.6 座椅（卧铺）

11.6.1 驾驶人座椅应具有足够的强度和刚度，固定可靠，汽车（三轮汽车除外）驾驶人座椅的前后位置应可以调整。驾驶区各操作机件应布置合理，操作方便。

11.6.2 载客汽车的乘员座椅应符合相关规定，布置合理，无特殊要求时应尽量均匀分布，不得因座椅的集中布置而形成与车辆设计功能不相适应的、明显过大的行李区（但行李区与乘客区用隔板或隔栅有效隔离的除外）。

11.6.3 车长小于 6 m 的乘用车不得设置侧向座椅和后向座椅。

11.6.4 除设有乘客站立区的公共汽车及设计和制造上有特殊使用需求的专用客车外，其他客车的座椅均应纵向布置（与车辆前进的方向相同）。

11.6.5 客车的车组人员座椅如为折叠座椅，应固定可靠并用适当方式清晰标示该座椅仅供车组人员使用，且座垫深度和座垫宽均应大于等于 400 mm；如位于踏步区域，车组人员离开座垫时座椅应能自动回到折叠位置，并确保此时座椅毗邻的通道（或引道）宽度符合规定。

11.6.6 幼儿专用校车和小学生专用校车学生座椅的座间距应分别大于等于 500 mm 和550 mm；其他客车同方向座椅的座间距应大于等于 650 mm，相向座椅的座间距应大于等于1 200 mm。专用校车的学生座椅在车辆横向上最多采用"2+3"布置。

11.6.7 卧铺客车的卧铺应纵向布置（与机动车前进方向相同），卧铺宽度应大于等于450 mm，卧铺纵向间距应大于等于 1 600 mm，相邻卧铺的横向间距应大于等于 350 mm；卧铺不得布置为三层或三层以上，双层布置时上铺高应大于等于 780 mm、铺间高应大于等于750 mm。

11.6.8 校车应至少设置一个照管人员座位。对小学生校车和中小学生校车，当学生座位数大于等于 40 个时，应设置两个或三个照管人员座位。对幼儿校车，当学生座位数大于等于 20 且小于 40 个时，应设置两个或三个照管人员座位；当学生座位数大于等于 40 个时，应设置三个或四个照管人员座位。对专用校车及专门用于接送学生上下学的非专用校车，照管人员座位应有永久性标识。专用校车座椅及其车辆固定件的强度应符合 GB 24406 的要求。

11.6.9 专用校车靠近通道的学生座椅应在通道一侧设置座椅扶手；扶手和把手应有足够的强度，其扶手应使乘客易于抓紧，每个扶手的表面应防滑。

11.6.10 正三轮摩托车的乘客座椅应纵向布置（与车辆前进的方向相同），且与前方驾驶人座椅后表面（或客厢前表面）的间距应小于等于 1 000 mm。

11.7 内饰材料和隔音、隔热材料

11.7.1 汽车驾驶室和乘员舱所用的内饰材料应采用阻燃性符合 GB 8410—2006 规定的阻燃材料，其中客车内饰材料的燃烧速度应小于等于 70 mm/min。

11.7.2 发动机舱或其他热源（如缓速器或车内采暖装置，但不包括热水循环装置）与车辆其他部分之间应安装隔热材料，用于连接隔热材料的固定夹、垫圈等也应防火。对公共汽车和发动机后置的公路客车、旅游客车，其发动机舱使用的隔音、隔热材料应达到 GB 8410—2006 的 4.6 规定的 A 级的要求。

11.8 号牌板（架）

11.8.1 机动车应设置能满足号牌安装要求的号牌板（架）。前号牌板（架）（摩托车除外）应设于前面的中部或右侧（按机动车前进方向），后号牌板（架）应设于后面的中部或左侧。

11.8.2 每面号牌板（架）上应设有 4 个号牌安装孔（三轮汽车前号牌板[架]、摩托车后号牌板[架]应设有 2 个号牌安装孔），以保证能用 M6 规格的螺栓将号牌直接牢固可靠地安装在车辆上。

11.9 其他要求

11.9.1 乘用车应装有护轮板，挂车后轮应有挡泥板，其他机动车的所有车轮均应有挡泥板。

11.9.2 乘用车（三厢车除外）行李区的纵向长度应小于等于车长的30%。

11.9.3 客车车内行李架应能防止物件跌落，其承载能力应大于等于 40 kg/m²。

11.9.4 客车台阶踏板（包括伸缩踏板）应有防滑功能，前缘应清晰可辨，有效深度（从该台阶前缘到下一个台阶前缘的水平距离）应大于等于 200 mm。

11.9.5 对于可翻转驾驶室，应有驾驶室锁止附加安全装置（如安全钩），并且在翻转操纵机构附近易见部位应有提醒驾驶人如何正确使用该操纵机构的文字。

11.9.6 自卸车等装有液压举升装置的机动车，应装备有车厢举升的声响报警装置和（车厢举升状态下）防止车厢自降保险装置；并且，在设计和制造上应保证机动车在行驶过程中不会出现车厢自动举升现象。

12 安全防护装置

12.1 汽车安全带

12.1.1 乘用车、公路客车、旅游客车、未设置乘客站立区的公共汽车、专用校车和旅居车的所有座椅、其他汽车（低速汽车除外）的驾驶人座椅和前排乘员座椅均应装置汽车安全带。

12.1.2 所有驾驶人座椅、前排乘员座椅（货车前排乘员座椅的中间位置及设有乘客站立区的公共汽车除外）、客车位于踏步区的车组人员座椅以及乘用车除第二排及第二排以后的中间位置座椅外的所有座椅，装置的汽车安全带均应为三点式（或四点式）汽车安全带。

12.1.3 专用校车和专门用于接送学生上下学的非专用校车的每个学生座位（椅）及卧铺客车的每个铺位均应安装两点式汽车安全带。

12.1.4 汽车安全带应可靠有效，安装位置应合理，固定点应有足够的强度。

12.1.5 乘用车应装备驾驶人汽车安全带佩戴提醒装置。当驾驶人未按规定佩戴汽车安全带时，应能通过视觉或声觉信号报警。

12.1.6 乘用车（单排座的乘用车除外）应至少有一个座椅配置符合规定的 ISOFIX 儿童座椅固定装置，或至少有一个后排座椅能使用汽车安全带有效固定儿童座椅。

12.2 车外后视镜和前下视镜

12.2.1 机动车（挂车除外）应在左右至少各设置一面后视镜，总质量大于 7 500 kg 的货车和货车底盘改装的专项作业车还应在右侧至少设置广角后视镜和补盲后视镜各一面。

12.2.2 机动车（不带驾驶室的摩托车除外）外后视镜的安装位置和角度，应保证驾驶人能在水平路面上看见车身左侧宽度为 2.5 m、车后 10 m 以外区域及车身右侧宽度为 4.0 m、车后 20 m 以外区域的交通情况；专用校车应保证驾驶人能看清乘客门关闭后乘客门车外附近的情况及后窗玻璃后下方地面上长 3.6 m、宽 2.5 m 范围内的情况，并且在正常驾驶状态下不能通过内视镜观察到车内所有乘客区。对于汽车列车，当所牵引挂车的宽度超过牵引车宽度时，牵引车应加装后视镜加长架（延长支架）以保证其后视镜的视野仍满足要求。

12.2.3 汽车及车身部分或全部封闭驾驶人的摩托车的后视镜的性能和安装要求应符合 GB 15084 的规定，摩托车（车身部分或全部封闭驾驶人的摩托车除外）后视镜的性能和安装要求应符合 GB 17352 的规定，轮式拖拉机运输机组后视镜的性能和安装要求应符合 GB 18447.1 的规定。

12.2.4 车长大于等于 6 m 的平头汽车车前应至少设置一面前下视镜或相应的监视装置，以保证驾驶人能看清风窗玻璃前下方长 1.5 m、宽 3 m 范围内的情况。

12.2.5 车外后视镜和前下视镜应易于调节，并能有效保持其位置。

12.2.6 安装在外侧距地面 1.8 m 以下的后视镜，当行人等接触该镜时，应具有能缓和冲击的功能。

12.2.7 教练车（三轮汽车除外）应安装有符合规定的辅助后视镜，以使教练员能有效观察到车辆周围的交通状态。

12.3 前风窗玻璃刮水器

12.3.1 机动车的前风窗玻璃应装备刮水器，其刮刷面积应确保驾驶人具有良好的前方视野。

12.3.2 刮水器应能正常工作。

12.3.3 刮水器关闭时，刮片应能自动返回至初始位置。

12.4 应急出口

12.4.1 基本要求

12.4.1.1　车长小于 6 m 的客车，在乘坐区的两侧应具有紧急时乘客易于逃生或救援的侧窗。

12.4.1.2　车长大于等于 6 m 的客车，如车身右侧仅有一个乘客门且在车身左侧未设置驾驶人门，应在车身左侧设置应急门。车长大于 7 m 的客车应设置撤离舱口。卧铺客车的卧铺布置为上、下双层时，侧窗洞口应为上下两层。

12.4.2　应急门

12.4.2.1　应急门的净高应大于等于 1 250 mm，净宽应大于等于 550 mm；但车长小于等于 7 m 的客车，应急门的净高应大于等于 1 100 mm，如自门洞最低处向上 400 mm 以内有轮罩凸出，则在轮罩凸出处应急门净宽可减至 300 mm。

12.4.2.2　车辆侧面的铰接式应急门应铰链于前端，向外开启角度应大于等于 100°，并能在此角度下保持开启。如在应急门打开时能提供大于等于 550 mm 的自由通道，则开度大于等于 100°的要求可不满足。

12.4.2.3　通向应急门的引道宽度应大于等于 300 mm，不足 300 mm 时允许采用迅速翻转座椅的方法加宽引道。专用校车沿引道侧面设有折叠座椅时，在折叠座椅打开的情况下（对在不使用时能自动折叠的座椅，在座椅处于折叠位置时），引道宽度仍应大于等于 300 mm。

12.4.2.4　应急门应有锁止机构且锁止可靠。应急门关闭时应能锁止，且在车辆正常行驶情况下不会因车辆振动、颠簸、冲撞而自行开启。

12.4.2.5　当车辆停止时，应急门不用工具应能从车内外很方便打开，并设有车门开启声响报警装置。允许从车外将门锁住，但应保证始终能用正常开启装置从车内将其打开，门外手柄应设保护套，且离地面高度（空载时）应小于等于 1 800 mm。

12.4.3　应急窗和撤离舱口

12.4.3.1　应急窗和撤离舱口的面积应大于等于 (3×10^5) mm^2，且能内接一个 400 mm × 600 mm（对车长小于等于 7 m 的客车为 330 mm × 500 mm）的椭圆；如应急窗位于客车后端面，则能内接一个 350 mm × 1 550 mm、四角曲率半径小于等于 250 mm 的矩形时也视为满足要求。

12.4.3.2　应急窗应采用易于迅速从车内、外开启的装置；或在钢化玻璃上标明易击碎的位置，并在每个应急窗的邻近处提供一个应急锤以方便地击碎车窗玻璃，且应急锤取下时应能通过声响信号实现报警。设有乘客站立区的公共汽车车身两侧的车窗如面积能达到设置为应急窗的要求，均应设置为推拉式应急窗或外推式应急窗。

12.4.3.3　安全顶窗应易于从车内、外开启或移开或用应急锤击碎。安全顶窗开启后，应保证从车内外进出的畅通。弹射式安全顶窗应能防止误操作。

12.4.4　标志

12.4.4.1　每个应急出口应在其附近设有"应急出口"字样。

12.4.4.2　乘客门和应急出口的应急控制器（包括用于击碎应急窗车窗玻璃的工具）应在其附近标有清晰的符号或字样，并注明其操作方法，字体高度应大于等于 10 mm。

12.5　燃料系统的安全保护

12.5.1　燃料箱及燃料管路应坚固并固定牢靠，不会因振动和冲击而发生损坏和漏油现象。不准许用户改动或加装燃料箱，不准许用户改动燃料管路。

12.5.2　燃料箱的加注口及通气口应保证在机动车晃动时不泄漏。

12.5.3 机动车（摩托车及装用单缸柴油机的汽车除外）的燃料系统不得用重力或虹吸方法直接向化油器或喷油器供油。

12.5.4 燃料箱的加注口和通气口不得对着排气管的开口方向，且应距排气管的出气口端 300 mm 以上，否则应设置有效的隔热装置。燃料箱的加注口和通气口应距裸露的电气接头及外部可能产生火花的电气开关 200 mm 以上。车长大于 6 m 的客车的燃料箱的加注口和通气口应距排气管的任一部位 300 mm 以上。

12.5.5 汽车燃料箱各部分不得前伸至前置汽油发动机的前端面。车长大于 6 m 的客车燃料箱距客车前端面应大于等于 600 mm，距客车后端面应大于等于 300 mm。发动机后置的公路客车和旅游客车，其燃料箱的前端面应位于前轴之后。

12.5.6 机动车燃料箱的通气口和加注口不得设置在有乘员的车厢内。

12.6 气体燃料专用装置的安全防护

12.6.1 气体燃料的供给系统应有有效的安全保护结构措施，以防止气体泄漏，每一个钢瓶阀出口端都应安装高压过流保护装置。

12.6.2 对于两用燃料汽车，应设置燃料转换系统并安装燃料转换开关。在燃料控制上，应具有当发动机突然停止运转时，即使点火开关打开也能自动切断气体燃料供给的功能。燃料转换开关的安装位置应便于驾驶人操作，其挡位标记应明显，能分别控制供油、供气两种状态。气体燃料和汽油电磁阀的操作均应由燃料转换开关统一控制；当电流被切断时，电磁阀应处于"关闭"位置。

12.6.3 压缩天然气管路应采用不锈钢管或其他车用高压天然气专用管路，高压液化石油气管路应采用专用管路。不准许用户改动或加装钢瓶。

12.6.4 钢瓶应被可靠地固定在车上，安装钢瓶的固定座应具有阻止钢瓶旋转、移动的能力，固定座应便于拆装工作。钢瓶安装在车上后，钢瓶编号应易见，钢瓶的强度和刚度不得下降，车架（车身）结构强度也不应受影响。

12.6.5 钢瓶安装位置应远离热源，必要时应采取隔热措施。在任何情况下，钢瓶及其所有高压管路和高压接头与发动机排气管和传动轴的任何部位之间的距离应大于等于 100 mm；当钢瓶及其所有高压管路和高压接头与发动机排气管的距离在 100～200 mm 时，应设置固定可靠的隔热装置。

12.6.6 钢瓶应安装在通风位置或采取有效的通风措施，阀门渗漏的气体不应进入驾驶室或载人车厢。

12.6.7 钢瓶与汽车后轮廓边缘的距离应大于等于 200 mm。钢瓶安装在汽车车架下时，钢瓶下方和后方应采取有效防护措施且钢瓶及其附件不得布置在汽车前轴之前。

12.6.8 钢瓶不得直接安装在驾驶室、载人车厢和货箱内。当不得不安装在上述位置时，应用密封盒、波纹管及通气接口将瓶口阀及连接的高压接头与驾驶室、载人车厢或货箱安全隔离。密封盒等隔离装置应有很强的防护功能，当车辆受到冲撞时应能有效地防止钢瓶冲入驾驶室、载人车厢或货箱内。

12.6.9 通气接口排气方向应指向车尾方向并与地面成 45°圆锥的范围内，能将泄漏气体排出车外，通气接口至排气管和其他热源距离应大于等于 250 mm，通气总面积应大于等于 450 mm^2。

12.6.10 钢瓶的安装和保护罩的设置，应能保证钢瓶集成阀的正常操作和检查。

12.6.11 手动截止阀应安装在钢瓶到调压器之间易于操作的位置，阀体不得直接安装在驾驶室内。

12.6.12 钢瓶至调压器之间应安装滤清装置，并易于检查、清洗和更换。

12.6.13 高压管路的特殊部位（如相对移动的部件之间）应采用柔性管线，其余部位应采用刚性管线。

12.6.14 刚性高压管路应排列整齐、布置合理、固定有效，不得与相邻部件碰撞和摩擦，所有高压管路和高压管接头应得到有效的保护，高压管接头应安装在能看得见且操作者易于接近的位置。

12.6.15 气体燃料车辆应安装泄漏报警装置，所有管路接头处均不应出现漏气现象。

12.7 牵引车与被牵引车的连接装置

12.7.1 连接装置应坚固耐用。

12.7.2 牵引车和被牵引车连接装置的结构应能确保相互牢固的连接。

12.7.3 牵引车和被牵引车的连接装置上应装有防止机动车在行驶中因振动和撞击而使连接脱开的安全装置。

12.8 货车、专项作业车和挂车侧面及后下部防护装置

12.8.1 总质量大于 3 500 kg 的货车（半挂牵引车除外）、货车底盘改装的专项作业车和挂车应提供防止人员卷入的侧面防护，其技术条件应符合 GB 11567.1 的规定。

12.8.2 货车列车的货车和挂车之间应提供防止人员卷入的侧面防护。

12.8.3 总质量大于 3 500 kg 的货车（半挂牵引车除外）、货车底盘改装的专项作业车和挂车（长货挂车除外）的后下部应装备符合 GB11567.2 规定的后下部防护装置，该装置对追尾碰撞的机动车应具有足够的阻挡能力，以防止发生钻入碰撞。

注：长货挂车是指为搬运无法分段的长货物而专门设计和制造的特殊用途车，如运输木材、钢材棒料等货物的车辆。

12.9 客车的特殊要求

12.9.1 客车在设计和制造上应保证发动机排气不会进入客厢。

12.9.2 客车应装备灭火器，灭火器在车上应安装牢靠并便于取用。仅有一个灭火器时，应设置在驾驶人附近；当有多个灭火器时，应在客厢内按前、后，或前、中、后分布，其中一个应靠近驾驶人座椅。

12.9.3 所有专用校车和发动机后置的其他客车应装备发动机舱自动灭火装置，其灭火剂喷射范围应包括发动机舱至少两处具有着火隐患的热源（如增压器、排气管等），启动工作时应能通过声觉信号向驾驶人报警。

12.10 货车的特殊要求

12.10.1 货车货箱（自卸车、装载质量 1 000 kg 以下的货车除外）前部应安装比驾驶室高至少 70 mm 的安全架。

12.10.2 无驾驶室的三轮汽车货箱前部应安装具有足够强度的安全架，其高度应高出驾驶人座垫平面至少 800 mm。

12.10.3 封闭式货车在最后排座位的后方应安装具有足够强度的隔离装置。

12.11 危险货物运输车的特殊要求

12.11.1 专门用于运送易燃和易爆物品的危险货物运输车，车上应备有消防器材并具

有相应的安全措施，排气管应装在罐体/箱体前端面之前、不高于车辆纵梁上平面的区域，并安装符合 GB 13365 规定的机动车排气火花熄灭器，机动车尾部应安装接地装置。

12.11.2 罐式危险货物运输车的罐体顶部应设置具有足够强度的倾覆保护装置，且该装置应装备有能将积聚在其内部的液体排出的排放阀；罐体顶部的管接头、阀门及其他附件的最高点应低于倾覆保护装置的最高点至少 20 mm。

12.11.3 罐式危险货物运输车的罐体及罐体上的管路和管路附件不得超出车辆的侧面及后下部防护装置，罐体后封头及罐体后封头上的管路和管路附件与后下部防护装置的纵向距离应大于等于 150 mm。

12.12 三轮汽车和拖拉机运输机组的特殊要求

12.12.1 三轮汽车正常起动和运行过程中可能触及的，且在环境温度为（23±3）℃下测定温度大于 80℃ 的热表面应有永久性联结或固定（不使用工具无法拆卸）的防护装置或挡板。

12.12.2 三轮汽车和拖拉机运输机组的传动皮带、风扇、起动爪和动力输出轴等外露旋转件应加防护罩，并应符合 GB/T 8196 的规定。

12.12.3 三轮汽车的踏板、脚踏板必要时应采取防滑措施。

12.13 其他要求

12.13.1 汽车驾驶室内应设置防止阳光直射而使驾驶人产生眩目的装置，且该装置在汽车碰撞时，不应对驾驶人造成伤害。

12.13.2 汽车（无驾驶室的三轮汽车除外）应装备符合 GB 19151 规定的三角警告牌，三角警告牌在车上应妥善放置。

12.13.3 乘用车、专用校车和车长小于 6 m 的其他客车前后部应设置保险杠，货车（三轮汽车除外）和货车底盘改装的专项作业车应设置前保险杠。

12.13.4 乘用车、专用校车的前风窗玻璃应装有除雾、除霜装置。

12.13.5 校车应配备急救箱，急救箱应放置在便于取用的位置并确保有效适用。

12.13.6 对装备有辅助正面和/或侧面防撞安全气囊系统的汽车，驾乘人员如已按照制造厂家规定正确使用了安全带等安全装置，在发生正面或侧面碰撞时不应由于安全气囊系统未正常展开而遭受不合理伤害。

12.13.7 机动车发动机的排气管口不得指向车身右侧（如受结构限制排气管口必须偏向右侧时，排气管口中心线与机动车纵向中心线的夹角应小于等于15°）和正下方；客车的排气尾管如为直式的，排气管口应伸出车身外蒙皮。

13 消防车、救护车、工程救险车和警车的附加要求

13.1 消防车的车身颜色应符合相关标准的规定。

13.2 救护车的车身颜色应为白色，左、右侧及车后正中应喷符合规定的图案。

13.3 工程救险车的车身颜色应为符合 GB/T 3181 规定的 Y07 中黄色，其车身两侧应喷"工程救险"字样。

13.4 警车的外观制式应分别符合 GA 524 和 GA 525 的规定。

13.5 消防车、救护车、工程救险车和警车应装备与其功能相适应的装置，各装置应布局合理、固定可靠、便于使用。

13.6　消防车、救护车、工程救险车和警车安装使用的警报器应符合 GB 8108 的规定，安装使用的标志灯具应符合 GB 13954 的规定，警报器和标志灯具应固定可靠。

14　残疾人专用汽车的附加要求

14.1　应根据驾驶人的残疾类型，在采用自动变速器的乘用车上，加装相应类型的、符合相关规定的驾驶辅助装置。加装的驾驶辅助装置安装应牢固可靠，位置应适宜操纵，且不应与车辆的其他操纵指示系统冲突或妨碍车辆其他操纵指示系统的操作。

14.2　驾驶辅助装置加装后，不应改变原车结构的完整性和安全性及影响原车操纵件的电器功能、机械性能，且不应使驾驶人驾驶时受到视野内产品部件的反光眩目。

14.3　加装的方向盘控制辅助手柄应间隙适当，操纵灵活、方便，无阻滞现象。

14.4　加装的制动和加速辅助装置应具有制动、加速互锁功能并保证制动灵活、方便，不会发生失效现象。制动和加速迁延控制手柄传动到制动踏板表面的正压力达到 500 N 时，控制手柄表面的正压力应小于等于 300 N。

14.5　加装的转向信号迁延开关及驻车制动辅助手柄应刚性固定。转向信号迁延开关应开关自如，功能可靠，不会因振动和其他外力条件而自行开关；驻车制动辅助手柄应操纵轻便、锁止可靠，操纵力应小于等于 200 N。

14.6　加装的驾驶辅助装置的各部件应完好有效，表面不应有影响使用的凹凸、划伤、返锈等，在接触人体的表面部位不得有毛刺、刃口、棱角或其他有害使用者的缺陷。

14.7　残疾人专用汽车应设置符合规定的残疾人机动车专用标志。

15　标准实施的过渡期要求

15.1　8.4.1 关于车辆尾部标志板的要求，自 2014 年 1 月 1 日起对新生产的总质量大于等于 12 000 kg 的货车底盘改装的专项作业车，最大设计车速小于等于 40 km/h 的汽车和车长小于等于 8 m 的挂车实施。

15.2　8.6.5 关于部分汽车应安装行驶记录仪的要求，对于未设置乘客站立区的公共汽车、半挂牵引车、总质量大于等于 12 000 kg 的货车，自本标准实施之日起第 7 个月开始对新注册车实施。

15.3　4.16.7 关于机动车的产品使用说明书的所有文字性内容均应有中文的要求，自本标准实施之日起第 7 个月开始对新进口车实施。

15.4　以下要求自本标准实施之日起第 7 个月开始对新生产车实施：

——4.1.2 关于机动车产品标牌应标明项目的要求对于纯电动汽车、混合动力汽车、燃料电池汽车、电动摩托车、专项作业车和特型机动车；

——4.1.4 关于纯电动汽车、插电式混合动力汽车、燃料电池汽车和电动摩托车应在（主驱动）电动机壳体上打刻电动机型号、编号的要求；

——4.1.5 关于乘用车和总质量小于等于 3 500 kg 的货车（低速汽车除外）应在靠近风窗立柱的位置永久地标识车辆识别代号的要求；

——4.16 关于机动车的产品使用说明书的要求；

——6.1 关于摩托车使用方向盘转向时的特殊要求；

——8.6.4 关于车长大于等于 6 m 的客车应设置手动机械断电开关的要求；

——11.5.5 关于应在驾驶人座位附近设置乘客门应急开关的要求，对于车长大于等于 6 m 的客车（公共汽车除外）；

——11.8.2 关于机动车每面号牌板（架）上应设有至少 2 个号牌安装孔的要求；

——12.9.3 关于发动机后置的客车应装备发动机舱自动灭火装置的要求。

15.5 以下要求自本标准实施之日起第 13 个月开始对新生产车实施：

——4.1.6 关于乘用车还应在后备箱（或行李区）及 5 个主要部件上标示车辆识别代号或零部件编号的要求；

——7.2.6 关于部分汽车的前轮应装备盘式制动器的要求，对于车长大于 9 m 的未设置乘客站立区的公共汽车；

——7.2.11 关于部分汽车应安装防抱制动装置的要求，对于车长大于 9 m 的未设置乘客站立区的公共汽车；

——7.7.4 关于气压制动系应安装保持压缩空气干燥、油水分离的装置的要求；

——9.4.4 关于三轴公路客车的随动轴应具有随动转向或主动转向的功能的要求；

——12.1.5 关于乘用车应装备驾驶人汽车安全带佩戴提醒装置的要求，对于 5 座及 5 座以下乘用车；

——12.4.3.2 关于应急锤取下时应能通过声响信号实现报警的要求及设有乘客站立区的公共汽车设置的应急窗均应为推拉式应急窗或外推式应急窗的要求；

——12.6.15 关于气体燃料车辆应安装泄露报警装置的要求。

15.6 以下要求自本标准实施之日起第 13 个月开始对新定型车实施：

——8.2.1 关于部分货车、专项作业车和挂车的后部照明和信号装置透光面面积的要求。

15.7 以下要求自本标准实施之日起第 19 个月开始对新生产车实施：

——4.1.5 关于应能从乘用车的 ECU 或电子数据接口读取车辆识别代号等特征信息的要求；

——12.1.5 关于乘用车应装备驾驶人汽车安全带佩戴提醒装置的要求，对于 5 座以上乘用车；

——12.5.5 关于发动机后置的公路客车和旅游客车燃料箱的前端面应位于前轴之后的要求。

15.8 以下要求自本标准实施之日起第 25 个月开始对新生产车实施：

——4.1.3 关于车辆识别代号打刻位置及打刻的车辆识别代号可见性的要求；

——7.2.11 关于部分汽车应安装防抱制动装置的要求，对于总质量大于等于 12 000 kg 的货车和专项作业车；

——7.5 关于部分汽车应装备缓速器或其他辅助制动装置的要求，对于总质量大于等于 12 000 kg 的专项作业车；

——8.2.1 关于部分货车、专项作业车和挂车的后部照明和信号装置透光面面积的要求；

——10.5 关于车长大于等于 6 m 的客车应具有超速报警功能的要求，对于除公路客车、旅游客车、未设置乘客站立区的公共汽车外的其他客车；

——11.5.4 关于紧急情况下乘客门开启的要求，对于车长小于 6 m 的客车；

——12.4.1.2 关于部分车长大于等于 6 m 的客车应设置应急门的要求。

15.9 自本标准实施之日起第 43 个月开始，新生产机动车（摩托车除外）的每面号牌板（架）（三轮汽车的前号牌板[架]除外）均应设有 4 个号牌安装孔。

15.10 本标准关于专用校车的技术要求，其实施日期按 GB 24407 的规定执行。

<h1 style="text-align:center">附 A</h1>
（规范性附录）
<h2 style="text-align:center">驾驶人耳旁噪声检验方法</h2>

测量驾驶人耳旁噪声时：

（1）汽车空载，处于静止状态且置变速器于空挡，发动机应处于额定转速状态，门窗紧闭。

（2）测量位置应符合 GB/T 18697—2002 的规定。

（3）环境噪声应低于被测噪声值至少 10 dB（A）。

（4）声级计置于"A"计权、"快"挡。

<h1 style="text-align:center">附 B</h1>
（规范性附录）
<h2 style="text-align:center">典型车型车身反光标识粘贴示例及要求</h2>

B.1 粘贴基本要求

B.1.1 粘贴施工要求

车身反光标识均应粘贴在无遮挡、易见、平整、连续，且无灰尘、无水渍、无油渍、无锈迹、无漆层起翘的车身表面。

粘贴前应将待粘贴表面灰尘擦净。有油渍、污渍的部位，应用软布蘸脱脂类溶剂或清洗剂进行清除，干燥后进行粘贴。对于油漆已经松软、粉化、锈蚀或起翘的部位，应除去这部分油漆，用砂纸对该部位进行打磨并做防锈处理，然后再粘贴车身反光标识。

B.1.2 通用粘贴要求

车身后部的车身反光标识应由白色单元开始、白色单元结束。侧面可以由红色单元开始，但靠近车辆尾部的最后一个单元应为白色单元。

粘贴车身反光标识后，不应影响本标准规定的车辆照明和信号装置的性能。

粘贴车身反光标识后，不应在车身反光标识上钻孔、开槽。

车身表面无法直接粘贴车身反光标识时，应先将车身反光标识粘贴在具有一定刚度、强度、抗老化的条形衬板上，再将条形衬板牢固地粘贴或铆接到车身上。

车身反光标识离地面的高度最低为 380 mm。

B.1.3 后部车身反光标识粘贴要求

B.1.3.1 后部车身反光标识应尽可能体现车辆后部宽度和高度，水平粘贴的车身反光标识体现车辆后部宽度，沿后部两侧边缘垂直粘贴的车身反光标识体现车辆后部高度，货厢后部边角相交部分应为白色单元。部分总质量小于等于 4 500 kg 的货车，因后部货厢结构不能满足白色单元相交要求时，可红、白相交，但垂直粘贴的单元上部应为白色单元。厢式货车和厢式挂车后部的车身反光标识应能体现货厢轮廓。

B.1.3.2 不同级别的车身反光标识材料不应同时应用于车辆后部。采用一级车身反光标识材料时，其与后反射器的面积之和应大于等于 0.1 m²；采用二级车身反光标识材料时，其与后反射器的面积之和应大于等于 0.2 m²。

B.1.3.3 后部车身反光标识应连续粘贴，无法连续粘贴时可断续粘贴，但每一连续段长度应大于等于 300 mm，且应包含红、白色车身反光标识至少各一个单元，粘贴间隔应小于等于 100 mm。特殊情况下，允许红、白单元分开粘贴，但应保持红、白相间，每一连续段长度应大于等于 150 mm，粘贴间隔应小于等于 100 mm。如果不能沿车厢后部两侧边缘垂直粘贴，应在最接近边缘的宽度达到 50 mm 的可粘贴表面粘贴，车身反光标识的上边缘尽可能接近车厢后部的上边缘。

B.1.4 侧面车身反光标识粘贴要求

侧面车身反光标识的粘贴允许中断，但其总长度（不含间隔部分）应大于等于车长的 50%，每一连续段长度应大于等于 300 mm，且应包含红、白色车身反光标识至少各一个单元，二级车身反光标识材料粘贴间隔应小于等于 150 mm，一级车身反光标识材料粘贴间隔应小于等于 300 mm，粘贴应尽可能纵向均匀分布。特殊情况下，允许红、白单元分开粘贴，但仍应保持红、白相间，每一连续段长度应大于等于 150 mm，二级车身反光标识材料粘贴间隔应小于等于 150 mm，一级车身反光标识材料粘贴间隔应小于等于 300 mm。

侧面车身反光标识的长度对三轮汽车应大于等于 1.2 m；对货厢长度不足车长 50% 的货车应为货厢长度；侧面车身结构无连续表面的混凝土搅拌运输车和专项作业车，其粘贴总长度应大于等于车长的 30%。厢式货车和厢式挂车侧面的车身反光标识应能体现货厢轮廓。

侧面车身反光标识材料的级别可不同于后部车身反光标识材料。

B.2 栏板货车、栏板挂车、低速汽车粘贴

对总质量大于 4 500 kg 的栏板货车，应在驾驶室后方围栏上方两侧或驾驶室后部上方两侧边角用白色车身反光标识拼接成"倒 L"，"倒 L"水平方向和垂直方向均由 2 个长度为 150 mm 的白色单元拼接而成。对总质量小于等于 4 500 kg 的栏板货车，后部栏板高度不足以粘贴连续长度为 300 mm 的车身反光标识（含红、白各 1 个单元）时，可只粘贴长 150 mm 的白色单元。

栏板货车、栏板挂车、低速汽车粘贴示例见图 B.1。其中，图 B.1（b）为二级车身反光材料粘贴示例，对总质量小于等于 4 500 kg 的货车可粘贴成"口"形以满足粘贴面积的要求；后部使用一级车身反光标识材料时，可以断续粘贴，但垂直方向最上方和最下方及水平方向最左侧、最右侧和中间部位应粘贴。

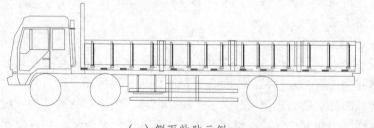
（a）侧面粘贴示例

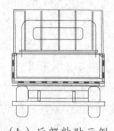
（b）后部粘贴示例

图 B.1 栏板货车、栏板挂车、低速汽车粘贴示例

B.3 厢式货车（含厢式低速货车）、厢式挂车粘贴

厢式货车（含厢式低速货车）的侧面车身反光标识应沿车厢下边缘粘贴，在侧面车厢上部两侧边角用白色车身反光标识拼接成"倒L"，"倒L"水平方向和垂直方向均由2个长度为150 mm的白色单元拼接而成。后部车身反光标识应勾勒出车厢后部的轮廓，四个角应为白色单元相接。

厢式货车（含厢式低速货车）、厢式挂车粘贴示例见图B.2。其中，图B.2（b）是二级车身反光标识材料的粘贴示例；使用一级车身反光标识材料时，货厢后部四角应用白色单元勾勒轮廓，其他部位可断续粘贴。

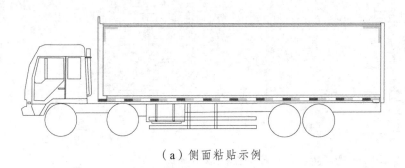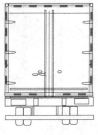

（a）侧面粘贴示例　　　　　　　　（b）后部粘贴示例

图 B.2　厢式货车（含厢式低速货车）、厢式挂车粘贴示例

B.4 封闭式货车粘贴

封闭式货车的后部车身反光标识应勾勒出车辆后部轮廓，四个角应为白色单元相接。因铰链等无法连续粘贴时，允许断续粘贴。

封闭式货车粘贴示例见图B.3。其中，图B.3（b）是二级车身反光标识材料的粘贴示例；使用一级车身反光标识材料时，货厢后部四角应用白色单元勾勒轮廓，其他部位可断续粘贴。

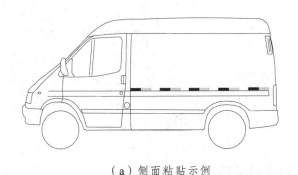

（a）侧面粘贴示例　　　　　　　　（b）后部粘贴示例

图 B.3　封闭式货车粘贴示例

B.5 仓栅式货车、仓栅式挂车粘贴

仓栅式货车、仓栅式挂车粘贴示例见图B.4。其中，图B.4（b）和B.4（c）是二级车身反光标识材料的粘贴示例；使用一级车身反光标识材料时，货厢后部四角应用白色单元勾勒轮廓，其他部位可断续粘贴；侧面车身反光标识可断续粘贴，但垂直方向最上方和最下方及水平方向最左侧、最右侧和中间部位应粘贴。

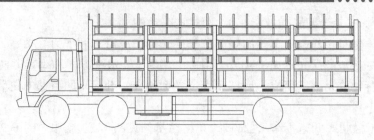

（a）侧面粘贴示例

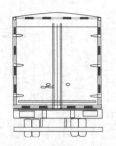

（b）后部装有货厢门的粘贴示例

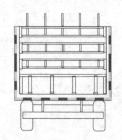

（c）后部没有货厢门的粘贴示例

图 B.4　仓栅式货车、仓栅式挂车粘贴示例

B.6　自卸车（含自卸式低速货车）粘贴

后部水平方向粘贴除了栏板上部，还可粘贴在栏板下部或后下部防护装置等其他位置。

自卸车（含自卸式低速货车）粘贴示例见图 B.5。其中，图 B.5（b）是二级车身反光标识材料的粘贴示例；使用一级车身反光标识材料时，在确保体现车辆后部宽度和高度的前提下，可断续粘贴，但垂直方向最上方和最下方及水平方向最左侧、最右侧和中间部位应粘贴。

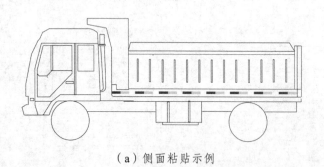

（a）侧面粘贴示例　　　　　　　　（b）后部粘贴示例

图 B.5　自卸车（含自卸式低速货车）粘贴示例

B.7　平板货车、平板挂车、低平板挂车、集装箱挂车粘贴

B.7.1　平板货车粘贴

平板货车、平板挂车、低平板挂车、集装箱挂车粘贴示例见图 B.6。其中，图 B.6（b）是二级车身反光标识材料粘贴示例，如果平板后部无法粘贴，应在后下部防护装置上水平并列连续粘贴两排车身反光标识，粘贴面积应大于等于 $0.2\ m^2$；后部使用一级车身反光标识材料时，可在平板后部或后下部防护装置上水平连续粘贴，粘贴面积应大于等于 $0.1\ m^2$。

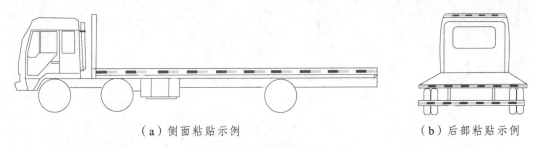

（a）侧面粘贴示例　　　　　　　　　　（b）后部粘贴示例

图 B.6　平板货车粘贴示例

B.7.2　平板挂车、低平板挂车、集装箱车粘贴

平板挂车、集装箱挂车的侧面车身反光标识应沿车架侧面水平粘贴，其中低平板半挂车应沿车架平整的连续表面粘贴。因车架结构原因，侧面粘贴的车身反光标识可不在同一水平面上。

后部有后下部防护装置时，后下部防护装置上应粘贴车身反光标识。低平板挂车后部如有爬梯，还应在两个爬梯最外侧的爬梯架上（至少应在爬梯架的最上端、中间和最下端）粘贴车身反光标识。

集装箱挂车装载集装箱时，应在集装箱后部和侧面至少水平固定一块 2 000 mm×150 mm 的柔性反光标识，安装部位应尽可能接近集装箱顶部。

平板挂车、集装箱挂车粘贴示例见图 B.7 和图 B.8。其中，图 B.7（b）和图 B.8（b）为二级车身反光标识粘贴示例，平板后部、后下部防护装置应连续粘贴；使用一级车身反光标识材料时，可断续粘贴。

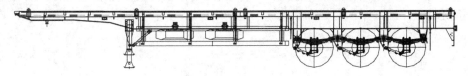

（a）侧面粘贴示例

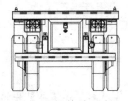

（b）后部粘贴示例

图 B.7　平板挂车、集装箱挂车粘贴示例

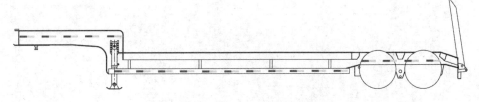

（a）侧面粘贴示例

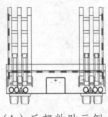

（b）后部粘贴示例

图 B.8　低平板挂车粘贴示例

B.8　罐式货车、罐式挂车粘贴

罐式货车、罐式挂车侧面车身反光标识应在车身侧面车架或罐体中间部位水平粘贴，体现罐体长度。不规则罐式挂车侧面车身反光标识应粘贴在罐体侧面中间位置，体现罐体长度。罐体后部应用车身反光标识勾勒罐体轮廓，二级车身反光标识材料的粘贴间隔应小于等于 50 mm，一级车身反光标识材料的粘贴间隔应小于等于 100 mm。

对运输剧毒化学品或爆炸品的罐式货车，侧面车身反光标识应在车身侧面的车架部位水平粘贴，体现车架长度，并在罐体侧面用边长为 300 mm（2 个 150 mm 长的单元拼接）白色车身反光标识拼接成"L"和"倒 L"，上部车身反光标识最下沿与橙色反光带的距离应在 100～300 mm 内，下部车身反光标识最上沿与橙色反光带的距离应在 100～300 mm 内，车身反光标识与罐体前、后端的最大距离应小于等于 300 mm。罐体后部应用白色车身反光标识勾勒轮廓，二级车身反光标识材料的粘贴间隔应小于等于 50 mm，一级车身反光标识材料的粘贴间隔应小于等于 100 mm。

罐式货车、罐式挂车粘贴示例见图 B.9，其中运输剧毒化学品或爆炸品的罐式货车粘贴示例见图 B.10。

（a）侧面粘贴示例　　　　　　　　　　　（b）后部粘贴示例

图 B.9　罐式货车、罐式挂车粘贴示例

（a）侧面粘贴示例　　　　　　　　　　　（b）后部粘贴示例

图 B.10　运输剧毒化学品或爆炸品的罐式货车粘贴示例

B.9 混凝土搅拌运输车粘贴

混凝土搅拌运输车侧面车身反光标识应在可粘贴部位（如侧防护装置）连续粘贴，粘贴总长度可小于车长的50%，但应大于等于车长的30%，此时断开间隔不受限制。车辆后部应尽可能选取能够体现车身后部宽度和高度的连续平面粘贴，如后下部防护装置、金属挡泥板等固定结构件。

混凝土搅拌运输车粘贴示例见图B.11。

（a）侧面粘贴示例　　　　（b）后部粘贴示例

图 B.11　混凝土搅拌运输车粘贴示例

B.10　专项作业车粘贴

专项作业车上车身反光标识的粘贴应尽可能按前述基本粘贴要求进行粘贴，部分专项作业车除驾驶室外的车身结构无连续平面，不能满足要求时，车辆后部应尽可能选取能够体现车身后部宽度和高度的连续平面粘贴，如后下部防护装置、金属挡泥板等固定结构件；侧面车身反光标识应在可粘贴部位（如侧防护装置）连续粘贴，粘贴总长度可小于车辆长度的50%，但应大于等于车辆长度的30%，此时断开间隔不受限制。

汽车起重机粘贴示例见图B.12，清障车粘贴示例见图B.13。

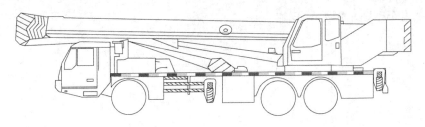

（a）侧面粘贴示例

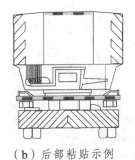

（b）后部粘贴示例

图 B.12　汽车起重机粘贴示例

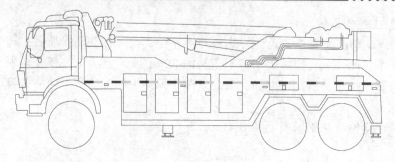

（a）侧面粘贴示例

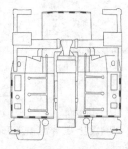

（b）后部粘贴示例

图 B.13　清障车粘贴示例

B.11　半挂牵引车粘贴

半挂牵引车的侧面无须粘贴车身反光标识，后部应在驾驶室后部粘贴；使用二级车身反光标识材料时，水平方向应并列连续粘贴 2 排，垂直方向每侧应各粘贴 2 个长 150 mm 的白色单元；使用一级车身反光标识材料时，水平方向应连续粘贴，垂直方向每侧应各粘贴 1 个长 150 mm 的白色单元。

半挂牵引车粘贴示例见图 B.14。

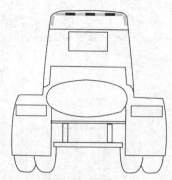

图 B.14　半挂牵引车粘贴示例

参考文献

[1]　肖健. 汽车使用性能与检测[M]. 北京：机械工业出版社，2007.

[2]　杨益明. 汽车使用性能与检测[M]. 北京：人民交通出版社，2011.

[3]　张琴友. 汽车使用性能与检测[M]. 北京：中国铁道出版社，2012.

[4]　陈焕红. 汽车使用性能与试验[M]. 北京：机械工业出版社，2012.

[5]　徐志军. 汽车使用性能与使用[M]. 北京：化学工业出版社，2010.

[6]　何仁，丁继斌. 汽车使用性能及检测[M]. 北京：中国铁道出版社，2011.

[7]　胡宁，陈志恒. 汽车性能与使用技术[M]. 北京：清华大学出版社，2011.

[8]　刁立福. 汽车性能与使用技术[M]. 北京：中国水利水电出版社，2010.

[9]　娄云. 汽车性能与使用技术[M]. 北京：机械工业出版社，2009.

[10]　朱福根. 汽车使用性能与检测技术[M]. 北京：北京邮电大学出版社，2008.